DES ALIÉNÉS

DES

ATTRIBUTIONS

MUNICIPALES, DÉPARTEMENTALES

ET DES ALIÉNÉS

Lois des 18 juillet 1837, 10 mai et 30 juin 1838,

AVEC

LES COMMENTAIRES

DE

M. ALBIN LE RAT DE MAGNITOT,

Sous-Préfet de l'Arrondissement de Sens (Yonne), ancien Avocat à la Cour royale de Paris.

SECONDE ÉDITION

PARIS

CHEZ JOUBERT, LIBRAIRE-ÉDITEUR,

RUE DES GRÈS, 14.

—

1841

DES ALIÉNÉS

LOI DU 30 JUIN 1838, Bulletin N° 581.

*Supplément au Dictionnaire de Droit public et administratif;
1er Supplément du Ier volume, V° ALIÉNÉS.*

Placés par le triste caractère de leur maladie en dehors de toutes les règles, les aliénés réclament des lois spéciales, car ils ne donnent pas à la société et ne possèdent pas, pour leur propre bien-être, les gages de sécurité garantis par la loi commune ; pour eux, les besoins sociaux manquent d'autorité, la loi pénale de sanction, et l'intérêt individuel de clairvoyance : il faut donc des dispositions particulières et combinées avec les besoins de si tristes existences.

Mais, il ne faut pas se le dissimuler, le caractère spécial de la triste maladie qui rend la loi nécessaire, a donné à cette loi une physionomie tout exceptionnelle, en ce qu'elle soulève à la fois des questions d'humanité ou de charité sociale, des questions de liberté individuelle et de séparation des pouvoirs, des questions de sûreté publique et de capacité civile. Ne doit-on pas, en effet, pourvoir à la guérison des aliénés quand elle est possible, à la garde de leur personne quand leur liberté serait dangereuse, et à la conservation de leurs biens quand ils ne peuvent y veiller eux-mêmes.

Jusqu'à présent, aucune législation n'a réglé ni le traitement, ni la position légale des aliénés. Seulement quelques textes épars ont plus ou moins directement trait à la matière. L'article 9 de la loi des 16-26 mars 1790 n'est qu'une disposition temporaire relative aux personnes alors détenues pour cause de démence ; viennent ensuite les articles 5 du titre XI de la loi des 16-24 août 1790, et 13 de la loi des 19-22 juillet 1791 qui confient aux maires le soin d'obvier ou de remédier aux événements fâcheux occasionnés par les insensés, et portent des peines contre ceux qui les laisseront divaguer.

Le Code civil (art. 489 à 512) et le code de procédure (art. 890 à 897) renferment quelques dispositions intéressantes; elles déterminent les règles et les formes de l'interdiction; enfin, dans un autre ordre d'idées, le Code pénal contient quelques textes qu'il ne faut pas omettre; ils répriment les atteintes qui seraient portées à la liberté individuelle (art. 114 à 122 et 341 à 343), et renouvellent les peines portées contre ceux qui auraient laissé divaguer des fous ou des insensés étant sous leur garde. (Art. 475, n° 7, et 479, n° 2.)

Mais ces textes présentent de choquantes anomalies, et il était urgent de faire cesser cet état de choses.

Ce fut en 1837 que l'on s'en occupa sérieusement, et déjà la loi de finances de cette année avait une disposition qui déterminait le partage de la dépense du service des aliénés entre les départements, les communes et les hospices; mais les mesures financières n'étaient pas les seules à déterminer en cette matière, ainsi qu'on le verra par la présente loi. Aussi ce règlement important a-t-il subi de nombreux examens tant à la Chambre des députés qu'à la Chambre des pairs.

D'après l'interprétation donnée en certains lieux

à l'art.ᵗ 491 du Code civil, les procureurs du roi et les préfets avaient douté jusqu'à ce jour du droit qu'aurait l'administration de faire indéfiniment retenir comme insensé un homme qui n'est pas interdit. Il en résultait que les préfets et les maires faisaient arrêter et déposer les fous furieux dans la prison de l'arrondissement. Le procureur du roi, auquel remise en était faite, poursuivait leur interdiction, le tribunal prononçait, et ensuite le préfet les dirigeait vers un établissement spécial. La loi du 30 juin 1838 fait cesser un pareil système et introduit un ordre de choses uniforme, meilleur et plus régulier. Les préfets ont à l'avenir le droit de déposer le malheureux directement dans une maison d'aliénés. Par là sont évités les frais considérables et les inconvénients si graves qui résultent de l'interdiction ; on ne sera plus obligé de faire subir à l'aliéné des interrogatoires qui exaltent toujours sa folie, et quelquefois en rendent la cure plus difficile.

Toutefois en ne prescrivant plus toutes ces enquêtes et ces interrogatoires faits par ordre de la justice, on n'en a pas moins laissé de fortes garanties judiciaires aux personnes intéressées. Nous les résumerons : 1° un individu en démence ne peut être enfermé, soit dans un établissement public, soit dans un établissement privé, sans que les autorités judiciaires, administratives, municipales en soient informées ; 2° non-seulement elles en sont informées immédiatement, mais encore on leur impose des visites successives ; 3° la direction de l'établissement est obligée d'adresser tous les semestres un rapport au préfet sur l'état des personnes retenues par son ordre ; 4° l'individu lui même a le droit d'adresser des requêtes au président du tribunal, et des observations au procureur du roi, pour obtenir sa sortie. Voilà donc le système de garantie sur lequel repose l'ensemble du système de la loi. Enfin l'ordonnance royale du 16 décembre 1839 a complété et développé la loi du 30 juin. (V. le texte de cette ordonnance aux commentaires des articles 2 et 3 ci-après.)

TITRE I. *Des établissements d'aliénés.*

L'isolement des aliénés est à la fois une mesure de sûreté publique et un moyen de guérison. La société doit se proposer l'accomplissement de ce double but dans la création des asiles qu'elle leur consacre ; il ne saurait être rempli tant que ces malheureux ne recevront point, dans des établissements spéciaux, tous les soins que nécessite leur triste position.

Dans notre état de civilisation, les maisons de correction et de répression ne doivent pas, comme autrefois, recevoir les aliénés ; ils ne sauraient être confondus avec les criminels et partager la rigueur de leur situation. Leur place ne doit pas être marquée non plus dans les hôpitaux généraux, où souvent ils sont négligés, et ne reçoivent pas un traitement approprié à leurs maux. Il faut aux aliénés de l'espace, du travail, de nombreux gardiens ; il leur faut un classement particulier et conforme à leur état ; tout cela ne peut se rencontrer dans un hospice ouvert à toutes les misères humaines. (Rapport de M. Barthélemy, 31 janvier 1838.)

Tels sont les motifs de l'art. 1ᵉʳ, ainsi conçu :

Art. 1. Chaque département est tenu d'avoir un établissement public, spécialement destiné à recevoir et à soigner les aliénés, ou de traiter, à cet effet, avec un établissement public ou privé, soit de ce département, soit d'un autre département.

Les traités passés avec les établissements publics ou privés, devront être approuvés par le ministre de l'intérieur.

La loi reconnaissant donc la supériorité des établissements spéciaux, doit avoir pour premier but de les multiplier ; cependant elle ne tend pas à la création d'un hospice d'aliénés par département. En effet, la fondation d'un établissement spécial peut devenir très-difficile et très-onéreuse dans bien des départements ; il en est même un grand nombre où, vu le peu d'aliénés qui s'y trouvent, on ne pourrait créer un hospice réunissant toutes les conditions qu'on reconnaît aujourd'hui indispensables à ce genre d'établissement ; d'ailleurs, il peut exister à portée de certains départements des établissements privés ou publics dans lesquels l'administration place avec avantage et économie ses aliénés. La loi, dans cette prévision, devait donc l'autoriser à traiter avec les chefs desdits établissements. En effet, on n'ignore pas combien les départements sont obérés, et de nouvelles contributions ne doivent leur être imposées qu'en cas de nécessité absolue ; d'ailleurs ces contributions ne portent pas sur toutes les branches des revenus publics, elles ne portent que sur quatre dont trois sont fort peu de chose, et dont la principale, qui est la contribution foncière, est prélevée sur l'agriculture, source de la prospérité publique. Si on lui demande déjà beaucoup en temps de paix, que sera-ce lorsque la guerre viendra diminuer les ressources et tarir les produits des douanes et des contributions indirectes ? d'une part, donc, il était sage de ne pas exiger des départements qu'ils fissent construire une maison spéciale, et de l'autre de leur permettre de traiter avec des établissements existants.

L'approbation, par le ministre de l'intérieur, de ces traités, est consacrée dans le § 2. En effet, elle est indispensable dans ce cas. Si l'unité de direction est nécessaire quelque part, c'est surtout dans cette nature d'établissements, afin que tous participent aux mêmes avantages. Il n'y aura progrès qu'à la condition d'une direction conforme imprimée par le ministre de l'intérieur. On avait proposé de laisser le préfet seul juge et seul appréciateur de ces traités, mais on a facilement prouvé que souvent un préfet pouvait être placé entre des influences qui l'embarrassent, et que, dans ces cas, il est utile que l'administration centrale vienne l'appuyer de son autorité. Au lieu d'être gênante, l'action de cette administration sera tutélaire et protectrice; en outre, soit que l'on confie la direction de ces établissements à des congrégations religieuses ou à des laïques, on pourra demander aux établissements laïques tout l'ordre des établissements religieux, et aux établissements religieux de laisser leurs portes ouvertes à l'entrée de la science comme les établissements laïques.

Enfin, sous le rapport financier, on ne saurait admettre qu'il dépendît d'un préfet de grever pour plusieurs années le département, par un mauvais traité, de dépenses considérables, et que le ministre fut obligé de sanctionner cette dépense résultant d'un traité qui n'aurait pas son approbation.

Sous tous ces rapports, l'approbation du ministre de l'intérieur, pour les traités de cette nature, était absolument nécessaire.

« Il recherchera si le traité soumis à son approbation est la meilleure manière dont le département puisse venir au secours de ses aliénés, si l'on ne doit pas plutôt former un établissement spécial; il devra se rendre compte de l'importance de l'établissement, s'assurer s'il est en état de répondre aux engagements contractés, et faire en sorte enfin que les aliénés des divers points de la France soient répartis entre les établissements publics et privés, de manière qu'aucun de ceux-ci ne soit chargé au-delà de ses facultés, » (Rapport, Vivien, 27 mars.)

Les refus d'approbation n'auront lieu que pour des motifs graves, dans le cas, par exemple, où l'établissement choisi ne serait pas assez important pour répondre à la fois aux besoins du lieu de sa situation, et aux nouveaux engagements qu'il contracterait. (Rapport, Barthélemy, 22 mai)

Art. 2. Les établissements *publics* consacrés aux aliénés sont placés sous la *direction* de l'autorité publique.

Art. 3. Les établissements *privés* consacrés aux aliénés sont placés sous la *surveillance* de l'autorité publique.

Les établissements consacrés aux aliénés se divisent, on le voit, en deux catégories distinctes.

Les uns appartiennent au public : la plupart, jusqu'à ce jour, se sont élevés ou sont entretenus aux frais de l'état, des départements ou des communes.

Les autres sont les produits des spéculations privées. Ils ont été ouverts par l'esprit d'industrie, le plus honorable de tous quand il se voue au soulagement des misères humaines, le plus détestable s'il fondait sur des souffrances dont il se jouerait, l'espoir d'un coupable bénéfice.

Ces deux sortes d'établissements doivent être soumis à des règles différentes qui cependant ont un même but, l'amélioration du régime des aliénés.

Nul intérêt social ne réclame plus impérieusement le secours de toutes les lumières, de tous les moyens d'action que possède le gouvernement; seul il peut fonder sur des bases larges et solides le système général qui doit être adopté pour les aliénés. L'article 2 réserve donc à l'*autorité publique* la DIRECTION de ces établissements ; à l'*autorité publique*, ce qui comprend à la fois l'autorité administrative et judiciaire.

Grâce au zèle de courageux médecins et aux progrès de la science, on reconnaît aujourd'hui que l'aliénation mentale est susceptible de guérison. Les aliénés sont considérés, non plus comme des êtres à jamais perdus pour le monde, devenus étrangers à l'humanité, mais comme des malades d'autant plus dignes de soins, que leur état inspire plus de pitié. Les établissements qui leur sont consacrés se présentent sous un nouvel aspect; ce ne sont plus des prisons, mais de véritables hôpitaux ; les précautions d'une timidité cruelle ne sont plus l'objet direct et exclusif de l'admission du malade : le but, c'est la guérison, et tout doit être mis en œuvre pour l'atteindre; des conditions hygiéniques spéciales sont reconnues nécessaires ; une certaine disposition de bâtiments, l'espace, la salubrité de l'air, des divisions intérieures bien entendues sont les éléments les plus sûrs de guérison quand elle est possible, et du repos du malade quand la raison l'a fui sans retour.

La *direction* conférée à l'*autorité publique* sur les établissements *publics* d'aliénés, lui donnera le droit d'exiger qu'ils répondent tous à ces conditions générales.

Quant aux établissements *privés*, l'action de l'administration ne peut être la même qu'à l'égard des établissements publics. L'industrie privée a des droits qui doivent être respectés; mais il résulte des considérations ci-dessus que si l'autorité publique n'a pas leur direction, au moins la *surveillance* qui lui est attribuée sur ces établissements, par l'art. 5, doit tendre au même but. Elle est du reste totalement indépendante des formalités de demande en autorisation préalable que tout fondateur d'établissement privé est tenu de remplir aux termes de l'art. 5.

Ces formalités ont été prévues par l'ordonnance du 16 décembre 1839, qui a déterminé les bases de l'organisation et de l'administration des établissements publics consacrés aux aliénés, les conditions à remplir par les établissements privés qui demandent d'être autorisés à recevoir ce genre de malades, les obligations auxquelles ces derniers établissements seront soumis, et les cas dans lesquels les autorisations accordées pourront être retirées (1).

Art. 4. Le préfet et les personnes spécialement déléguées à cet effet par lui ou par le ministre de l'intérieur, le président du tribunal, le procureur du roi, le juge de paix, le maire de la commune, sont chargés de visiter les établissements publics ou privés, consacrés aux aliénés.

Ils recevront les réclamations des personnes qui y seront placées, et prendront, à leur égard, tous renseignements propres à faire connaître leur position.

Les établissements privés seront visités, à des jours indéterminés, une fois au moins chaque trimestre, par le procureur du roi de l'arrondissement. Les établissements publics le seront de la même manière, une fois au moins par semestre.

§ 1er. La loi devait préciser les personnes appelées à exercer une surveillance sur cet établissement; car si, d'une part, on doit des garanties à la sûreté publique et à la liberté individuelle, il n'en faut pas moins à l'honneur des familles, ou plutôt à leur situation malheureuse, lorsqu'un de leurs membres est atteint de cette terrible maladie. Cet honneur dépend principalement du secret qui sera gardé dans le cas où une guérison est possible ou probable. Il était donc indispensable de restreindre la liste des personnes qui auront le droit de venir visiter ces établissements, et qui, par conséquent, seront au courant d'une foule de relations de famille trop délicates et trop pénibles pour être soumises à la publicité. Le *préfet* et les personnes *spécialement* DÉLÉGUÉES *par lui ou par le ministre*……. etc. On a trouvé que ces délégations étendaient presque indéfiniment la liste des personnes qui auront le droit de venir visiter ces établissements; mais elles doivent s'entendre en ce sens que certaines personnes, sous le titre que les règlements d'administration publique jugeront utile de leur conférer, soit inspecteurs, soit médecins ou autres seront chargés de visiter ces établissements, et de faire des rapports sur la situation des aliénés. Le *président du tribunal*, le *procureur du roi*, le *juge de paix*……. etc. Il fallait bien donner l'entrée de ces maisons à l'autorité judiciaire, pour écouter les plaintes contre l'autorité administrative s'il y a lieu : c'est un contrôle particulier placé à côté de l'autorité administrative.

On avait proposé d'ajouter, dans l'énumération ci-dessus, le *premier président de la cour royale* et le *procureur général*. Cette proposition a été repoussée. En effet, le droit de ces magistrats est incontestable; le Code leur donne le droit et leur impose le devoir d'entrer dans tous les lieux où une personne se trouve retenue pour quelque cause que ce soit, et de vérifier si elle est retenue légalement. En ajoutant le nom de ces deux magistrats à ceux que le § 1er de

---

Ord. 16 déc. 1839. — Titre 1er. *Des établissements consacrés aux aliénés*

(1) Art. 1er. Les établissements publics consacrés au service des aliénés seront administrés sous l'autorité de notre ministre secrétaire d'état ou département de l'intérieur, et des préfets des départements, et sous la surveillance de commissions gratuites, par un directeur responsable, dont les attributions seront ci-après déterminées.

2. Les commissions de surveillance seront composées de cinq membres nommés par les préfets et renouvelés chaque année par cinquième.

Les membres des commissions de surveillance ne pourront être révoqués que par notre ministre de l'intérieur, sur le rapport du préfet.

Chaque année, après le renouvellement, les commissions nommeront leur président et leur secrétaire.

3. Les directeurs et les médecins en chef et adjoints seront nommés par notre ministre secrétaire d'état au département de l'intérieur, directement pour la première fois, et pour les vacances suivantes, sur une liste de trois candidats présentés par les préfets.

Pourront aussi être appelés aux places vacantes, concurremment avec les candidats présentés par les préfets, les directeurs et les médecins en chef ou adjoints qui auront rempli leurs fonctions pendant trois ans dans d'autres établissements d'aliénés.

Les élèves attachés aux établissements d'aliénés seront nommés pour un temps limité, selon le mode déterminé par le règlement sur le service intérieur de chaque établissement.

Les directeurs, les médecins en chef et les médecins adjoints ne pourront être révoqués que par notre ministre de l'intérieur, sur le rapport des préfets.

4. Ces commissions instituées par l'article 1er, chargées de la surveillance générale de toutes les parties du service des établissements, sont appelées à donner leur avis sur le régime intérieur, sur les budgets et les comptes, sur les actes relatifs à l'administration, tels que le mode de gestion des biens, les projets de travaux, les procès à intenter ou à soutenir, les transactions, les emplois de capitaux, les acquisitions, les emprunts, les ventes ou échanges d'immeubles, les acceptations de legs, de donations, les pensions à accorder, s'il y a lieu, les traités à conclure pour le service des malades.

5. Les commissions de surveillance se réuniront tous les mois. Elles seront en outre convoquées par les préfets et les sous préfets toutes les fois que les besoins du service l'exigeront.

Le directeur de l'établissement et le médecin chargé en chef du service médical assisteront aux séances de la commission : leur voix sera seulement consultative.

Néanmoins le directeur et le médecin en chef devront se retirer de la séance au moment où la commission délibérera sur les comptes de l'administration et sur les rapports qu'elle pourrait avoir à adresser directement au préfet.

6. Le directeur est chargé de l'administration intérieure de l'établissement et de la gestion de ses biens et revenus,

Il pourvoit, sous les conditions prescrites par la loi, à l'admission et à la sortie des personnes placées dans l'établissement.

Il nomme les préposés de tous les services de l'établissement; il les révoque, s'il y a lieu. Toutefois, les surveillants, les infirmiers et les gardiens devront être agréés par le médecin en chef; celui-ci pourra demander leur révocation au directeur. En cas de dissentiment le préfet prononcera.

7. Le directeur est exclusivement chargé de pourvoir à tout ce qui concerne le bon ordre et la police de l'établissement, dans les limites du service intérieur, qui sera arrêté, en exécution de l'art. 7 de la loi du 30 juin 1838, par notre ministre de l'intérieur.

Il résidera dans l'établissement.

8. Le service médical, en tout ce qui concerne le régime physique et moral, ainsi que la police médicale et personnelle des aliénés, est placé sous l'autorité du médecin, dans les limites du règlement de service intérieur mentionné à l'article précédent.

Les médecins adjoints dans les maisons où le règlement intérieur en établira, les surveillants, les infirmiers et les gardiens sont, pour le service médical, sous l'autorité du médecin en chef.

9. Le médecin en chef remplira les obligations imposées aux médecins par la loi du 30 juin 1838, et délivrera tous les certificats relatifs à ses fonctions.

Ces certificats ne pourront être délivrés par le médecin adjoint qu'en cas d'empêchement constaté du médecin en chef.

En cas d'empêchement constaté du médecin en chef et du médecin adjoint, le préfet est autorisé à pourvoir provisoirement à leur remplacement.

10. Le médecin en chef sera tenu de résider dans l'établissement.

Il pourra toutefois être dispensé de cette obligation par une décision

l'art. 4 désigne, on ne leur aurait pas donné un droit nouveau puisqu'ils l'ont ; on les aurait seulement chargés d'une mission qu'ils n'auraient pu remplir. Cette mission de surveillance est toute spéciale, et par cela même locale ; les magistrats de la localité peuvent seuls les remplir, aussi le § 1er ne le confie-t-il qu'au procureur du roi, au président du tribunal, au juge de paix, au maire, tous exerçant leurs fonctions sur les lieux mêmes. Les premiers présidents de cour royale et les procureurs généraux seraient d'ailleurs forcés de déléguer ce devoir à leurs inférieurs, et précisément à ceux-mêmes auxquels l'article 4 le confie. La loi aurait fait une chose vaine ; elle aurait, en outre, en étendant la même charge sur trop de personnes, rendu l'obligation de chacune moins directe, et par cela même moins efficace.

Quant au *juge de paix*, nul que lui ne peut mieux remplir ce devoir ; plus rapproché des justiciables, il les connaît mieux, peut mieux apprécier leur position ; il a d'ailleurs une mission spéciale à remplir pour les aliénés lors de leur interdiction, puisqu'il préside le conseil de famille. Enfin, il peut y avoir des établissements d'aliénés dans des cantons autres que le chef-lieu d'arrondissement où se trouve le procureur du roi. Quant au *maire*, il est représentant d'un pouvoir électif et délégué de ses con-

citoyens, on a donc trouvé juste de mettre à côté de l'autorité administrative, un magistrat dont les fonctions émanent à la fois de la couronne et de l'élection populaire. On a voulu mettre tous les degrés de garantie pour contrôler l'action administrative.

§ 2. Les personnes admises dans les établissements en vertu du § 1er, ont deux catégories d'observations à faire : 1° les observations générales portant sur le régime de la maison, sur ce régime qui aura été introduit par des règlements d'administration publique. (Dans ce cas, le rapport sera fait à l'autorité administrative, qui a dans ses mains tout pouvoir pour réformer les abus.)

2° Les observations relatives aux personnes. Il s'agit ici de la liberté individuelle d'un aliéné séquestré. Qu'une plainte, qu'un soupçon arrive à l'esprit du visiteur, à qui devra-t-il s'adresser ? Évidemment aux autorités compétentes, qui ont tous moyens de faire une enquête.

Ainsi donc, s'il y a un abus administratif, l'administration locale est là ; s'il y a une enquête judiciaire à faire, elle rentre dans le domaine des tribunaux.

§ 3. Ce § appelle le procureur du roi à visiter, au moins une fois par trimestre, les établissements *privés*. Le projet autorisait ce fonctionnaire à déléguer le juge de paix pour cette visite ; mais on a

---

spéciale de notre ministre de l'intérieur, pourvu qu'il fasse chaque jour au moins une visite générale des aliénés confiés à ses soins, et qu'en cas d'empêchement il puisse être suppléé par un médecin résident.

11. Les commissions administratives des hospices civils qui ont formé ou qui formeront à l'avenir dans ces établissements des quartiers affectés aux aliénés, seront tenus de faire agréer par le préfet un préposé responsable qui sera soumis à toutes les obligations imposées par la loi du 30 juin 1838.

Dans ce cas, il ne sera pas créé de commission de surveillance.

Le règlement intérieur des quartiers consacrés au service des aliénés sera soumis à l'approbation de notre ministre de l'intérieur, conformément à l'article 7 de cette loi.

12. Il ne pourra être créé, dans les hospices civils, des quartiers affectés aux aliénés, qu'autant qu'il sera justifié que l'organisation de ces quartiers permet de recevoir et de traiter cinquante aliénés au moins.

Quant aux quartiers actuellement existants, où il ne pourrait être traité qu'un nombre moindre d'aliénés, il sera statué sur leur maintien par notre ministre de l'intérieur.

13. Notre ministre de l'intérieur pourra toujours autoriser, ou même ordonner d'office, la réunion des fonctions de directeur et de médecin.

14. Le traitement du directeur et du médecin sera déterminé par notre ministre de l'intérieur.

15. Dans tous les établissements publics où le travail des aliénés sera introduit comme moyen curatif, l'emploi du produit de ce travail sera déterminé par le règlement intérieur de cet établissement.

16. Les lois et règlements relatifs à l'administration générale des hospices et établissements de bienfaisance, en ce qui concerne notamment l'ordre de leurs services financiers, la surveillance de la gestion du receveur, les formes de la comptabilité, sont applicables aux établissements publics d'aliénés en tout ce qui n'est pas contraire aux dispositions qui précèdent.

TITRE II. *Des établissements privés consacrés aux aliénés.*

Quiconque voudra former ou diriger un établissement privé destiné au traitement des aliénés devra en adresser la demande au préfet du département où l'établissement devra être situé.

18. Il justifiera :

1° Qu'il est majeur et exerçant ses droits civils ;

2° Qu'il est de bonne vie et mœurs : il produira, à cet effet, un certificat du maire de la commune ou de chacune des communes où il aura résidé depuis trois ans ;

3° Qu'il est docteur en médecine :

Si le requérant n'est pas un docteur en médecine, il produira l'engagement d'un médecin qui se chargera du service médical de la maison, et déclarera se soumettre aux obligations spécialement imposées sous ce rapport par les lois et règlements.

Ce médecin devra être agréé par le préfet, qui pourra toujours le révoquer. Toutefois cette révocation ne sera définitive qu'autant qu'elle aura été approuvée par notre ministre de l'intérieur.

20. Le requérant indiquera dans sa demande le nombre et le sexe des pensionnaires que l'établissement pourra contenir ; il en sera fait mention dans l'autorisation.

21. Il déclarera si l'établissement doit être uniquement affecté aux aliénés, ou s'il recevra d'autres malades. Dans ce dernier cas, il justifiera par la production du plan de l'établissement que le local consacré aux aliénés est entièrement séparé de celui qui est affecté au traitement des autres malades.

22. Il justifiera :

1° Que l'établissement n'offre aucune cause d'insalubrité, tant au-dedans qu'au dehors, et qu'il est situé de manière que les aliénés ne soient pas incommodés par un voisinage bruyant ou capable de les agiter ;

2° Qu'il peut être alimenté en tout temps d'eau de bonne qualité, et en quantité suffisante ;

3° Que, par la disposition des localités, il promet de séparer complètement les sexes, l'enfance et l'âge mûr, d'établir un classement régulier entre les convalescents, les malades paisibles et ceux qui sont agités ; de séparer également les aliénés épileptiques ;

4° Que l'établissement contient des locaux particuliers pour les aliénés atteints de maladies accidentelles, et pour ceux qui ont des habitudes de malpropreté.

5° Que toutes les précautions ont été prises, soit dans les constructions, soit dans la fixation du nombre des gardiens, pour assurer le service et la surveillance de l'établissement.

23. Il justifiera également, par la production du règlement intérieur de

pensé avec raison que, surtout lorsqu'il s'agit d'une garantie à donner à la liberté individuelle, il ne faut pas laisser au fonctionnaire sur qui repose une attribution si importante, la possibilité de décliner la responsabilité qu'elle lui impose. (Exposé Min. int. Chamb. des Pairs, 19 mai 1838.)

Un § 4 qui existait dans le projet a été repoussé. Il excluait des fonctions de surveillants ou inspecteurs délégués, les parents des entrepreneurs de l'établissement, dans le but d'offrir ainsi des garanties d'impartialité; mais on a jugé qu'une telle précaution portait un caractère de défiance peu digne de la loi. Les délégués du préfet ou du ministre, a-t-on dit, ont un rôle purement facultatif, ils ne constatent officiellement aucun fait; ils pouvaient n'être pas nommés : la confiance de l'autorité publique les place au-dessus du soupçon qui s'attacherait à leur titre de parent.

En outre, ne pourrait-il pas arriver qu'on chargeât un inspecteur général auquel le service de plusieurs départements serait confié, de procéder à des visites de ce genre? Alors il aurait donc fallu exclure de cette désignation celui qui par hasard se trouverait parent de quelqu'un des directeurs de maisons d'aliénés, ou, s'il avait été désigné, lui interdire la visite de ces maisons. On voit donc quels eussent été les inconvénients de cette disposition. La précau-

tion, d'ailleurs, eût été, nous le répétons, indigne de la loi.

Toutefois le gouvernement s'est engagé à recommander, par ses instructions aux préfets, de ne pas choisir leurs délégués dans la catégorie des personnes qu'excluait le § supprimé. (Exposé, Min. int., 19 mai 1838.)

Art. 5. Nul ne pourra diriger ni former un établissement privé consacré aux aliénés, sans l'autorisation du gouvernement.

Les établissements privés consacrés au traitement d'autres maladies ne pourront recevoir les personnes atteintes d'aliénation mentale, à moins qu'elles ne soient placées dans un local entièrement séparé.

Ces établissements devront être, à cet effet, spécialement autorisés par le gouvernement, et seront soumis, en ce qui concerne les aliénés, à toutes les obligations prescrites par la présente loi.

La liberté individuelle et la garantie de cette liberté, telles sont les questions qui ont le plus vivement préoccupé le législateur dans cette loi. De coupables connivences pourraient donner la facilité de disposer de la liberté d'un parent incommode ou ennemi; une lâche cupidité, une méprisable indifférence pourraient prolonger une captivité qui doit cesser avec la démence, et qui devient un crime dès qu'elle dure plus que sa cause; la loi ne peut donc

---

la maison, que le régime de l'établissement offrira toutes les garanties convenables sous le rapport des bonnes mœurs et de la sûreté des personnes.

24. Tout directeur d'un établissement privé consacré au traitement des aliénés devra, avant d'entrer en fonctions, fournir un cautionnement dont le montant sera déterminé par l'ordonnance royale d'autorisation.

25. Le cautionnement sera versé en espèces, à la caisse des dépôts et consignations, et sera exclusivement destiné à pourvoir, dans les formes et pour les cas déterminés dans l'article suivant, aux besoins des aliénés pensionnaires.

26. Dans tous les cas où, pour une cause quelconque, le service d'un établissement privé consacré aux aliénés se trouverait suspendu, le préfet pourra constituer, à l'effet de remplir les fonctions de directeur responsable, un régisseur provisoire entre les mains duquel la caisse des dépôts et consignations, sur les mandats du préfet, versera ce cautionnement, en tout ou en partie, pour l'appliquer au service des aliénés.

27. Tout directeur d'un établissement privé consacré aux aliénés pourra, à l'avance, faire agréer par l'administration une personne qui se chargera de le remplacer dans le cas où il viendrait à cesser ses fonctions, par suite de suspension: d'interdiction judiciaire, d'absence, de faillite, de décès, ou pour toute autre cause.

La personne ainsi agréée sera de droit, dans ces divers cas, investie de la gestion provisoire de l'établissement, et soumise, à ce titre, à toutes les obligations du directeur lui-même.

Cette gestion provisoire ne pourra jamais se prolonger au-delà d'un mois sans une autorisation spéciale du préfet.

28. Dans le cas où le directeur cesserait ses fonctions pour une cause quelconque, sans avoir usé de la faculté ci-dessus, ses héritiers ou ayant-cause seront tenus de désigner dans les vingt-quatre heures la personne qui sera chargée de la régie provisoire de l'établissement et soumise, à ce titre, à toutes les obligations du directeur.

A défaut, le préfet lui-même fera cette désignation.

Les héritiers ou ayants cause du directeur devront, en outre, dans le délai d'un mois, présenter un nouveau directeur pour en remplir définitivement les fonctions.

Si la présentation n'est pas faite dans ce délai, l'ordonnance royale d'autorisation sera rapportée de plein droit, et l'établissement sera fermé.

29. Lorsque le directeur d'un établissement privé consacré aux aliénés

voudra augmenter le nombre des pensionnaires qu'il aura été autorisé à recevoir dans cet établissement, il devra former une demande en autorisation à cet effet, et justifier que les bâtiments primitifs ou ceux additionnels qu'il aura fait construire sont, ainsi que leurs dépendances, convenables et suffisants pour recevoir le nombre déterminé de nouveaux pensionnaires.

L'ordonnance royale qui statuera sur cette demande déterminera l'augmentation proportionnelle que le cautionnement pourra recevoir.

30. Le directeur de tout établissement privé consacré aux aliénés devra résider dans l'établissement.

Le médecin attaché à l'établissement, dans le cas prévu par l'article 19 de la présente ordonnance, sera soumis à la même obligation.

31. Le retrait de l'autorisation pourra être prononcé, suivant la gravité des circonstances, dans tous les cas d'infraction aux lois et réglemenss sur la matière, et notamment dans les cas ci-après :

1° Si le directeur est privé de l'exercice de ses droits civils :

2° S'il reçoit un nombre de pensionnaires supérieur à celui fixé par l'ordonnance d'autorisation;

3° S'il reçoit des aliénés d'un autre sexe que celui indiqué par cette ordonnance;

4° S'il reçoit des personnes atteintes de maladies autres que celles qu'il a déclaré vouloir traiter dans l'établissement;

5° Si les dispositions des lieux sont changées ou modifiées de manière à ce qu'ils cessent d'être propres à leur destination, ou si les précautions prescrites pour la sûreté des personnes ne sont pas constamment observées.

6° S'il est commis quelqu'infraction aux dispositions du règlement du service intérieur en ce qui concerne les mœurs;

7° S'il a été employé à l'égard des aliénés des traitements contraires à l'humanité;

8° Si le médecin agréé par l'administration est remplacé par un autre médecin, sans qu'elle en ait approuvé le choix;

9° Si le directeur contrevient aux dispositions de l'art. 8 de la loi du 30 juin 1838;

10° S'il est frappé d'une condamnation prononcée en exécution de l'art. 14 de la même loi.

32. Pendant l'instruction relative au retrait de l'ordonnance royale de

se mettre trop en garde contre ces abus, aussi contient-elle divers moyens de les prévenir. Ainsi, d'après le § 1er, aucun établissement privé ne pourra se former sans une autorisation préalable ; en outre, un règlement d'administration publique devra déterminer les conditions auxquelles les autorisations seront accordées, les cas où elles pourront être retirées, et les obligations imposées aux établissements. Par ce moyen, le gouvernement pourra prescrire toutes les mesures d'ordre public et toutes les précautions d'intérêt privé ; Enfin la nécessité de cette autorisation rendra plus facile, plus fréquente, plus efficace la surveillance des magistrats désignés en l'art. 4.

§ 2. Les mêmes principes que ceux ci-dessus énoncés ont également déterminé l'adoption de ce paragraphe. 1° On a voulu gêner les familles pour le dépôt d'un aliéné dans la première maison de santé, à cause du principe sacré de liberté individuelle qu'on a voulu mettre à l'abri, car la loi deviendra illusoire dès qu'on multipliera indéfiniment les asiles particuliers aux aliénés ; 2° la science elle-même a été prise en considération, car le traitement de ce genre de maladie demande une spécialité, soit de la part des médecins, soit de la part des moyens à employer, soit enfin dans le local lui-même.

Ainsi donc tout établissement autre que ceux spécialement consacrés aux aliénés, pourra néanmoins être autorisé à recevoir un certain nombre de ces infortunés, pourvu que le local où ils seront reçus soit entièrement séparé et distinct. Ce n'est d'ailleurs que la consécration de la pensée qui a présidé à la rédaction de l'art. 1er ; et cette pensée, c'est la séquestration des aliénés, leur isolement.

Maintenant le paragraphe doit-il être entendu assez sévèrement pour que lorsqu'un aliéné se présentera dans une maison ordinaire, surtout dans un pays où il n'existera pas d'établissement spécial, la porte de cette maison doive lui être refusée, par le motif qu'elle ne serait pas autorisée ? Evidemment non. La loi charge, en certain cas, le maire, de pourvoir d'office au logement de l'aliéné, avant qu'il

puisse être dirigé sur un établissement spécial ; on ne saurait donc lui refuser le droit d'autoriser un placement *temporaire* dans une maison de santé.

Ce que la loi a voulu, nous le répétons, c'est de faciliter au gouvernement les moyens de surveillance, en exigeant l'autorisation ; à la science, des moyens de guérison plus certains, et à la morale, une garantie réelle en ordonnant la séparation. Sans cette nécessité de l'autorisation, qui garantirait l'existence de ces divisions indispensables? personne n'ignore que les aliénés ont les passions violentes, et que les plus graves désordres ne tarderaient pas à naître dans une maison où n'existerait aucun moyen de les prévenir ou de les réprimer. Quand il y aura beaucoup de fous dans une maison, on les classera comme on voudra ; quand il n'y en aura que deux, on pourra, sur le papier, les rattacher à telle ou telle catégorie ; car il ne faut pas se préoccuper de l'idée qu'il ne faut que de grands établissements de fous ; il convient de les isoler entre eux, aussi bien que de les séparer d'autres malades. On doit les traiter séparément, et par conséquent, il n'y a pas d'inconvénient à ce qu'on leur assigne des quartiers dans des maisons où se trouvent d'autres malades, pourvu qu'il ne communiquent pas entre eux.

Les mots : « *dans un local entièrement séparé ...* » peuvent s'entendre de quartiers d'un même bâtiment, car la discussion s'est attachée à établir qu'on n'exigeait pas de bâtiments distincts. Ce sera seulement à la surveillance administrative à s'assurer que les moyens de séparation sont suffisants.

Art. 6. Des règlements d'administration publique détermineront les conditions auxquelles seront accordées les autorisations énoncées en l'article précédent, les cas où elles pourront être retirées, et les obligations auxquelles seront soumis les établissements autorisés. (V. ci-dessus l'ord. du 16 déc. 1839.)

Art. 7. Les réglements intérieurs des établissements publics consacrés, en tout ou en partie, au service des aliénés, seront, dans les dispositions relatives à ce service, soumis à l'approbation du ministre de l'intérieur.

« *En tout ou en partie....* » En effet, d'après une disposition précédente, il y aura non-seulement des établissements publics consacrés aux aliénés, mais il y aura des établissements publics destinés à un autre usage, qui recevront partiellement des aliénés. La portion d'un hospice, d'un bâtiment public, qui, par suite d'un traité avec le département, serait aussi affectée au service des aliénés, devra être soumise, en ce qui les concerne, aux mesures générales prévues par l'art. 6 ; car de ce que ce mélange ou ce rapprochement existe, il n'en résulte pas que la surveillance doive être moins active et moins étendue. C'est un motif de plus, au contraire, de faire intervenir ces réglements d'administration publique ; mais, d'après la rédaction de l'art. 7, il est évident

---

l'autorisation, le préfet pourra prononcer la suspension provisoire du directeur, et instituera un régisseur provisoire, conformément à l'art. 26.

33. Il sera statué pour le retrait des autorisations par une ordonnance royale.

Dispositions générales.

34. Les établissements publics ou privés consacrés aux aliénés du sexe masculin ne pourront employer que des hommes pour le service personnel des aliénés.

Des femmes seules seront chargées du service personnel des aliénés dans les établissements destinés aux individus du sexe féminin.

Dispositions transitoires.

35. Les établissements privés actuellement existants devront, dans les six mois, à dater du jour de la présente ordonnance, se pourvoir en autorisation, dans les formes prescrites par les articles ci-dessus: passé ce délai, lesdits établissements seront fermés.

36. Notre ministre secrétaire d'état au département de l'intérieur est chargé de l'exécution de la présente ordonnance.

que la partie de ces établissements consacrée aux aliénés doit seule être soumise à la surveillance administrative.

TITRE II. *Des placements faits dans les établissements d'aliénés.*

SECTION I. Des placements volontaires.

« Une famille est frappée par le plus cruel accident : un de ses membres a perdu la raison ; une séparation est nécessaire : la sûreté de la famille la fait désirer, la science la conseille, l'intérêt du malade l'exige, un établissement d'aliénés doit le recevoir.

Comment y sera t-il admis ? Le placement d'une personne dans un établissement d'aliénés est une atteinte formelle à sa liberté ; il peut servir d'armes à la vengeance, d'instrument à la cupidité. » (Rapp. de M. *Vivien.*) La loi devait donc concilier ces intérêts si graves avec ceux non moins graves de la guérison des aliénés.

Art. 8. Les chefs ou préposés responsables des établissements publics et les directeurs des établissements privés et consacrés aux aliénés, ne pourront recevoir une personne atteinte d'aliénation mentale, s'il ne leur est remis :

1° Une demande d'admission contenant les noms, profession, âge et domicile, tant de la personne qui la formera, que de celle dont le placement sera réclamé, et l'indication du degré de parenté, ou à défaut, de la nature des relations qui existent entre elles.

La demande sera écrite et signée par celui qui la formera, et s'il ne sait pas écrire, elle sera reçue par le maire ou le commissaire de police, qui en donnera acte.

Les chefs, préposés ou directeurs, devront s'assurer, sous leur responsabilité, de l'individualité de la personne qui aura formé la demande, lorsque cette demande n'aura pas été reçue par le maire ou le commissaire de police.

Si la demande d'admission est formée par le tuteur d'un interdit, il devra fournir, à l'appui, un extrait du jugement d'interdiction.

Le projet de loi imposait, pour le placement des aliénés, l'autorisation préalable du préfet. On voyait là une garantie pour que jamais une personne saine d'esprit ne pût être privée de sa liberté, séparée violemment de sa famille et séquestrée dans un établissement d'aliénés ; mais le but de la loi étant le soulagement des aliénés, et les facilités à donner à leur traitement, c'eût été contrarier ouvertement ce but que de subordonner à un acte de l'autorité publique la mesure la plus favorable à la guérison, car souvent le retard résultant de l'obligation du recours au préfet aurait pu aggraver la position du malade.

Maintenant, dans l'intérêt même de la liberté individuelle, on verra que cette autorisation préalable du préfet ne devait pas être exigée. Les familles,

maîtresses d'effectuer elles-mêmes le placement, demeurent chargées de toute la responsabilité de cet acte ; elles en sont seules comptables à la justice du pays. Si, au contraire, le préfet devait donner son autorisation, la responsabilité de la famille disparaîtrait et passerait tout entière à l'administration. Or croit-on qu'il serait toujours impossible de surprendre cette autorisation, dans les cas où la séquestration serait effectuée dans de coupables vues.

Du reste, la plupart des formalités de l'art. 8 sont empruntées à une ordonnance de police du 9 août 1828, jusqu'à ce jour en vigueur à Paris.

Mais en résulte-t-il que les établissements seront tenus de recevoir tous ceux des aliénés qui leur sont présentés, et qui pourront justifier de toutes les conditions imposées ? Non, assurément, car, avant tout, il faudra qu'ils soient dans les termes des réglements de ces établissements. Toutefois cet asile devra s'ouvrir, dans tous les cas, pour les aliénés qui troublent l'ordre public ou la sûreté des personnes.

De toutes les pièces originairement exigées, on a retranché la mention des *causes de l'aliénation mentale*, qui peut être utile dans l'intérêt de la guérison, mais qui, sans intérêt pour déterminer l'admission, pouvait ne pas être toujours sans inconvénient pour les familles.

Dans la dernière partie, le § 1er exige que si la demande d'admission est formée par le tuteur d'un interdit, celui-ci produise à l'appui un extrait du jugement d'interdiction. Cette disposition était nécessitée par les obligations particulières et fort graves imposées aux directeurs des établissements, relativement aux interdits, par les art. 15, 18 et 20 ci-après.

2° Un certificat de médecin constatant l'état mental de la personne à placer, et indiquant les particularités de sa maladie, et la nécessité de faire traiter la personne désignée dans un établissement d'aliénés, et de l'y tenir renfermée.

Ce certificat ne pourra être admis, s'il a été délivré plus de quinze jours avant sa remise au chef ou directeur, s'il est signé d'un médecin attaché à l'établissement, ou si le médecin signataire est parent ou allié, au second degré inclusivement, des chefs ou propriétaires de l'établissement, ou de la personne qui fera effectuer le placement.

Toutefois, en cas d'urgence, les chefs des établissements publics pourront se dispenser d'exiger le certificat du médecin.

Ces précautions indiquées dans ces deux paragraphes doivent suffisamment réfuter les craintes de ceux qui craignent toujours que la liberté individuelle ne soit compromise par la supposition d'une folie qui n'existerait pas. Enfin, pour éloigner toute idée de *connivence*, on a déclaré inadmissibles les certificats émanés des médecins que leur parenté ou leur alliance avec l'aliéné ou le chef de l'établissement pourraient leur arracher par de coupables motifs d'intérêt.

Cependant, ajoute le paragraphe : « *En cas d'ur-*

gence, *les chefs des établissements publics pourront se dispenser d'exiger le certificat du médecin ;*

Nous avons déjà dit, en effet, que souvent un simple retard dans l'emploi des moyens de guérison pouvait aggraver le mal au point d'en rendre la cure quelquefois impossible, et toujours beaucoup plus difficile.

Le projet portait que le certificat indiquerait les *causes de la maladie, si elles étaient connues.* Cette disposition a été rejetée ; car on conçoit que les causes de l'aliénation doivent quelquefois demeurer secrètes ; elles peuvent être de nature à compromettre l'honneur des familles. Qu'elles soient confiées aux médecins, on le comprend ; mais qu'elles trouvent leur place nécessaire dans un acte officiel destiné à passer sous les yeux de nombreux fonctionnaires, cela peut avoir un inconvénient réel ; il convient mieux de s'en rapporter au rédacteur du certificat, qui jugera, d'après la maladie et la nature de ses causes, de ce qui doit y être inséré, selon les circonstances.

On n'exige pas non plus la représentation d'un jugement d'interdiction, car c'est l'état seul de maladie qui doit être la cause dominante de l'admission.

3° Le passeport ou toute autre pièce propre à constater l'individualité de la personne à placer.

L'acte de naissance n'a pas été jugé nécessaire, parce que, d'une part, il ne donne pour l'individualité qu'une constatation fort imparfaite, et que, de l'autre, il n'est pas habituellement dans les mains de ceux qu'elle concerne.

Il sera fait mention de toutes les pièces produites dans un bulletin d'entrée qui sera renvoyé dans les 24 heures, avec un certificat du médecin de l'établissement, et la copie de celui ci-dessus mentionné, au préfet de police à Paris, au préfet ou au sous-préfet dans les communes, chefs-lieux de département ou d'arrondissement, et aux maires dans les autres communes. Le sous-préfet ou le maire en fera immédiatement l'envoi au préfet.

Beaucoup d'aliénés seront envoyés dans les départements situés hors de la commune où le visa exigé par le § 2 de l'art. 8 aura été donné. Le but de ce dernier paragraphe est donc que le maire de la commune où sera situé l'établissement public ou privé soit instruit de l'entrée des malades ; et qu'en outre, ceux de la commune où réside l'aliéné habituellement, et qui ont visé la demande, soient également informés de l'entrée du malade.

Art. 9. Si le placement est fait dans un établissement privé, le préfet, dans les trois jours de la réception du bulletin, chargera un ou plusieurs hommes de l'art de visiter la personne désignée dans ce bulletin, à l'effet de constater son état men-

tal et d'en faire rapport sur-le-champ. Il pourra leur adjoindre telle autre personne qu'il désignera.

Pareilles mesures ne sont pas ordonnées dans les établissements publics qui sont dirigés par des hommes à la nomination de l'autorité administrative. Du reste, les dispositions de l'art. 8 font peser la responsabilité sur le médecin qui atteste la maladie, sur le chef d'établissement qui reçoit, et sur le médecin qui fait visite.

Art. 10. Dans le même délai (trois jours), le préfet notifiera administrativement les noms, profession et domicile tant de la personne placée que de celle qui aura demandé le placement, et les causes du placement, 1° au procureur du roi de l'arrondissement du domicile de la personne placée ; 2° au procureur du roi de l'arrondissement de la situation de l'établissement : Ces dispositions seront communes aux établissements publics ou privés.

Ici, la responsabilité pèse sur les procureurs du roi qui, au reçu de la notification, devront, l'un s'informer des faits qui motivent la séquestration, et l'autre remplir le devoir de surveillance que la loi lui confie. Ils auront donc le droit de former opposition, si cette séquestration n'est pas suffisamment fondée.

Art. 11. Quinze jours après le placement d'une personne dans un établissement public ou privé, il sera adressé au préfet, conformément au dernier paragraphe de l'art. 8, un nouveau certificat du médecin de l'établissement ; ce certificat confirmera ou rectifiera, s'il y a lieu, les observations contenues dans le premier certificat, en indiquant le retour plus ou moins fréquent des accès ou des actes de démence.

Ces dispositions ont été surabondamment insérées dans la loi, par respect pour le principe de liberté individuelle si souvent proclamé dans la discussion. On a vu quelquefois des exemples de folie passagère ; on donc voulu que l'administration fût officiellement éclairée sur le caractère réel des causes de la séquestration.

Art. 12. Il y aura dans chaque établissement un registre coté et paraphé par le maire, sur lequel seront immédiatement inscrits les noms, profession, âge et domicile des personnes placées dans les établissements, la mention du jugement d'interdiction, si elle a été prononcée, et le nom de leur tuteur ; la date de leur placement, les noms, profession et demeure de la personne parente ou non parente qui l'aura demandé. Seront également transcrits sur ce registre : 1° le certificat du médecin joint à la demande d'admission ; 2° ceux que le médecin de l'établissement devra adresser à l'autorité, conformément aux art. 8 et 11.

Le médecin sera tenu de consigner sur ce registre, au moins tous les mois, les changements survenus dans l'état mental de chaque malade. Ce registre constatera également les sorties et les décès.

Ce registre sera soumis aux personnes qui, d'après l'art. 4, auront le droit de visiter l'établissement lorsqu'elles se présenteront pour en faire la visite ; après l'avoir terminée, elles apposeront sur le registre leur visa, leur signature et leurs observations s'il y a lieu.

Toutes ces mesures de détail sont des garanties de plus pour la liberté individuelle. Ainsi c'est au moment où les personnes chargées de visiter l'établissement y arrivent que le registre doit leur être communiqué, afin qu'elles puissent connaître à l'avance les malades qui doivent particulièrement fixer leur attention. Puis, afin que leur visa ne deviennent point une formalité illusoire, ce n'est qu'en sortant qu'elles doivent le consigner sur le registre, ainsi que leurs observations, s'il y a lieu.

Art. 13. Toute personne placée dans un établissement d'aliénés cessera d'y être retenue aussitôt que les médecins de l'établissement auront déclaré, sur le registre énoncé en l'article précédent, que la guérison est obtenue.

S'il s'agit d'un mineur ou d'un interdit, il sera donné immédiatement avis de la déclaration des médecins aux personnes auxquelles il devra être remis, et au procureur du roi.

Cet article a pour but de déterminer la libération des individus retenus pour cause d'aliénation, aussitôt que les symptômes de guérison seront avérés. C'est encore un hommage rendu à la liberté individuelle, mais dont l'application doit être soumise à certaines restrictions, lorsque l'un de ces individus se trouve dans les liens d'un jugement d'interdiction. La liberté pure et simple ne saurait donc être ordonnée avant d'en avoir donné avis à son tuteur, et au procureur du roi surveillant légal des malheureux frappés d'interdiction. (§ 2.)

On ne devra pas perdre de vue dans l'application, que cette déclaration des médecins dont parle l'art. 13, est souveraine ; que les chefs des établissements n'ont pas besoin d'autre autorisation pour mettre en liberté la personne détenue ; et qu'ils ne pourraient continuer sous aucun prétexte, à la séquestrer, sans compromettre leur responsabilité personnelle.

Enfin il faut bien observer que l'article 13 ne s'applique qu'à la sortie des personnes qui ont été l'objet d'un placement volontaire : les personnes placées d'office en vertu de l'art. 18, sur l'ordre des préfets, ne peuvent, d'après les articles 20 et 23, sortir des établissements que sur l'autorisation de ces magistrats. (Circ. Min. int., 23 juillet 1838, n° 37.)

Art. 14. Avant même que les médecins aient déclaré la guérison, toute personne, placée dans un établissement d'aliénés, cessera également d'y être retenue, dès que la sortie sera requise par l'une des personnes ci-après désignées, savoir :

1° Le curateur nommé en exécution de l'art. 38 de la présente loi ;

2° L'époux ou l'épouse ;

3° S'il n'y a pas d'époux ou d'épouse, les ascendants ;

4° S'il n'y a pas d'ascendants, les descendants ;

5° La personne qui aura signé la demande d'admission, à moins qu'un parent n'ait déclaré s'opposer à ce qu'elle use de cette faculté sans l'assentiment du conseil de famille ;

6° Toute personne à ce autorisée par le conseil de famille ;

S'il résulte d'une opposition notifiée au chef de l'établissement par un ayant-droit qu'il y a dissentiment, soit entre les ascendants, soit entre les descendants, le conseil de famille prononcera.

Néanmoins, si le médecin de l'établissement est d'avis que l'état mental du malade pourrait compromettre l'ordre public et la sûreté des personnes, il en sera donné préalablement connaissance au maire, qui pourra ordonner immédiatement un sursis provisoire à la sortie, à la charge d'en référer, dans les 24 heures, au préfet. Ce sursis provisoire cessera de plein droit à l'expiration de la quinzaine, si le préfet n'a pas, dans ce délai, donné des ordres contraires, conformément à l'art. 21 ci-après. L'ordre du maire sera transcrit sur le registre tenu en exécution de l'art. 12.

En cas de minorité ou d'interdiction, le tuteur pourra seul requérir la sortie.

On voit par la comparaison de cet article avec le précédent, que la loi a voulu distinguer les sorties qui sont la suite d'une guérison constatée, et celles qui sont accordées à la demande de la famille de la personne placée, sans que celle-ci soit guérie.

Le § 1 de l'article 14 a donc indiqué avec précision quelles personnes auront le droit de requérir la sortie, et cette indication devait être d'autant plus exacte que les chefs de l'établissement étant tenus de déférer à la réquisition sous des peines sévères, il était nécessaire qu'ils sussent clairement quelles personnes avaient le droit de la leur adresser. D'après les dispositions du § 1, l'époux et l'épouse, les ascendants et descendants, mais seulement les uns et les autres à défaut de ceux que la loi a placés avant eux dans l'ordre des numéros 1, 2, 3, 4, 5, 6, pourront requérir la sortie de l'aliéné sans contrôle. En effet l'affection paternelle, l'affection conjugale donnent une sainte et suffisante garantie de désintéressement ; il y a là un lien de famille qui semble devoir prédominer toute inquiétude de préoccupation pécuniaire, et chasser cette crainte que la demande de sortie pourrait avoir pour but de s'emparer de l'aliéné, et d'abuser peut-être du trouble de sa raison et du désordre de ses idées. Mais si, s'étendant aux degrés plus éloignés de la famille, on arrive, aux frères, à la sœur, aux collatéraux, la question devient plus délicate, il peut surgir dans les familles de graves et déplorables rivalités d'intérêt.

Dans ce cas, le numéro 5 de l'article donne le droit à tout parent de s'opposer à ce que la personne qui aura signé la demande d'admission use de la faculté de faire sortir l'aliéné détenu, sans l'autorisation du conseil de famille ; et en cas de dissentiment soit entre les ascendants, soit entre les descendants, le § 3 donne encore au conseil de famille le droit de trancher la difficulté ; et celui-ci aura toujours la faculté de faire choix d'un délégué auquel le directeur de l'établissement devra, dans tous les cas, faire la remise de l'aliéné.

Art. 15. Dans les vingt-quatre heures de la sortie, les chefs préposés ou directeurs en donneront avis aux fonctionnaires désignés dans le dernier paragraphe de l'art. 8 , et leur feront connaître le nom et la résidence des personnes qui auront retiré le malade, son état mental au moment de sa sortie, et, autant que possible, l'indication du lieu où il aura été conduit.

L'obligation de l'avis s'applique ici à l'autorité administrative ; en effet, la pensée qui a dicté cette disposition, c'est qu'il importe que l'administration soit instruite de la sortie d'un individu. Il faut qu'elle puisse le suivre du regard, et dans le cas où sa liberté deviendrait dangereuse pour l'ordre et la sûreté publique, qu'elle puisse aussi prendre des mesures nécessaires.

Art. 16. Le préfet pourra toujours ordonner la sortie immédiate des personnes placées volontairement dans les établissements d'aliénés.

Art. 17. En aucun cas, l'interdit ne pourra être remis qu'à son tuteur, et le mineur qu'à ceux sous l'autorité desquels il est placé par la loi.

Section II. *Des placements ordonnés par l'autorité publique.*

Art. 18. A Paris, le préfet de police, et dans les départements, les préfets, ordonneront d'office le placement dans un établissement d'aliénés, de toute personne interdite ou non interdite, dont l'aliénation compromettrait l'ordre public ou la sûreté des personnes.

Les ordres des préfets seront motivés, et devront énoncer les circonstances qui les auront rendus nécessaires. Ces ordres, ainsi que ceux qui seront donnés conformément aux art. 19, 20, 21 et 23 seront inscrits sur un registre semblable à celui qui est prescrit par l'art. 12 ci-dessus, dont toutes les dispositions seront applicables aux individus placés d'office.

« Le droit, pour l'autorité publique, de faire placer dans un établissement d'aliénés, les insensés dont l'état mental compromet la sûreté publique a existé de tout temps. Sans ce droit, la société serait désarmée. L'insensé ne peut être atteint par la loi pénale ; chez lui, la conscience est muette, la liberté morale est absente : la justice refuse avec raison de lui appliquer les châtiments prononcés par les lois ; l'intérêt public veut qu'à défaut de répressions pénales, d'autres mesures mettent la société à l'abri des excès d'une tête en délire.

De tout temps, le gouvernement a pu disposer de la personne des furieux et des insensés. C'est plus qu'un droit pour lui, c'est un de ses plus impérieux devoirs. Les lois des 16-26 mars, 16-24 août 1790 et 19-22 juillet 1791, contiennent à ce sujet des dispositions générales en vertu desquelles les établissements d'aliénés ont reçu jusqu'à ce jour tous ceux que l'autorité publique a ordonné d'y déposer.

C'est à l'administration à prendre ces mesures, puisque la sûreté publique est placée sous sa garde et sa responsabilité. L'administration est instituée pour veiller au repos de tous, pour protéger les personnes et les propriétés, pour prévenir tous les accidents qui jetteraient le trouble parmi les citoyens ; c'est là sa mission et le but pour lequel elle est créée. » (Rapp. *Vivien.*)

Mais, a-t-on dit, le § 1 de l'art 18 consacre le principe de la *détention administrative*, et ceux de notre droit public, prescrivent qu'on ne puisse toucher ni à la personne, ni à la propriété qu'en vertu d'actes judiciaires, d'actes de juridiction régulière. Aussi tout en reconnaissant aux préfets et à l'administration le pouvoir de disposer de la liberté d'un citoyen par mesure de sûreté publique, on proposait de n'en faire qu'une mesure provisoire qui, pour se convertir en une sorte de détention prolongée, aurait besoin de la sanction judiciaire.

Mais la loi a parfaitement concilié les intérêts généraux confiés à l'administration et les intérêts particuliers confiés aux tribunaux en donnant le droit, par l'art. 29 , aux tribunaux d'ordonner la sortie de tout individu détenu comme aliéné, lorsque les réclamations de sa famille, du curateur ou du procureur du roi prouveront que la séquestration est sans cause.

Cette disposition, nous le répétons, a concilié les deux intérêts qu'il fallait mettre en harmonie. D'ailleurs, la discussion a prouvé qu'il y aurait de graves inconvénients à rendre dans tous les cas obligatoire une décision de l'autorité judiciaire ; car, dans telle circonstance ce serait imposer aux tribunaux un devoir qui ne pourrait être rempli par eux qu'au préjudice des autres soins confiés à leur autorité.

Ainsi, à Paris, plus de treize cents individus sont placés chaque année dans les établissements consacrés aux aliénés ! que serait-ce donc s'il fallait intenter treize cents actions judiciaires préalablement.

L'administration pouvait donc seule être chargée de juger de l'opportunité des séquestrations d'aliénés ; et les précautions même prises par la loi, art. 29 et 38, doivent répondre aux craintes soulevées par les intérêts de la liberté individuelle.

Art. 19. En cas de danger imminent, attesté par le certificat d'un médecin ou par la notoriété publique, les commissaires de police à Paris, et les maires dans les autres communes, ordonneront, à l'égard des personnes atteintes d'aliénation mentale, toutes les mesures provisoires nécessaires, à la charge d'en référer, dans les vingt-quatre heures, au préfet, qui statuera sans délai.

C'est ici la reproduction des dispositions des lois de 1790 et 1791, et le droit que l'article 19 confie de nouveau aux magistrats municipaux n'éprouvera plus d'entraves dans l'exécution. Ensuite, l'obligation imposée d'en référer au préfet est une garantie de plus ajoutée à toutes celles contenues dans cette loi, puisqu'elle tend toujours à faire ressortir la responsabilité de l'administration.

Art. 20. Les chefs, directeurs ou préposés responsables des établissements, seront tenus d'adresser aux préfets, dans le premier mois de chaque trimestre, un rapport rédigé par le médecin de l'établissement, sur l'état de chaque personne qui y sera retenue, sur la nature de ses maladies et les résultats du traitement.

Le préfet prononcera sur chacune individuellement, ordonnera sa maintenue dans l'établissement ou sa sortie.

Cet article semble contenir quelques contradictions, si on le compare à l'article 4 qui impose à certains fonctionnaires des visites trimestrielles. Ces visites étant corrélatives à l'obligation de faire des rapports, pourquoi ordonner des visites tous les trois mois si l'on ne doit rendre compte au préfet que tous les six mois ?

Pour l'intelligence de cette disposition, il est nécessaire de se reporter au projet, lequel portait que le placement ordonné par l'autorité publique ne pouvait avoir lieu que pour six mois : à l'expiration de ce délai, le préfet était obligé de le renouveler, et sinon, l'aliéné, quoiqu'il ne fût pas guéri devait être renvoyé dans sa famille. Mais on trouva que cela pouvait avoir de graves inconvénients surtout à Paris, où il y a près de trois mille aliénés dans les établissements publics, dont près de la moitié sont retenus par ordre du préfet de police; il aurait fallu au préfet un commis spécial pour renouveler chaque jour les ordres afférant à chaque individu. Un oubli pouvait en outre être cause des plus grands malheurs.

Il a paru beaucoup plus simple de prescrire que ces ordres qui devaient être renouvelés tous les six mois à l'égard de chaque aliéné, seraient compris dans un rôle général qui comprendrait la totalité des aliénés, et qui serait dressé au commencement de chaque semestre.

Rapports à faire par les préfets. — Arrêtés de sortie *et de* maintenue. — Aux termes d'une circulaire du ministère de l'intérieur, en date du 28 décembre 1859, les préfets doivent transmettre régulièrement et par lettre spéciale, les décisions de maintenue et de sortie qu'ils prennent à l'égard de chaque personne détenue dans les asiles d'aliénés, d'après le rapport semestriel qui leur est soumis par les directeurs de ces établissements. En conséquence, ils doivent faire dresser par les chefs, directeurs ou préposés responsables des établissements de leurs départements, dans lesquels les aliénés sont reçus, un état général de tous les insensés qui y auraient été placés volon-

tairement ou d'office. A cet état, sera joint un rapport rédigé par le médecin de l'établissement, sur chaque personne qui y est traitée, la nature de sa maladie et les résultats du traitement.

Dans les dix jours qui suivront la transmission de ces états entre leurs mains, les préfets prendront un arrêté individuel relativement à chaque aliéné placé d'office, et par cet arrêté, ils ordonneront sa maintenue ou sa sortie. Après avoir notifié ces arrêtés aux directeurs, aux procureurs du roi, aux maires du domicile des aliénés, ils en donneront immédiatement avis par lettre séparée au ministère de l'intérieur, où ces renseignements sont classés et vérifiés avec soin, pour s'assurer qu'il n'a été omis de statuer sur aucun aliéné.

Des arrêtés de *maintenue* ne peuvent être pris à l'égard des aliénés placés volontairement, à moins que leur état mental ne soit de nature à compromettre l'ordre public Les préfets examineront avec soin si tous les placements volontaires ont été faits religieusement, s'il n'est pas d'aliénés de cette catégorie qui seraient retenus abusivement ou sans motifs suffisants. S'il s'en trouvait, ils ordonneraient leur sortie immédiate, et communiqueraient à l'autorité judiciaire tous les faits venus à leur connaissance, afin que des poursuites fussent exercées dans le cas de détention arbitraire.

Des lettres individuelles feront également connaître à l'administration quels sont les aliénés placés volontairement dont ils auront ordonné la sortie, et ceux qui continueraient à être traités dans l'établissement. (Moniteur, 19 janvier 1840, p. 131.)

Art 21. A l'égard des personnes dont le placement aura été volontaire, et dans le cas où leur état mental pourrait compromettre l'ordre public ou la sûreté des personnes, le préfet pourra, dans les formes tracée dans le deuxième § de l'art. 18, décerner un ordre spécial, à l'effet d'empêcher qu'elles ne sortent de l'établissement sans son autorisation, si ce n'est pour être placées dans un autre établissement.

Les chef, directeurs ou préposés responsables seront tenus de se conformer à cet ordre.

En effet, les aliénés placés dans les établissements publics ou particuliers par leur famille, peuvent en être retirés à la première demande de celle-ci : (voir ci-dessus art. 12). Cependant leur liberté peut aussi être dangereuse. Le droit du préfet doit donc aller jusqu'à empêcher leur sortie, si elle est dans le cas de compromettre la sûreté publique : les précautions déjà prises par la famille, loin d'être un obstacle à l'action administrative, la légitiment en quelque sorte, en fournissant la preuve de l'aliénation. On aurait pu se dispenser de déclarer le droit du préfet; mais pour prévenir toute incertitude dans des matières aussi graves, dans des questions où la loi ne saurait être trop claire ni trop explicite, l'article 21 autorise expressément ce magistrat à décerner des ordres spéciaux dont le résultat est d'empêcher que les individus aient la faculté de sortir, sans son autorisation, des établissements où ils auront été placés par leur famille.

Evidemment le préfet sera informé du caractère de la maladie par les certificats des médecins qui lui auront été transmis, par les rapports des hommes de l'art qu'il aura chargés de faire les visites prescrites, par les avis que peuvent lui adresser les chefs des établissements, et il s'opposera à la sortie, dans tous ces cas, où n'étant pas la suite d'une guérison constatée, elle exposerait la sûreté publique.

Pourquoi, du reste, cet article n'a-t-il pas été réuni à l'art. 14 dans la section des placements volontaires? il a été maintenu dans celle-ci parce qu'en effet il s'agit bien d'un placement volontaire dans le principe, mais qui est devenu un placement forcé, par suite de l'ordre de l'autorité.

Art. 22. Les procureurs du roi seront informés de tous les ordres donnés en vertu des articles 18, 19, 20 et 21.

Ces ordres seront notifiés au maire du domicile des personnes soumises au placement, qui en donnera immédiatement avis aux familles.

Il en sera rendu compte au ministre de l'intérieur.

Les diverses notifications prescrites par le présent article, seront faites dans les formes et délais énoncés en l'art. 10.

§ I. Les procureurs du roi devront être avertis de tous les ordres donnés par les préfets et les maires. Ainsi, le ministère public sera toujours à même d'exercer son intervention protectrice, et le droit qui lui est donné d'inspecter librement les établissements d'aliénés, lui permettra de vérifier, par ses yeux, l'état intellectuel de tous ceux que l'administration y aura placés.

§ II. Sans cette précaution, ne pourrait-il pas arriver que beaucoup de familles ignorassent complétement le sort, la position, et même l'existence de tels et tels de leurs membres !

§ III. Les préfets exercent leurs fonctions sous l'autorité du ministre de l'intérieur, et en leur confiant un pouvoir aussi important que celui qui résulte des articles précédents, il était nécessaire d'exiger qu'ils en rendissent compte à leur supérieur hiérarchique, parce que celui-ci examinera de quelle façon ils procéderont à l'exécution de la loi; et si dans cette application, ils suivaient une direction contraire aux obligations dont ils ne doivent jamais s'écarter, le ministre les rappellerait à leur devoir et leur donnerait toutes les instructions convenables. C'est donc une garantie de plus, puisque la responsabilité du ministre se trouve ainsi liée à celle des préfets.

§ IV. La notification dont parle ce paragraphe doit avoir lieu administrativement, c'est-à-dire par simple lettre, dans les trois jours des ordres donnés ou reçus.

Art. 23. Si dans l'intervalle qui s'écoulera entre les rapports ordonnés par l'art. 20, les médecins déclarent sur le registre tenu en exécution de l'art. 12, que la sortie peut être ordonnée, les chefs, directeurs ou préposés responsables des établissements seront tenus, sous peine d'être poursuivis, conformément à l'art. 30 ci-après, d'en référer aussitôt au préfet, qui statuera sans délai.

Art. 24. Les hospices et hôpitaux civils seront tenus de recevoir provisoirement les personnes qui leur seront adressées, en vertu des art. 18 et 19, jusqu'à ce qu'elles soient dirigées sur l'établissement spécial destiné à les recevoir, aux termes de l'article 1er, ou pendant le trajet qu'elles feront pour s'y rendre.

Dans toutes les communes où il existe des hospices ou hopitaux, les aliénés ne pourront être déposés ailleurs que dans ces hospices ou hôpitaux. Dans les lieux où il n'en existe pas, les maires devront pourvoir à leur logement, soit dans une hôtellerie, soit dans un local loué cet effet.

Dans aucun cas, les aliénés ne pourront être ni conduits avec les condamnés ou les prévenus, ni déposés dans une prison.

Ces dispositions sont applicables à tous les aliénés dirigés par l'administration sur un établissement public ou privé.

Des sentiments d'humanité ont guidé le législateur dans la rédaction de cet article qui a essentiellement pour but d'éviter que les aliénés ne soient confondus avec les criminels, soit en cours de voyage, soit dans les prisons. Cependant la disposition contenue dans le § 1 n'est-elle pas en contradiction avec ce principe écrit dans la loi que pour le traitement de l'aliénation mentale il faut des maisons spéciales? enfin, dans le cas où il s'agirait pour les hospices de recevoir des aliénés turbulents et furieux, que deviendront les malades ordinaires de l'hospice obligés ainsi de subir tous les inconvénients, tous les dangers du voisinage des aliénés?

Mais ces préoccupations ne peuvent venir que d'une confusion élevée entre les maisons de traitement, et les lieux de *dépôt momentané*. L'art. 24 a voulu que lorsqu'une folie sérieuse viendra à se manifester chez un individu, le maire appelé par la loi à prendre toutes les mesures provisoires dans l'intérêt de la sûreté publique et dans celui de l'aliéné, puisse ordonner le dépôt provisoire et très-momentané de l'aliéné dans un hospice.

Avant que le préfet n'eût donné l'ordre de diriger l'aliéné vers l'établissement central, que devait faire le maire avant cette loi? il était le plus souvent réduit à ordonner le dépôt de l'aliéné dans la maison d'arrêt, à le confier à la garde d'un geôlier; et à le confondre ainsi avec les coupables. Cependant l'aliéné n'est pas un criminel; de quel droit traiterait-on le malheur, et un malheur souvent immérité de la même manière que le crime? l'aliéné est un malade, dont la place est fixée dans un de ces lieux que la bienfaisance publique et la charité ont fondés pour venir au secours des infirmités humaines. La loi ne pouvait défendre que la porte d'un hospice fût ouverte pour peu de jours, pour un délai plus court, peut-être, à un homme aussi profondément malheureux. Il y aura toujours dans l'hôpital une chambre, un local séparé, où on pourra le recevoir sans inconvénient pour aussi peu de temps. C'est entre les mains d'hommes bienfaisants, et de ces sœurs de charité, véritable providence du pauvre, que doivent être remis ces êtres atteints du plus grand des maux qui puissent frapper l'espèce humaine. On ne doit pas les livrer à des geôliers, les exposer aux brutalités, aux mauvais traitements, aux sarcasmes des malfaiteurs qui peuplent les prisons. Un pareil traitement, toléré jusqu'ici, était indigne de notre état de civilisation ; la loi devait le condamner, car il peut et à bon droit accroître et exaspérer la maladie du malheureux qui aurait à le subir.

La loi devait donc prescrire le dépôt ordonné par le § 1, d'une manière générale et absolue, et ne pas laisser à l'administration le soin d'une pareille prescription. A elle toutefois retombera l'obligation de faire exécuter une disposition toute d'humanité et de haute philanthropie ; elle prendra des mesures pour qu'elle soit suivie tant avant le départ de l'aliéné que pendant le trajet qu'il fera pour se rendre au lieu de sa destination.

§ III. Quand l'aliéné voyage, il doit voyager comme un malade ; s'il y a un hospice dans le lieu où il séjourne, cet hospice doit lui être ouvert ; s'il n'en existe pas, le maire, dans un intérêt d'ordre et de charité, doit pourvoir à son logement ; il le placera dans une auberge, ou dans un lieu qu'il louera à cet effet. Mais il ne résulte pas de cette disposition que l'on sera obligé, pour cela, d'avoir un local loué à l'année : en effet, il ne s'agit le plus souvent que de loger l'aliéné pour une seule nuit, pour le moment de son passage ; sera-t-il donc si difficile de lui trouver pour si peu de temps un toit hospitalier ? n'y aura-t-il pas toujours quelque chambre que l'on pourra louer ? dans un cas de dénuement absolu, ne pourrait-on pas disposer pour une nuit de la maison d'école ? enfin, sera-t-il impossible de combiner les étapes de manière à ce qu'elles n'aient lieu que dans des villes ou des bourgs où il sera facile de procurer un asile à l'aliéné ? Il est à espérer d'ailleur, que l'humanité des magistrats municipaux secondera les desseins du législateur, et rendra toujours facile ou possible l'exécution de la loi.

Une circulaire ministérielle du 18 septembre 1838, n° 59, rappelle aux préfets l'esprit de l'art. 14, et fait observer que l'inexécution des prescriptions emporterait pour les administrateurs de tous les degrés une grave responsabilité. « Tout en tenant compte des embarras matériels que l'exécution des dispositions de l'art. 24 peut entraîner, je n'en connais pas, ajoute le ministre de l'intérieur, qui ne puissent être surmontés par une ferme volonté de pourvoir à l'exécution pleine et entière de la loi. Je ne m'expliquerais jamais que les commissions administratives d'hospices, ou les maires des communes ne vous secondassent pas en cela de tout leur pouvoir, car il ne s'agit pas moins d'un devoir d'humanité que d'une obligation légale. Ainsi, M. le préfet, sans vous arrêter aux objections tirées de l'insuffisance des locaux, vous prescrirez aux administrateurs d'hospices d'aviser aux moyens d'assurer, le mieux qu'il se pourra faire, en raison des nécessités du service, la garde provisoire de l'aliéné qui leur sera envoyé. Si les *salles de malades* étaient entièrement remplies, on placerait l'aliéné dans une des salles affectées aux autres services de la maison, fût-ce au logement des employés du service intérieur, quels qu'ils soient, et s'il était nécessaire, on les garderait à vue. »

Section III. Dépenses du service des aliénés.

Art. 25. Les aliénés dont le placement aura été ordonné par le préfet, et dont les familles n'auront pas demandé l'admission dans un établissement privé, seront conduits dans l'établissement appartenant au département, ou avec lequel il aura traité.

Les aliénés dont l'état mental ne compromettrait point l'ordre public ou la sûreté des personnes, y seront également admis dans les formes, dans les circonstances et aux conditions qui seront réglées par le conseil général, sur la proposition du préfet, et approuvées par le ministre.

Art. 26, La dépense du transport des personnes dirigées par l'administration sur les établissements d'aliénés sera arrêtée par le préfet sur le mémoire des agents préposés à ce transport.

La dépense de l'entretien, du séjour et du traitement des personnes placées dans les hospices ou les établissements publics d'aliénés, sera réglée d'après un tarif arrêté par le préfet.

La dépense de l'entretien, du séjour et du traitement des personnes placées par les départements dans les établissements privés, sera fixée par les traités passés par le département conformément à l'article 1er.

Art. 25. § 2. D'après l'article 24 ci-dessus, les hospices et hopitaux civils sont tenus de recevoir provisoirement les personnes qui leur sont adressées par l'autorité publique.

On a demandé à cet égard, si les frais occasionnés aux hospices et aux communes par le séjour des aliénés, doivent rester à la charge de ces communes et de ces hospices, ou leur être remboursés.

Il faut faire à cet égard une distinction :

Au nombre des hospices ou hôpitaux dans lesquels des aliénés sont déposés provisoirement jusqu'à décision préfectorale qui ordonne leur placement ou dans lesquels ils séjournent en passant dans le cours de leur trajet à l'asile destiné à les recevoir définitivement, il en est qui ont été obligés de faire approprier des locaux ou construire des cellules spéciales affectés à ce service. La dépense de ces constructions étant, pour les hospices, la suite néces saire de l'obligation nouvelle que la loi leur a imposée, cette dépense doit rester à leur charge exclusive. Si elle était trop onéreuse pour eux, le préfet pourrait seulement demander au conseil général de leur allouer à titre de secours, une indemnité sur laquelle le ministre statuerait ultérieurement.

Mais la même solution ne doit pas être appliquée aux dépenses de nourriture ou autres qu'occasionnent aux hospices dont il s'agit les aliénés qui y sont provisoirement déposés. C'est le cas pour le préfet de fixer le taux de ces dépenses, en arrêtant conformément au § 3 de l'article 26 un prix moyen de journée ; et le nombre de journées d'aliénés que chaque hospice aura supporté devra lui être remboursé.

Les communes devront être également remboursées des dépenses de même nature qu'elles auront été obligées d'effectuer pour le logement des aliénés de passage, dans des hôtelleries ou dans des locaux loués à cet effet.

Le montant des sommes employées à ces remboursements, ainsi que le montant des frais de transport, sera ajouté aux frais ordinaires d'entretien de l'aliéné et payé comme ces derniers, savoir : par l'aliéné, par sa famille, ou enfin par le département, sauf le concours de la commune du domicile. (Circ. min. int., 5 août 1839)

Art 27. Les dépenses énoncées en l'article précédent seront à la charge des personnes placées ; à défaut, à la charge de ceux auxquels il peut être demandé des aliments, aux termes des art. 205 et suivants du code civil.

S'il y a contestation sur l'obligation de fournir des aliments, ou sur leur quotité, il sera statué, par le tribunal compétent, à la diligence de l'administrateur désigné en exécution des art. 31 et 32.

Le recouvrement des sommes dues sera poursuivi et opéré à la diligence de l'administration de l'enregistrement et des domaines.

Il faut que la dépense occasionnée par le séjour des aliénés soit acquittée : elle sera d'abord à leur charge personnelle, et à défaut, à la charge de ceux auxquels il peut être demandé des aliments aux termes du Code civil. Un tel principe ne saurait être contesté. Dans la pratique, toutefois, l'application pourrait en devenir trop dure, s'il n'était laissé, à cet égard, une certaine latitude aux administrateurs, dispensateurs des deniers des pauvres et des contribuables. Mais cette latitude résultant suffisamment de la nature de leurs fonctions, le législateur a pensé qu'il pouvait se dispenser de l'écrire dans la loi en termes formels. D'ailleurs, cette insertion eût été regardée comme un droit créé et qui eût donné naissance à une foule d'abus.

Par ces motifs, la circulaire ministérielle du 5 août 1839, invite les préfets à faire une proposition spéciale, lorsqu'en pleine connaissance de cause, ils pensent qu'il existe des motifs particuliers et assez graves pour ne pas exiger le paiement en totalité ou en partie de la dépense des aliénés sur ses propres ressources.

Les personnes qui doivent des aliments sont :

1° Les *père* et *mère* à leurs enfants (C. civ. 203), cette obligation est personnelle à chacun des époux, et ne saurait être considérée comme une charge de la communauté.

2° Les *ascendants* à leurs petits-enfants, puisque suivant l'art. 207 le principe consacré par les art 205 et 206 rend les obligations réciproques. Le principe de réciprocité donne un droit bien certain aux petits-enfants, aussi Duranton pense, tom. II, n° 386, que le jugement qui refuserait l'action alimentaire contre les aïeuls et aïeules , en se fondant, non pas sur les circonstances, mais sur l'absence du droit, encourrait la cassation. Du reste, les ascendants ne sont soumis à cette obligation que lorsque les père et mère sont dans l'impuissance de la remplir eux-mêmes, soit à cause de leur décès, soit à cause de leur propre indigence (L. 8 ff. *De agnosc. et alend. liberis.* Dur. n° 389. Toull. t. II n° 612.)

2° Les *enfants* à leurs père et mère et autres ascendants (art. 205) ; en règle générale, c'est l'héritier présomptif qui est tenu de la dette alimentaire en vertu de la maxime : *Ubi emolumentum, ibi onus esse debet.* Il a été jugé que des petits enfants ne peuvent être dispensés de contribuer aux aliments dus à leurs ascendants dans le besoin, sous le prétexte qu'il y a des enfants au premier degré en état de les fournir. (Amiens, 11 déc. 1821, D. 23, 2, 50.)

4° Les *adoptants* ou *adoptés* et réciproquement (C. civ. 349), et les descendants de *l'adopté* à *l'adoptant,* mais non les *adoptés* aux ascendants de l'adoptant. (Arg. de l'art. 350.)

5° Les *tuteurs officieux* et leur succession au *pupille* (364-267.)

6° Les *gendres* et *belles-filles* à leurs *beau-père* et *belle-mère* et réciproquement (206, 207) ; ils sont respectivement *toco patris et matris, filiæ et filii.* La belle-fille, dont parle l'art. 206, est la femme du fils, et il ne faut pas la confondre avec la fille qu'une femme aurait eue d'un premier lit, et appelée aussi improprement *belle-fille;* de même il ne faut pas comprendre sous le nom de *belle-mère* la seconde femme du père, ceux-ci n'ont aucun droit aux aliments. (Dur. n. 202, Toull. II, n. 612.)

Les obligations imposées ci-dessus cessent 1° lorsque la belle-mère a convolé en secondes noces, 2° lorsque celui des époux qui produisait l'affinité, et les enfants issus de son union avec l'autre époux, sont décédés (art. 206).

7° Les *époux* (C. civ. 214-1558) même séparés, car la séparation ne rompt pas les liens du mariage (Dur. n. 633 ; Toull. II, n. 780.)

§ III La forme de recouvrement indiqué par ce paragraphe est simple, rapide, économique : les poursuites faites au nom de l'établissement ou de l'hospice entraîneraient des frais considérables ; toutefois la recette pourra toujours s'effectuer à l'amiable ; la loi est loin d'interdire aucun des ménagements qui ne seront pas de nature à compromettre le sort de la créance, et ce ne sera que quand des poursuites deviendront nécessaires, que le soin de les intenter sera remis à l'administration. » (Rapp. de M. Vivien). Du reste, le recouvrement sera fait conformément à la loi de perception d'impôt.

Art. 28. A défaut ou en cas d'insuffisance des ressources énoncées en l'article précédent, il sera pourvu sur les centimes affectés par la loi de finances, aux dépenses ordinaires du département auquel l'aliéné appartient, sans préjudice du concours de la commune du domicile de l'aliéné, d'après les bases proposées par le conseil général, sur l'avis du préfet et approuvées par le gouvernement.

Les hospices seront tenus à une indemnité proportionnée au nombre des aliénés dont le traitement ou l'entretien était à leur charge, et qui seraient placés dans un établissement spécial d'aliénés.

En cas de contestation, il sera statué par le conseil de préfecture.

§ I. Lorsque la société veut pourvoir à une dépense qu'elle juge utile, sa première pensée est de s'adresser à l'état. C'est l'état, représentation de l'unanimité des citoyens, qui dans ce cas intervient. Ainsi, lorsque l'intérêt est général, que c'est la société qu'il s'agit de défendre d'une manière ou d'une autre, son obligation est incontestable. Si au contraire, le mal est plus ou moins local, et que le remède propre à le guérir soit de l'argent, on doit s'adresser à la circonscription locale la plus intéressée ; et dans ces cas qui se présentent d'une manière infiniment variée, c'est, tantôt l'état avec le département, comme pour les voies de grande communication, tantôt l'état avec la commune, comme dans l'instruction primaire, ou l'état avec l'administration des hospices, comme pour les enfants trouvés, qui unissent leurs ressources. Les combinaisons de ce genre sont très nombreuses ; elles varient suivant la nature des difficultés auxquelles il s'agit de pourvoir.

Or, ici les aliénés sont une source de désordre surtout dans les lieux qu'ils habitent et qu'ils peuvent parcourir. Certainement l'aliénation d'un individu est un mal social, mais l'aliénation d'un individu pris isolément est un mal local. La commune étant une circonscription étroite, on a du dire que c'était un mal communal et départemental, qu'ainsi la commune et le département devaient concourir à la dépense, comme étant dans ce cas, les représentants de la société. Mais pour la répartition de cette dépense, la loi ne pouvait poser une règle générale, applicable à tous les départements, à toutes les communes dont la position varie à l'infini. C'est donc aux conseils généraux qu'il a été réservé de déterminer

les bases applicables à chaque portion du territoire ; eux seuls peuvent apprécier convenablement les diverses situations qui peuvent influer sur le partage de la dépense ; le gouvernement, dont l'approbation doit intervenir ensuite, corrigera les erreurs qu'ils pourront commettre. Cette disposition n'est d'ailleurs que la reproduction de la loi des finances de 1836, art. 6. (L. 10 mai 1838, art. 12, § II)

Obligation des communes. — « *Sans préjudice du concours de la commune du domicile,* » c'est à-dire, de son domicile de secours, celui que détermine, pour le cas d'indigence, le titre V de la loi du 24 vendémiaire an II. Or le domicile de secours est le lieu où l'homme nécessiteux a droit aux secours publics ; le lieu de la naissance, pour l'enfant, est le domicile habituel de la mère au moment où il est né. Pour acquérir le domicile de secours, il faut un séjour d'un an dans la commune. (*Voy.* Dictionn. de droit admin., v° *Domicile de secours.*)

C'est aux préfets à faire chaque année des propositions convenables aux conseils généraux, en observant que le concours du domicile doit s'entendre dans le sens d'une subvention déterminée d'après des bases équitables, et non pas de manière à laisser la dépense toute entière à la charge de la caisse municipale. Cette dernière interprétation ne serait conforme ni à l'esprit, ni au texte de la loi, et les états de répartition qui seraient faits en conséquence ne sauraient être approuvés. (Circ. min. int., 23 juillet 1838, n. 37.)

D'ailleurs, les discussions qui ont eu lieu au sein des chambres législatives, ne permettent aucun doute à cet égard. Le mot concours n'exprime en effet l'idée que d'une *subvention subsidiaire.* Il a été formellement reconnu, et plusieurs fois exprimé, que la dépense des aliénés était en principe essentiellement *départementale,* et que le département devait toujours en payer la plus grande partie (V. ci-dessus). On fit observer avec raison que cette dépense pouvait, par l'effet du hasard qui accumulerait plusieurs aliénés dans la localité, devenir trop considérable pour être laissée principalement à la charge des communes, d'autant plus que la dépense de ces infortunés se prolonge souvent pendant plusieurs années.

La loi, avons-nous dit, ne pouvait fixer la proportion du concours des communes, et elle a investi les conseils généraux du droit de déterminer les bases applicables à chacunes d'elles, mais comme il appartient au gouvernement de rendre définitivement exécutoires par son approbation les délibérations prises à cet égard, le ministre dans sa circulaire du 5 août 1859, a cru devoir indiquer quelques principes qui pourront servir à établir la jurisprudence communes de ces conseils et de l'administration. Nous les rapportons textuellement :

« La base du revenu communal vous paraîtra sans doute comme à moi, M. le préfet, la plus équitable, et en même temps celle qui dans la pratique offrira le moins de difficultés d'application. On pourrait, à cet effet, admettre entre les communes différentes catégories, de manière, par exemple, à ce que celles de 100,000 fr. de revenus et au-dessus, supporteraient un *tiers* de la dépense de leurs aliénés indigents ; celles de 50,000 fr. et au-dessus supporteraient un *quart ;* celles de 20,000 fr. et au-dessus, un *cinquième;* celles de 5,000 fr. et au-dessus, un *sixième ;* les communes au-dessous de 5,000 fr. de revenus, ne seraient appelées à concourir à la dépense que dans une proportion moindre qu'un sixième, et qu'autant qu'elles pourraient fournir ce concours sans compromettre leurs autres services.

Ces limites me sembleraient concilier tous les intérêts. Cependant le droit de dégrever certaines communes de toute espèce de concours, ne doit être exercé qu'avec une sage réserve. Il ne convient pas que les communes soient sans aucun intérêt dans la dépense de leurs aliénés ; on s'exposerait autrement à grever le département de l'obligation d'entretenir tous les indigents que ces communes pourraient recevoir comme aliénés, et tous les aliénés qu'elles présenteraient comme indigents, dégagées qu'elles seraient de toute part à la dépense. Il suffit, en maintenant le principe du concours, de le réduire dans des limites équitables, et de n'exempter que les communes qui sont réellement hors d'état de subvenir à la dépense.

Quant à l'application de ces bases aux diverses communes, dans quelques départements, le concours des communes a été réglé d'après des états de répartition indiquant seulement celles qui, au moment de la session du conseil général, avaient des aliénés indigents. Ce mode de procéder offre plusieurs inconvénients : si par exemple une commune dont le nom n'a pas été compris dans le tableau vient à avoir un aliéné, la base du concours n'ayant pas été arrêtée pour elle, il ne peut lui être rien demandé ; en second lieu, le concours étant réglé, non d'après des bases générales, mais pour ainsi dire individuelles, il donne lieu à beaucoup plus de critiques et de réclamations.

La dépense de chaque aliéné étant susceptible de varier, une partie pouvant d'ailleurs en être payée, soit par l'aliéné, soit par sa famille, il n'est pas régulier d'arrêter dans les états de répartition que telle commune fournira telle somme par aliéné : cette somme ainsi réglée pourrait représenter une partie plus ou moins considérable de la dépense ; il importe donc que le conseil général détermine plutôt la *proportion* dans laquelle la commune devra concourir à cette dépense, quel qu'en soit le montant.

La meilleure marche à suivre consiste à déterminer d'abord quelles sont les communes qui doivent, s'il y a lieu, être exemptées de tout concours ; puis après cette première distinction établie, à diviser les communes susceptibles de concourir, en diverses catégories, suivant ce qui a été indiqué ci-dessus, et à fixer la proportion du concours à exiger des communes placées dans chacune de ces catégories. Le préfet doit en même temps faire une évaluation approximative des sommes qui résultent de ces bases de concours, d'après le nombre et l'origine des aliénés existants déjà, et de ceux qu'il présumera devoir être placés jusqu'à la fin de l'année.

Les communes étant exposées à subir des pertes et des dépenses imprévues, et d'un autre côté, plusieurs cas d'aliénation mentale pouvant se déclarer dans la même famille, il a paru en général convenable de laisser au préfet, même après la répartition opérée, la faculté de dispenser du concours, en totalité ou en partie, mais seulement pour des motifs graves, et sous l'autorisation du ministre, les communes qu'il désignera.

Subventions communales à des hospices pour le placement des aliénés.

Beaucoup de communes accordaient à leurs hospices une subvention pour l'entretien des aliénés qu'elles y plaçaient. Ces subventions ne doivent plus figurer dans les budgets municipaux. En effet, si l'hospice est tenu de recevoir les aliénés, et s'il a des ressources suffisantes pour pourvoir à leur traitement, la commune ne doit rien payer ; si l'hospice n'est pas obligé de recevoir les insensés, ou si ses ressources sont insuffisantes, la commune ne doit pas, au moyen d'une subvention, se grever exclusivement d'une dépense dont la plus forte partie doit tomber à la charge du département. Ce que les communes doivent acquitter pour la dépense de leurs aliénés, elles doivent d'ailleurs l'acquitter directement : ce serait compliquer inutilement la comptabilité, et procéder d'une manière tout-à-fait irrégulière que d'en payer une partie directement et une partie indirectement par une subvention. L'allocation en bloc et en quelque sorte à forfait, d'une subvention, ne permettrait pas en outre d'apprécier si le concours a lieu conformément aux proportions arrêtées.

Obligations des hospices. — § II. Plusieurs explications sont nécessaires pour l'intelligence de ce paragraphe. 1° Quel sera le concours à cette indemnité pour les hospices qui n'ont pas la charge personnelle des aliénés ? 2° à qui profitera l'indemnité ? 3° dans quel ordre seront exercés les divers secours dont parle l'art. 28 ?

I. Pour résoudre la première question, il est nécessaire de diviser les hospices en trois catégories différentes :

18

1° Celles des hospices qui ne recevront des aliénés à aucune époque ; et dans ce cas, il n'y a aucun motif de les faire contribuer ;

2° Celle d'un hospice qui existera en vertu d'un don, à condition d'y soigner les aliénés : il pourra alors arriver deux choses ; ou l'hospice pourra avoir un établissement consacré aux aliénés, ou bien l'hospice dira : ces aliénés ne sont plus à ma charge, je ne veux plus m'en charger ; mais, dans ce cas, la loi a voulu qu'il ne pût se soustraire aux conditions de sa fondation ;

3° Celle des hospices qui ont l'usage de recevoir des aliénés ; ceux-là contribueront à la dépense des aliénés.

Il y a donc deux classes d'hospices qui devront fournir une indemnité proportionnelle.

Aussi une circulaire ministérielle du 23 juillet 1838 a expliqué que pour déterminer l'indemnité à payer par les hospices, il faudrait relever, d'après leurs comptes et leurs registres, la portion de dépense qu'ils ont supportée jusqu'à ce moment, soit en vertu du titre de leur fondation, soit par suite d'un usage reconnu.

Un arrêté du préfet, indiquant la somme à payer, doit être notifié à chaque établissement, et cet arrêté sera exécutoire tant que le conseil de préfecture n'aura pas statué sur l'obligation de l'établissement. (V. circ. min., 3 août 1839.)

II. A qui profitera l'indemnité ? Profitera-t-elle à la commune au bénéfice de laquelle la fondation avait été faite, et pourrait-on venir demander à celle-ci de prendre part une seconde fois à la dépense des aliénés ? Or, il est évident que dans le cas où la fondation établie dans un hospice serait instituée au profit d'une commune désignée, celle-ci ne pourrait être tenue de contribuer une seule fois à la dépense des aliénés et qu'elle satisfera à sa dette par cela seul qu'elle substitue le département au bénéfice de la fondation, c'est-à-dire des moyens suffisants pour faire face à l'entretien de l'aliéné.

III. Dans quel ordre seront exercés les divers secours établis par l'art. 28 ? S'adressera-t-on d'abord à la commune, ou aux hospices ?

Il y a deux sortes de réclamations à intenter : les unes sont fondées sur un concours discrétionnaire qui pourra être imposé aux communes par le conseil général, les autres, au contraire, reposent sur une véritable dette, sur une obligation formelle, et elles devront toujours être exigées. Conséquemment, quand il s'agira de subvenir à la dépense d'un aliéné, on s'adressera d'abord à l'hôpital sur lequel pèsera l'obligation de subvenir à cet entretien ; ce ne sera que quand il s'agira d'un entretien auquel on ne ferait pas face par ce moyen, qu'on pourra exercer un recours contre la commune.

Enfin, quant à la quotité de l'indemnité, elle sera réglée par un arrêté du préfet, d'après la décision du préfet, d'après la décision du conseil général, et s'il y a contestation, le conseil de préfecture statuera.

Section IV. *Dispositions communes à toutes les personnes placées dans les établissements d'aliénés.*

Art. 29. « Toute personne placée ou retenue dans un établissement d'aliénés, son tuteur, si elle est mineure, son curateur, tout parent ou ami, pourront, à quelque époque que ce soit, se pourvoir devant le tribunal du lieu de la situation de l'établissement qui, après les vérifications nécessaires, ordonnera, s'il y a lieu, la sortie immédiate.

» Les personnes qui auront demandé le placement, et le procureur du roi, d'office, pourront se pourvoir aux mêmes fins.

» Dans le cas d'interdiction, cette demande ne pourra être formée que par le tuteur de l'interdit.

» La décision sera rendue, sur simple requête, en chambre du conseil et sans délai ; elle ne sera pas motivée.

» La requête, le jugement et les autres actes auxquels la réclamation pourrait donner lieu, seront visés pour timbre et enregistrés en débet.

» Aucunes requêtes, aucunes réclamations adressées, soit à l'autorité judiciaire, soit à l'autorité administrative, ne pourront être supprimées ou retenues par les chefs d'établissements sous les peines portées au titre III ci-après. »

§ 1, § II. « Les portes de tout établissement d'aliénés doivent s'ouvrir aussitôt que les causes qui les ont fait fermer sur un malade ont cessé d'exister. C'est une règle absolue, conséquence du droit de liberté individuelle, et qui devrait encore être appliquée quand elle ne serait pas même écrite dans la loi. » (Rapp. *Vivien.*) Mais pour offrir plus de garanties encore à cette même liberté individuelle, la loi a cru devoir la consacrer de nouveau. Un individu est séquestré par ordre de l'autorité administrative, il réclame ; qui est-ce qui le jugera ? Quelle autorité décidera ce conflit de l'individu détenu dans une maison d'aliénés, et du préfet qui, par un arrêté, l'a fait placer dans cette maison ?

Là vient se placer l'application du principe constitutionnel qui vit dans toutes nos lois : c'est que l'autorité administrative ne peut être arbitre souveraine des questions de liberté individuelle, et que c'est à l'autorité judiciaire, sauve-garde de notre liberté et de nos droits, à prononcer.

Mais, dira-t-on, une pareille disposition est bien grave, en ce qu'elle élève un conflit, et soumet un acte de l'administration à la décision du tribunal. C'est autoriser les tribunaux à agir administrativement, à prononcer sans déclarer, ni en fait, ni en droit, les motifs de leur décision. L'autorité judiciaire est donc rendue supérieure à l'administration ; elle est appelée à juger l'administration ; il y a là confusion des principes.

Mais de pareilles préoccupations sont dénuées de fondement.

Qu'arriverait-il, si pour éviter d'élever un conflit

entre l'autorité administrative et l'autorité judiciaire, quand un particulier se plaindrait d'être détenu arbitrairement sous peine de démence, c'était l'autorité administrative qui décidait? Il faut le dire, toutes les garanties insérées dans la loi disparaîtraient, car la meilleure des garanties c'est la justice.

Evidemment, il était sage et constitutionnel de dire que lorsqu'un administrateur aurait pour cause de démence, fait mettre un individu en état de séquestration, l'autorité judiciaire prononcerait en cas de réclamation. Là n'existe pas de conflit ; l'autorité administrative a pris une mesure provisoire et de police ; s'il y a contestation sur l'état de la personne, la justice prononce.

C'est ce qui arrive, lorsque l'autorité administrative a fait des actes d'instruction provisoire, lorsqu'elle a fait arrêter un individu pour crime, qu'elle a saisi ses papiers, procédé à son interrogatoire , et qu'un acte de la chambre du conseil intervient qui met cet homme en liberté. Certes il n'y a pas là conflit : il n'y a que ce qui appartient à chacun ; les actes provisoires qui appartiennent à l'administration , et les actes définitifs de la part de l'autorité judiciaire , qui seule peut prononcer sur la liberté des citoyens.

La chambre des députés avait décidé que ce serait le *tribunal du domicile de l'aliéné* , qui ordonnerait, s'il y avait lieu, la sortie, et non pas celui de la situation de l'établissement.

En effet, disait-on, sa décision doit être précédée de vérifications, et ces vérifications sont de deux natures : les unes portent sur la situation actuelle de l'aliéné , les autres sur la situation antérieure de l'aliéné, son état mental, ses rapports avec le reste de sa famille et les personnes qui ont demandé sa séquestration ; on ajoutait que ces dernières vérifications, très importantes, seraient beaucoup plus convenablement faites par le tribunal du domicile de l'aliéné.

Quant aux vérifications à faire dans le sein de l'établissement, sur la situation mentale de la personne, c'est aux gens de l'art qu'il appartient de procéder, et le tribunal du domicile de l'aliéné pourra aussi bien ordonner cette sorte de vérification, que celui de la situation de l'établissement. Mais c'est précisément là qu'était l'erreur, car le point principal à constater est sans contredit l'état actuel de la personne qui se pourvoit ou pour laquelle on réclame ; or, le tribunal près duquel est attaché le procureur du roi appelé à visiter fréquemment l'établissement d'aliénés pourra apprécier plus facilement et plus sûrement la situation dans laquelle se trouve la personne intéressée. D'ailleurs il ne s'agit pas d'une action personnelle proprement dite, mais bien d'une mise en liberté qui doit être ordonnée par le tribunal du lieu où il est porté atteinte à cette liberté.

De la réarrestation. Un individu qui aura obtenu

sa mise en liberté d'un tribunal , pourra-t-il être remis en état d'arrestation par le préfet ? On posa cette question dans la discussion (Voy. *Monit.* 13 février 1838, p. 293.) comme une objection très forte, qui avait pour but de montrer que les actes des autorités judiciaire et administrative pouvaient être ainsi soumis à un contrôle respectif et indéfini ; mais il faut s'expliquer franchement. Sans doute, si, postérieurement à la décision de l'autorité judiciaire, qui a prononcé la mise en liberté d'un individu détenu pour aliénation, il intervient de nouveaux faits qui motivent cette mesure, l'administration aura le droit d'arrêter de nouveau cet individu, et d'agir de nouveau sur lui d'après les règles de la loi. Mais s'il n'intervient pas de nouveaux faits, sa liberté, que les tribunaux ont proclamée, restera à l'abri de toute atteinte, sans que le préfet ait le droit de défaire un jugement sous prétexte d'aliénation mentale.

§ III. Le but de la loi est de ne pas rendre indispensables les demandes en interdiction , mais de laisser subsister toutes les conséquences d'une interdiction qui a déjà été prononcée. Une des règles qui en découlent est que le tuteur de l'interdit soit seul préposé à la direction de sa personne et de ses droits. Tant que l'interdiction n'est pas levée, il n'appartient à qui que ce soit, pas même au ministère public , de requérir la sortie d'un interdit de la maison où son tuteur l'a fait placer, et quand le placement a eu lieu d'office, par ordre de l'autorité, le tuteur seul doit avoir le droit de provoquer la sortie. (Rapp. M. *Barthélemy,* 22 mai.)

§ IV. Les paragraphes précédents donnent au tribunal la faculté de prononcer la sortie immédiate des individus séquestrés, sur la demande non-seulement de leurs protecteurs naturels, ou des curateurs dont ils pourraient être pourvus ; mais encore de tout ami qui voudrait prendre leur défense. Le § 4 impose en outre à ce tribunal l'obligation de ne pas le faire par une décision motivée. Pourquoi ? pour éviter qu'il ne puisse en quelque sorte jeter du blâme sur l'acte du préfet, sans demander au gouvernement l'autorisation de le poursuivre. Si l'individu est élargi, il pourra passer pour avoir été guéri, entre l'instant où il a été placé dans un établissement d'aliénés, et celui où son élargissement est ordonné après une enquête judiciaire. La loi prescrit encore, pour éviter tout le scandale de débats publics, que la décision sera rendue en la chambre du conseil ; il ne saurait en être autrement, quand le premier magistrat du département et une famille si malheureusement frappée dans un de ses membres sont en cause.

Du reste ce n'est pas une innovation, et il y a des exemples de chambres du conseil statuant sans donner de motifs ; en matière *d'adoption,* par exemple, le tribunal statue de la sorte, c'est-à-dire *discrétionnairement.*

Si le juge ordonne la sortie, elle aura lieu, bien entendu, nonobstant appel; l'appel est ici de droit commun; et ces sortes de décision portent néanmoins immédiatement leurs effets.

§ V. Ces dispositions sont une légère indemnité accordée au malheur.

La plupart des personnes qui élèveront des réclamations du genre de celles dont il est question, seront des gens très pauvres, et hors d'état de faire l'avance des frais nécessaires pour sortir de l'établissement où ils sont retenus. D'une part, si ces personnes gagnent leur procès, il serait injuste de leur en faire supporter les frais; si, au contraire, elles sont déboutées de leur demande, elles rembourseront à la régie de l'enregistrement en cas de solvabilité, les frais de la requête, du jugement et des autres actes auxquels leur réclamation aura pu donner lieu. Il y a là, nous le répétons, un intérêt de justice et d'humanité.

§ VI. Les dispositions de ce paragraphe ajoutent encore à toutes celles qui, dans l'ensemble de la loi, offrent des garanties aux citoyens que des actes arbitraires ou des passions cupides auraient pu atteindre.

On n'a pas voulu que dans les maisons de santé publiques ou privées, les personnes qui s'y trouvent enfermées fussent à la merci des chefs de ces établissements. Vainement le malheureux élèverait la voix, formerait des plaintes, invoquerait l'autorité judiciaire, si ses requêtes, ses réclamations, pouvaient être supprimées ou simplement retenues. Des peines graves, et qui cependant pourront être atténuées par les circonstances, seront donc prononcées contre les individus dont les actes coupables porteraient atteinte aux droits les plus sacrés.

Art. 30. Les chefs, directeurs ou préposés responsables ne pourront, sous les peines portées par l'art. 120 du Code pénal, retenir une personne placée dans un établissement d'aliénés, dès que sa sortie aura été ordonnée par le préfet, aux termes des art. 16, 20 et 23, ou par le tribunal, aux termes de l'art. 29, ni lorsque cette personne se trouvera dans les cas énoncés aux art. 13 et 14.

Art. 31. Les commissions administratives ou de surveillance des hospices ou établissements publics d'aliénés, exerceront, à l'égard des personnes non interdites qui y seront placées, les fonctions d'administrateurs provisoires. Elles désigneront un de leurs membres pour les remplir: l'administrateur ainsi désigné procédera au recouvrement des sommes dues à la personne placée dans l'établissement, et à l'acquittement de ses dettes; passera des baux qui ne pourront excéder trois ans, et pourra même, en vertu d'une autorisation spéciale accordée par le président du tribunal civil, faire vendre le mobilier.

Les sommes provenant, soit de la vente, soit des autres recouvrements, seront versées directement dans la caisse de l'établissement, et seront employées, s'il y a lieu, au profit de la personne placée dans l'établissement.

Le cautionnement du receveur sera affecté à la garantie desdits deniers, par privilége aux créances de toute autre nature.

Néanmoins, les parents, l'époux ou l'épouse des personnes placées dans des établissements d'aliénés dirigés ou surveillés par des commissions administratives, ces commissions elles-mêmes, ainsi que le procureur du roi, pourront toujours recourir aux dispositions des articles suivants.

Il est indispensable de remarquer, pour l'intelligence de cet article,

1° Que la loi distingue les aliénés qui seront placés dans un établissement public, de ceux qui seront placés dans un établissement privé.

Dans le premier cas, l'administrateur est pris parmi les membres de la commission administrative. Cette commission est chargée de le désigner, et le cautionnement du receveur répond des deniers qui sont versés dans sa caisse par suite de l'administration provisoire.

Dans le deuxième système, toutes les personnes intéressées, les parents, l'époux, l'épouse et le procureur du roi, d'office, peuvent demander au tribunal de première instance de nommer un administrateur provisoire. (Art. 32.)

2° Que la loi a constamment en vue deux classes d'aliénés: les pauvres et les riches. Or les plus nombreux sont ceux qui, sans fortune, sont recueillis dans les établissements publics, dans les hospices, conséquemment dans les maisons où il y aura commission administrative, commission de surveillance, et trésorier donnant un cautionnement.

Pour cette première classe, il fallait des dispositions spéciales. Il n'y a pas là une famille et des parties intéressées pour provoquer la nomination de l'administrateur provisoire. Il était donc nécessaire que la loi leur donnât un administrateur légal pour tous les cas où on le provoquera par la nomination d'un administrateur provisoire. Tel est l'objet de l'art. 31 ci-dessus. Les art. 32 et suivants sont relatifs à d'autres catégories d'aliénés, à ceux qui appartiennent à des familles aisées et qui ont une fortune quelconque. Pour ceux-là ont été adoptées les dispositions générales des lois.

§ 1er. D'après les dispositions de ce paragraphe, une administration provisoire légale sera organisée, lorsqu'on n'en provoquera pas une spéciale: et assurément les commissions administratives des hospices ou des établissements publics créés pour recueillir les aliénés, sont dans la meilleure position pour stipuler les petits intérêts qui peuvent concerner les personnes peu fortunées, recueillies dans les hospices. La marche qu'elles auront à suivre est toute simple, et déjà écrite dans la loi de l'an VIII, relative aux enfants trouvés, lesquels sont dans la classe des personnes qui ne possèdent rien, ou presque rien. Ainsi la commission prendra l'un de ses membres, non pas pour toucher ou pour avoir un maniement de fonds, mais pour diriger l'administration, pour ordonner ce qu'il y a à faire. C'est pourquoi la loi emploie ces mots : « *procédera au recouvrement*, » dominée par le principe de l'ord. du 14 sept. 1822, qui distingue soigneusement les fonctions des ordonnateurs de celles des comptables. Aussitôt que la main d'un homme touche des deniers, il faut qu'il en rende compte. Une hypothèque légale frappe ses biens, et l'on ne pouvait imposer une pareille servitude aux hommes charitables que leur dévouement à la cause de l'humanité place gratuitement à la tête de ces établissements. Les fonds sont donc reçus par le receveur de l'établissement, et c'est son cautionnement qui, par privilége, répondra des deniers versés. Nul doute que toutes les règles relatives à la comptabilité des établissements de bienfaisance, et prescrites par les ordonnances de 1823, instruction générale de 1826 et de juin 1840, loi du 18 juillet 1837, art. 67, ordonnance du 17 septembre suivant, et du 31 mai 1838, ne soient applicables aux maisons d'aliénés et à leurs receveurs.

Les attributions conférées par la dernière partie du § 1er à l'administrateur provisoire ne sont que la consécration légale de celle que l'usage et la nécessité avaient introduites. Il s'agit de ne pas laisser dépérir le mince mobilier d'un malheureux aliéné, de passer des baux pour sous-louer la boutique de ceux de ces infortunés qui étaient à la tête d'un petit commerce, enfin de payer leurs dettes. Voilà des mesures essentiellement paternelles et conservatrices, mais qui avaient besoin d'être consacrées pour ne pas agir contrairement aux règles et aux prescriptions du Code.

§ 2. « *Seront versées directement....* » De cette manière, il ne pourra être détourné de fonds.

« *Employées au profit de l'aliéné, s'il y a lieu.* » Cet emploi est entièrement facultatif, car on a dû penser à la femme et aux enfants. On a dû laisser l'administrateur provisoire juge en cette matière.

A Paris, l'administration consacre une portion de ces légères sommes au soulagement de l'aliéné, et garde l'autre en réserve pour la lui rendre intégralement s'il guérit. Elle ne se rembourse des frais de sa pension sur ce petit pécule, qu'autant que l'aliéné vient à décéder.

§ 4. Il a pour but de laisser aux parents, au procureur du roi, et aux membres de la commission administrative, la faculté de provoquer la nomination d'un administrateur provisoire spécial.

Art. 32. Sur la demande des parents, de l'époux ou de l'épouse, sur celle de la commission administrative, ou sur la provocation, d'office, du procureur du roi, le tribunal civil du lieu du domicile pourra, conformément à l'article 497 du code civil, nommer en chambre du conseil un administrateur provisoire aux biens de toute personne non interdite placée dans un établissement d'aliénés. Cette nomination n'aura lieu qu'a-

près délibération du conseil de famille, et sur les conclusions du procureur du roi. Elle ne sera pas sujette à appel.

D'après le droit commun (C. civ. 489), on n'est jamais obligé, si ce n'est dans l'état *habituel* d'imbécillité, de démence ou de fureur, de provoquer l'interdiction de l'individu privé seulement de raison. Voilà le droit commun, et le Code civil a été déterminé par de très graves raisons. L'interdiction d'un individu est un acte de solennité judiciaire; il faut que l'interdit soit interrogé, qu'il comparaisse ou qu'on se rende auprès de lui; et puis, lorsque le jugement d'interdiction est rendu, il est affiché dans toutes les études de notaires, il reçoit une très-grande publicité; c'est à la face du pays tout entier que l'individu est frappé d'interdiction. Cela était nécessaire, et voilà pourquoi :

C'est parce que les actes émanés de cet individu devaient être frappés de nullité, et qu'il importait d'avertir les tiers. Et cependant des actes de cette nature, qui mettaient en dehors tout l'intérieur d'une famille, devaient être laissés, jusqu'à un certain point, à l'appréciation de celle-ci. La société n'intervient qu'autant qu'il y a fureur; alors le procureur du roi doit poursuivre l'interdiction, si la famille ne la poursuit pas. Hors de ce cas, quand l'aliéné a une famille, il est interdit au ministère public d'agir. L'art. 32 ci-dessus contient non pas l'obligation, mais la faculté de nommer un administrateur provisoire aux biens d'un individu prévenu d'une aliénation mentale. Il ne déroge donc en rien au Code civil, car le Code civil ne contient aucune disposition qui ordonne de nommer un administrateur provisoire en pareil cas; le Code civil laisse la faculté, comme l'art. 32, de procéder à cette nomination, suivant les circonstances au milieu desquelles se trouvent placés et la personne et les biens du malade. S'il y a nécessité et urgence qu'un administrateur soit nommé, la famille, ou le ministère public, peut provoquer la nomination. Si l'aliéné n'a pas de biens, ce qui arrive souvent, car, souvent aussi, c'est la famille qui paie sa pension dans une maison de santé, à quoi bon nommer un administrateur qui n'aurait rien à administrer.

On avait demandé (M. le comte Portalis) de fixer un délai, passé lequel la nomination d'un administrateur provisoire eût été obligatoire. Mais des explications qui précèdent, résulte autant en raison qu'en droit, la sagesse de cette disposition qui a maintenu la faculté. En effet, l'art. 32 porte que sur la demande des parents, de l'époux ou de l'épouse, le *tribunal civil* du lieu peut nommer un administrateur provisoire. Mais c'est là une mesure provisoire qui a déjà quelque gravité. Il faut que le tribunal soit consulté, que le conseil de famille se réunisse. Il y a donc un appareil assez grave dans toutes ces formalités : assemblée du conseil de famille, délibération du tribunal, et peut-être même, si le tribunal n'est pas éclairé, faudra-t-il, sous un certain point, qu'il examine quelle est la situation de l'individu, qu'il l'examine par lui-même ou par un délégué. Voilà une suite de procédure qui a une importance réelle.

Eh bien! l'esprit de la loi, nous le répétons, n'a été que d'en faire une faculté; l'obligation serait contraire à la pensée du législateur, voici comment: que cette obligation dût être accomplie dans les trois mois, par exemple, et qu'au bout de ces trois mois, l'individu soit sur le point d'être guéri; l'aliénation ou la maladie n'aura peut-être pas entièrement disparu, mais elle sera sur le point de finir. Pouvait-on donc, au moment où la famille va recouvrer celui dont elle est séparée, imposer la nécessité de s'adresser à un tribunal, et donner, quoi qu'on fasse pour l'éviter, une sorte de notoriété à cette situation? La faculté laissée par l'article 32 ne gêne en rien la famille; elle ne lui impose aucune procédure, et celui qu'une aberration momentanée a conduit dans une maison d'aliénés n'aura pas été obligé de subir une aussi pénible nécessité.

Des considérations d'un autre ordre ne sont pas non plus sans quelque importance. On n'arrivera jamais sans frais à une administration provisoire, et les formalités prescrites par l'article même, pour l'exercice de la faculté, exigeront des frais plus ou moins considérables auxquels les départements, communes, hospices ou familles ne se soumettront qu'en cas de nécessité ou d'avantage capable de compenser la charge. Quant à ceux qui ont des biens, le système de la loi y pourvoit suffisamment. Non-seulement l'époux, l'épouse, la famille, mais le procureur du roi, à leur défaut, agira toutes les fois que sa sollicitude sera éveillée; elle le sera, comme dans beaucoup d'autres circonstances où il agit d'office. Toutes les fois que le procureur du roi saura qu'un individu qui a des biens, à l'égard desquels il est d'obligation de prendre des mesures d'administration, est dans un établissement, il provoque l'administration provisoire. Ce qui n'est que faculté sera alors, pour le procureur du roi, une obligation aussi impérieuse qui si elle était écrite.

Du reste, l'art. 32 est conçu d'après le désir qui a prédominé constamment le législateur, celui d'établir les plus fortes garanties. C'est ainsi que le droit de nomination appartient au *tribunal* et non au *président;* dans un autre ordre d'idées, il a respecté les justes susceptibilités des familles, en *soustrayant à la publicité de l'audience* et des débats qui l'accompagnent, la connaissance de cet état intermédiaire entre la santé et l'espèce de mort morale qui résulte de l'interdiction. Enfin, on comprend facilement les motifs qui ont fait appeler les *conseils de famille* à délibérer sur la nécessité de nommer les administrateurs provisoires, et en instituant pour le *ministère*

public le droit et le devoir de faire entendre sur ce point ses conclusions protectrices.

Il intervient donc un jugement; or tout jugement suivant le droit commun est susceptible d'appel; mais ici on a senti qu'il était superflu d'ouvrir une pareille voie contre des décisions ainsi préparées. Ce qui suffit pour le choix d'un administrateur provisoire, c'est une mûre délibération de toutes parts éclairée sur les vrais intérêts des malheureux aliénés, et la loi y a pourvu de manière à rendre l'appel inutile.

Art. 33. Le tribunal, sur la demande de l'administration provisoire, ou à la diligence du procureur du roi, désignera un mandataire spécial, à l'effet de représenter en justice tout individu non interdit et placé ou retenu dans un établissement d'aliénés, qui serait engagé dans une contestation judiciaire au moment du placement, ou contre lequel une action serait intentée postérieurement.

Le tribunal pourra aussi, dans le cas d'urgence, désigner un mandataire spécial, à l'effet d'intenter au nom des mêmes individus une action mobilière ou immobilière. L'administrateur provisoire pourra, dans les deux cas, être désigné pour mandataire spécial.

Il était sage de prévoir l'hypothèse des procès nés ou à naître; aussi a-t-on dû donner à l'administrateur provisoire des pouvoirs spéciaux. Mais en même temps qu'on étendait ses attributions, on devait donner plus de garantie à l'interdit, en énonçant positivement qu'il pourrait être chargé par le tribunal de défendre en justice, ce qui fait présumer, de la part du tribunal, une sage appréciation des intérêts de la personne atteinte d'aliénation mentale.

Art. 34. Les dispositions du code civil sur les causes qui dispensent de la tutelle, sur les incapacités, les exclusions ou les destitutions des tuteurs, sont applicables aux administrateurs provisoires nommés par le tribunal.

Sur la demande des parties intéressées, ou sur celle du procureur du roi, le jugement qui nommera l'administrateur provisoire pourra en même temps constituer sur ses biens une hypothèque générale ou spéciale, jusqu'à concurrence d'une somme déterminée par ledit jugement.

Le procureur du roi devra, dans le délai de quinzaine, faire inscrire cette hypothèque au bureau de la conservation : elle ne datera que du jour de l'inscription.

L'administration provisoire, introduite dans nos lois civiles par la présente loi, en faveur de la plus pénible des infirmités humaines, a, dans le fait, une grande analogie avec la tutelle des mineurs; il était simple alors d'appliquer aux administrateurs provisoires les dispositions du Code civil, sur les causes qui dispensent de la tutelle (liv. 1er, titre X, section VI, art. 427-441), sur les incapacités (*Id.* sect. VII, art. 442-444), ou sur les destitutions (*Id. Id.* 444-449.)

Le second paragraphe du projet primitif, qui avait

pour but de rendre applicables aux administrateurs provisoires les dispositions du Code civil, relatives à l'hypothèque légale des mineurs ou interdits, avait été rejeté à la chambre des députés.

En effet, d'une part, disait-on, c'eût été apporter de nouveaux obstacles à la transmission des propriétés immobilières, au moment où tous les jurisconsultes reconnaissent les inconvénients de l'hypothèque légale.

De l'autre part, on ne se trouve pas dans le même cas que s'il y avait eu interdiction prononcée, après toutes les solennités de l'instruction et de l'audience. Mais puisqu'on a voulu le secret, dans l'intérêt des familles, pourquoi, par l'hypothèque légale, aurait-on averti les tiers de cette administration provisoire, prononcée à huis clos, en la chambre du conseil, et sans instruction préalable?

Mais fallait-il donc qu'aucune disposition ne protégeât plus les intérêts de l'aliéné? Pour suppléer à ce défaut absolu de garantie, la chambre des pairs n'a pas voulu rétablir l'hypothèque légale proprement dite; mais elle y a suppléé en inscrivant une disposition nouvelle dans notre droit, et qui semble concilier tous les intérêts. En effet, l'hypothèque *générale* ou *spéciale* qui sera constituée par le jugement, n'offre aucun des inconvénients de l'hypothèque légale; elle sera facultative, inscrite et déterminée. Bien entendu que les tribunaux décident suivant les circonstances, et la situation respective des administrateurs et des aliénés. (Rapp. Barthélemy, *Moniteur*, 25 mai, pag. 1393.)

Art. 35. Dans le cas où un administrateur provisoire aura été nommé par jugement, les significations à faire à la personne placée dans un établissement d'aliénés, seront faites à cet administrateur.

Les significations faites au domicile pourront, suivant les circonstances, être annulées par les tribunaux.

Il n'est pas dérogé aux dispositions de l'art. 173 du code de commerce.

Le projet du gouvernement ordonnait une triple signification, au domicile de l'aliéné, à l'administrateur provisoire ou au chef de l'établissement, enfin, au procureur du roi. Mais cette disposition eût entravé les intérêts des tiers, car les formalités exigées pour parvenir au placement d'une personne dans un établissement d'aliénés ne sont pas toujours entourées d'une telle publicité que les tiers puissent en être informés, et l'obligation de la triple signification ci-dessus, les eût exposés souvent à se jeter dans des procédures nulles.

Ainsi, d'après l'art. 35, les aliénés auxquels un administrateur provisoire aura été nommé seront toujours représentés, et on ne pourra abuser de leur absence pour leur faire des significations par surprise.

Quant aux autres, il est vrai que les significations seront faites dans la forme ordinaire sans aucune précaution spéciale; mais, d'une part avons-nous dit, il serait souvent difficile que les tiers fussent avertis de leur séquestration, puisqu'elle a lieu sans publicité; de l'autre, il faut remarquer que les individus auxquels on ne prendra pas la peine de faire nommer un administrateur provisoire, n'auront sans doute en général aucun intérêt à défendre; ils sont sans fortune dans un établissement qui les reçoit gratuitement; il n'y a donc pas à craindre à leur égard, que des tiers recourent à des procédures de mauvaise foi pour porter atteinte à leurs droits.

Néanmoins, l'art. 35 n'exigeant pas que les significations soient faites à l'administrateur provisoire sous peine de nullité, les exploits faits au domicile de l'aliéné pourront être déclarés valables, à moins qu'ils ne soient entachés de mauvaise foi. Tel est le but du § 2.

§ 3. Il était fort important que la signification fût faite à l'administrateur provisoire, sans quoi celui-ci eût été affranchi de toute responsabilité; il eut pu en naître une foule d'abus, et, en tous cas, l'administrateur ne serait jamais tenu envers l'aliéné des conséquences d'un acte qui ne lui aurait pas été officiellement notifié. Néanmoins, on devait faire une exception pour les protêts. Aux termes de l'art 173 du C. de commerce, ces actes doivent être faits dans les vingt-quatre heures, sous peine de nullité. Or, il eût été le plus souvent bien difficile au tiers porteur de satisfaire dans un si bref délai à cette prescription de la loi; les porteurs de titres n'ont aucun intérêt à les cacher au débiteur. D'ailleurs, le protêt n'est qu'un acte conservatoire dirigé moins contre l'aliéné que contre les endosseurs, et qui peut être fait après un simple acte de perquisition, s'il y a fausse indication de domicile.

Seulement on doit s'étonner que cette disposition exceptionnelle n'ait pas été étendue aux dénonciations de protêts.

Art. 36. A défaut d'administrateur provisoire, le président, à la requête de la partie la plus diligente, commettra un notaire pour représenter les personnes non interdites placées dans les établissements d'aliénés, dans les inventaires, comptes, partages et liquidations, dans lesquels elles seraient intéressées.

Nous devons rappeler que, dans l'esprit de l'art. 32 ci-dessus, la nomination d'un administrateur provisoire est une simple faculté; c'est donc à défaut de celui-ci que le président commettra un notaire pour représenter les aliénés non interdits, dans les circonstances indiquées. Si, au contraire, il leur a été donné un administrateur provisoire, tant de mandataires légaux seraient inutiles; et celui-ci d'ailleurs, pourra toujours appeler à son secours les hommes pratiques, lorsqu'il le jugera nécessaire au sage accomplissement de son mandat.

Art. 37. Les pouvoirs conférés en vertu des articles précédents cesseront de plein droit, dès que la personne placée dans un établissement d'aliénés n'y sera plus retenue.

Les pouvoirs conférés par le tribunal en vertu de l'art. 32, cesseront de plein droit à l'expiration d'un délai de trois ans : ils pourront être renouvelés.

Cette disposition n'est pas applicable aux administrateurs provisoires qui seront donnés aux personnes entretenues par l'administration dans des établissements privés.

Le § Ier contient des dispositions toutes naturelles.

Le § II fixe la durée des pouvoirs confiées à l'administrateur provisoire, et porte qu'après un délai de trois ans, ces pouvoirs pourront être renouvelés, c'est-à-dire, que la famille et le tribunal seront appelés à examiner de nouveau s'il est convenable et essentiel de les continuer.

Cette disposition est utile et présente d'immenses garanties.

En effet, le malade qui est placé dans une maison d'aliénés, doit être l'objet constant de la sollicitude de ses parents et de la justice ; il n'est que trop souvent victime de leur oubli ou de leur négligence ; il importe que l'administration de ses biens ne tombe qu'en des mains pures, et que l'administrateur provisoire sache qu'au bout d'un certain temps, son administration sera sévèrement examinée, et que la continuation de ses pouvoirs, si la situation de l'aliéné les réclame encore, dépendra de sa bonne ou de sa mauvaise conduite. C'est là un frein puissant et un précieux encouragement ; il est non moins essentiel que la famille ait à examiner, à l'expiration d'un délai déterminé, s'il convient de ne rien changer à la situation du malade.

Quatre positions diverses existent ou pourront exister pour un aliéné : 1° Il peut être laissé chez lui, et alors il n'est pas question d'administrateur provisoire ; 2° il peut être mis dans un établissement privé, et y demeurer comme cela s'est toujours pratiqué sans administrateur provisoire ; dans ces deux cas, c'est à la famille à prendre des précautions pour qu'il ne fasse pas des actes qui pourraient gravement le compromettre ; 3° il pourra être soumis à une administration provisoire, quand il sera placé dans une maison d'aliénés ainsi qu'il est dit art. 31-32 ; 4° enfin, il peut-être interdit.

La disposition énoncée dans le § II est donc utile, en ce qu'elle oblige la famille et le tribunal, à rechercher à l'expiration d'un certain délai, quelle est celle de ces quatre positions, qui convient le mieux à la situation présente de l'aliéné. La justice et la famille verront si on peut sans danger laisser le malade sans administrateur, ou si son état et la position de ses affaires n'exigent pas l'interdiction avec toutes ses garanties.

§ III. A l'égard des individus *entretenus* dans des établissements privés aux frais des départements,

des communes et des hospices, il importait que l'administrateur provisoire nommé à ces aliénés indigents reçût des pouvoirs plus étendus ; la loi n'a donc pas fixé de limites à leur durée.

Il ne fallait pas grever des frais de nouveaux jugements les personnes entretenues avec les deniers publics ; d'ailleurs, l'administrateur provisoire sera toujours dans ces établissements un homme qui, par un noble dévouement, se constituera le défenseur des intérêts des pauvres commis à ses soins. On ne pourrait donc assigner de limites à l'exercice d'un si beau ministère.

Art. 38. Sur la demande de l'intéressé, de l'un de ses parents, de l'époux ou de l'épouse, d'un ami, ou sur la provocation d'office du procureur du roi, le tribunal pourra nommer, en chambre du conseil par jugement non susceptible d'appel, en outre de l'administrateur provisoire, un curateur à la personne de tout individu non interdit placé dans un établissement d'aliénés, lequel devra veiller : 1° à ce que ses revenus soient employés à adoucir son sort et à accélérer sa guérison ; 2° à ce que ledit individu soit rendu au libre exercice de ses droits, aussitôt que sa situation le permettra.

Ce curateur ne pourra pas être choisi parmi les héritiers présomptifs de la personne placée dans un établissement d'aliénés.

L'action de ce curateur sera indépendante de celle de l'administrateur provisoire, puisque l'un est nommé pour veiller à la *personne*, et l'autre pour régir des *biens*. A certains égards même ils pourront se contrôler l'un l'autre dans l'intérêt de l'aliéné. Il est possible, en effet, que les tribunaux choisissent le plus souvent pour administrateur des biens de l'aliéné, l'un de ses plus proches parents. Et si, celui-ci se laissant dominer par un sentiment cupide, s'efforçait de prolonger la séquestration du malade, et si celui-ci le faisait traiter d'une manière peu conforme à sa fortune et à l'humanité, c'est à ce danger que pourvoit l'art. 38, en définissant, après les avoir créés, les pouvoirs d'un curateur dérivant du devoir de veiller à ce que les revenus de l'aliéné soient employés à adoucir son sort et à accélérer sa guérison, et à ce qu'il soit rendu au libre exercice de ses droits aussitôt que sa santé le permettra. (Exposé min. int. ch. dép. 19 février 1838. Monit. 20 février, p. 154.)

L'article dispose en outre, que le jugement qui nommera ce curateur, ne pourra être sujet à l'appel. Il n'eût pas été convenable, en effet, que la cour royale pût nommer un curateur autre que celui que le tribunal de première instance aurait choisi sur l'avis du conseil de famille. D'ailleurs, c'est la conséquence d'une disposition semblable insérée dans l'art. 32 à l'égard de la nomination de l'administrateur provisoire.

Le § 2, qui défend de choisir le curateur parmi les héritiers présomptifs qu'on suppose toujours disposés à s'accomoder de la séquestration de l'aliéné, avait

ATTRIBUTIONS

MUNICIPALES.

LOI DU 18 JUILLET 1837, BULLETIN N° 521.

<hr>

Supplément au Dictionnaire de Droit public et administratif. V° Communes
V° Organisation municipale.

La *Charte de* 1830, art. 69, porte qu'il sera pourvu par des lois séparées et dans le plus court délai possible... à des institutions départementales et municipales fondées sur un *système électif.*

Déjà le gouvernement de la restauration avait eu l'idée de resserrer son alliance avec le pays, en lui garantissant quelqu'une de ces libertés, en lui accordant quelqu'une de ces institutions toujours promises et toujours ajournées. Plusieurs projets avaient été présentés et consécutivement rejetés. La révolution de 1830 rendit cette nécessité plus évidente, plus pressante, tellement même, qu'en attendant les institutions promises par la charte, beaucoup de communes se refusèrent de recevoir les officiers municipaux nommés par les préfets. L'administration se trouvait entravée. Il y avait donc un besoin à satisfaire. Ces motifs expliquent comment, pour réaliser plus tôt les principes de la charte, qui exigeaient l'introduction du système électif dans le plus court délai, fut rendue la loi du 21 mars 1831, qui, ne s'occupant que de l'organisation des corps municipaux, négligea de déterminer leurs attributions, laissant ce soin à l'une des législatures suivantes.

Ce n'est que la loi du 18 juillet 1837 (Bⁱⁿ 521), qui put accomplir cette promesse. Depuis 1832, ce réglement, l'un des plus importants de notre droit public, et qui, avec la loi du 21 mars 1831, doit compléter le système municipal en France, n'avait cessé d'occuper le gouvernement et les chambres. A chaque session il a été l'objet d'un examen nouveau, d'une discussion plus approfondie, de sorte qu'il doit offrir et avec raison des garanties de maturité, de sagesse et de prévision.

Aussi, le ministre de l'intérieur, dans sa circulaire d'envoi aux préfets, s'exprime en ces termes : « La nouvelle loi municipale présente le double caractère que le gouvernement lui avait lui-même assigné en la soumettant à la discussion des chambres, d'être une loi *d'ordre* et de *liberté.* » (Circ. min. int., 28 septembre 1837, n. 50.)

Cette loi a introduit plusieurs modifications, plusieurs améliorations ; mais son principal mérite est d'avoir résumé et coordonné les dispositions dont s'est formé depuis 40 ans notre droit municipal ; dispositions éparses dans une foule de lois, dont souvent les autres parties avaient cessé d'être en vigueur.

TITRE PREMIER. — *Des réunions, divisions et formations de communes.* — Formalités à remplir. Art. 1, 2, 3. — Conséquences de la réunion ou de la séparation. Art. 5, 6, 7 et 8.

TITRE II. — *Des attributions des maires et des conseillers municipaux.*

CHAPITRE PREMIER. — *Des attributions des maires.*

TITRE PREMIER. — DES RÉUNIONS, DIVISIONS ET FORMATIONS DE COMMUNES.

Art. 1er. Aucune réunion, division ou formation de commune ne pourra avoir lieu que conformément aux règles ci-après.

Art. 2. Toutes les fois qu'il s'agira de réunir plusieurs communes en une seule, ou de distraire une section d'une commune, soit pour la réunir à une autre, soit pour l'ériger en commune séparée, le préfet prescrira préalablement, dans les communes intéressées, une enquête tant sur le projet en lui-même que sur ses conditions.

Les conseils municipaux, assistés des *plus imposés* en nombre égal à celui de leurs membres, les conseils d'arrondissement et le conseil général donneront leurs avis.

Le principe de l'adjonction des plus imposés parut dans cette circonstance une innovation contraire aux règles consacrées jusqu'ici ; on l'a combattu, en prétendant qu'on ne devait l'admettre que dans le cas prévu par la loi de finances de 1818, savoir, celui d'un impôt extraordinaire ; et qu'un changement de territoire étant un acte purement administratif, il n'y avait pas lieu d'avoir recours aux plus imposés : mais n'est-il pas évident au contraire que ce changement affecte la propriété, et que dès-lors les plus imposés ont intérêt à prendre part à la délibération ? et comment la garantie que nos lois exigent pour le vote d'un impôt passager, accidentel, ne serait-elle pas exigée pour la création d'une nouvelle commune qui, chaque année, à perpétuité, sera forcée de faire des dépenses qu'elle n'avait pas connues jusqu'à présent ? On a dit encore qu'il y avait double emploi dans cette mesure qui appelle les plus imposés quand déjà il y avait une enquête qui se fait en dehors du conseil municipal. Mais la différence est cependant fort évidente :

L'enquête est une consultation, dans laquelle chacun donne son avis. Les conseils municipaux assistés des plus imposés, les conseils d'arrondissement et le conseil général donnent leurs avis après délibération. C'est une discussion contradictoire dans laquelle les plus imposés peuvent se faire entendre, et l'on ne devait pas leur ôter cette garantie.

D'après un avis du conseil d'état du 28 février 1838, bien que l'art. 1er ci-dessus ait statué en termes généraux pour tous les cas de fractionnement de communes, la loi n'a pas eu pour but de modifier les formes précédemment suivies pour la suppression des enclaves et terrains prolongés, ou pour les simples rectifications des limites qui ont lieu chaque jour par suite des formalités cadastrales. (Circ. min. int., 30 avril 1838, n° 20. Quant aux formes à suivre pour l'exécution de cet art., V. la circulaire ministérielle du 30 avril 1838, *Journal des cons. munic.*, tom. v, p. 303.)

Une autre circulaire du 1er octobre 1839 contient des instructions relatives à la rédaction des plans qui doivent accompagner les projets de circonscriptions territoriales.

La même circulaire trace la forme des tableaux de renseignements statistiques. (Voyez le *Moniteur* du 10 octobre, p. 1868.)

Pièces à fournir : 1° Une double expédition du plan des lieux (circ. min. int., 7 avril 1828) ; 2° l'avis du géomètre en chef du cadastre (*Id.*) ; 3° l'avis du directeur des contributions directes ; 4° les pièces contenant les motifs du changement ; 5° les procès-verbaux de l'enquête qui doit avoir lieu dans les communes intéressées ; 6° l'avis du conseil municipal assisté des plus imposés ; 7° l'avis du conseil d'arrondissement ; 8° l'avis du conseil général.

Art. 3. Si le projet concerne une section de commune, il sera créé, pour cette section, une commission syndicale. Un arrêté du préfet déterminera le nombre des membres de la commission.

Ils seront élus par les électeurs municipaux *domiciliés* de la section ; et si le nombre des électeurs n'est pas double de celui des membres à élire, la commission sera composée des plus imposés de la section.

La commission nommera son président. Elle sera chargée de donner son avis sur le projet.

La population des communes étant très variable, c'est ce qui a empêché d'admettre un *minimum* ou un *maximum* dans le nombre des syndics. Le plus souvent en effet ces réunions de communes concernent des sections d'une population restreinte, et il eût été possible que la section ne présentât pas un nombre de propriétaires suffisant. La loi ne devait pas poser une règle uniforme et absolue ; elle a dû laisser à l'administration le loisir de constater les faits et de prononcer suivant les circonstances. Après que le préfet a déterminé le nombre des syndics, ceux-ci sont élus par les électeurs municipaux *domiciliés*. La loi par cette distinction a exclu les *forains* et avec raison, car ce sont les domiciliés seuls qui vivent au milieu de ses habitants et peuvent juger de leurs intérêts.

Art. 4. Les réunions et distractions de communes, qui modifieront la composition d'un département, d'un arrondissement, ou d'un canton, ne pourront être prononcées que par une loi.

Toutes autres réunions et distractions de communes pourront être prononcées par ordonnance du roi, en cas de consentement des conseils municipaux, délibérant avec les plus imposés, conformément à l'art. 2 ci-dessus ; et à défaut de ce consentement pour les communes qui n'ont pas 300 habitants, sur l'avis affirmatif du conseil général du département.

Dans tous les autres cas, il ne pourra être statué que par une loi.

Cet article établit encore une distinction : dans le cas prévu par le § 1er, le pouvoir législatif doit être consulté ; dans le cas du § 2, une ordonnance royale seule prononce. La nature même du travail qui s'opère alors exigeait cette différence, car bien qu'aucune loi n'eût jusqu'à présent confié ce droit au gouvernement, et malgré les dispositions qui au contraire avaient seules déclaré le pouvoir législatif compétent, depuis la constitution de l'an VIII, les réunions et séparations de communes ont été prononcées par ordonnance royale, le comité de l'intérieur du conseil d'état entendu. Le maintien du droit du gouvernement s'explique suffisamment lorsqu'il ne s'agit que des changements qui ne touchent qu'à des limites communales, circonscriptions électorales, moins importantes ; d'ailleurs les garanties offertes par les avis préalables des conseils électifs, et l'examen du conseil d'état, étaient suffisantes pour décharger les chambres d'un grand nombre de lois d'intérêt communal ; en outre, les conseils d'arrondissement ou de département ne tenant leur session qu'après celles des chambres, leur avis n'aurait pu être soumis qu'à la session suivante, et des retards souvent préjudiciables auraient pu s'ensuivre.

Dans le cas prévu par le § 2 de l'art. 4 ci-dessus, l'ordonnance royale est un acte de haute administration ; et le préfet qui prendrait un arrêté à cet effet excederait ses pouvoirs (cass., 23 mars 1830); en outre, ce caractère empêche qu'elle puisse être attaquée devant le conseil d'état par la voie contentieuse. (C. d'état, 16 nov. 1836. S. 37. 3. 123.)

Quant aux démembrements des départements, arrondissements ou cantons, auxquels se rattachent des questions de circonscriptions électorales plus importantes, la nouvelle loi a dû respecter les dispositions de celle de l'an VIII, qui portent que tous changements à leur égard ne peuvent avoir lieu qu'en vertu d'une loi.

Art. 5. Les habitants de la commune réunie à une autre commune, conserveront la jouissance exclusive des biens dont les fruits étaient perçus en nature.

Les édifices et autres immeubles servant à un usage public, deviendront propriété de la commune à laquelle sera faite la réunion.

Art. 6. La section de commune érigée en commune séparée ou réunie à une autre commune, emportera la propriété des biens qui lui appartenaient exclusivement.

Les édifices et autres immeubles servant à usage public, et situés sur son territoire, deviendront propriété de la nouvelle commune et de la commune à laquelle sera faite la réunion.

On a vu dans le § 1er de l'art. 5 un obstacle à l'exécution de l'ordonnance du 7 octobre 1818, laquelle a facilité aux communes les moyens d'affermer leurs communaux pour leur permettre de subvenir à leurs besoins sans recourir à une contribution. Eh bien ! si la section a le droit de maintenir ses communaux, dont elle a la propriété exclusive, en jouissance commune, elle se trouvera affranchie de toute participation, sous ce rapport, à la charge communale qui a motivé la mise en ferme des communaux des autres sections. Cet argument peut être grave, sans doute, mais il devait céder devant le principe qui établit qu'en cas de réunion de communes, les citoyens de la communauté supprimée doivent rester, autant que possible, dans la position où ils étaient auparavant. Ainsi il arrive souvent que, dans une commune composée de plusieurs sections, chaque section a des droits particuliers, des droits communaux, des droits d'affouage. La loi, avec raison, n'a pas voulu confondre ces droits et rendre la commune propriétaire de ce qui appartenait aux différentes sections. Ce principe d'ailleurs résulte de l'art. 542 du Code civil, et avait été depuis long-temps consacré par la jurisprudence (V. notre Dictionnaire de Droit administratif, vo *Commune*, chapitre Ier, section II, § 2). Différents arrêts du conseil d'état et de la cour de cassation y sont rapportés. Un arrêt de la cour de cassation du 28 février 1828, entre autres, dispose

que « les droits sur les biens communaux étant des droits réels, inhérents à l'ancien territoire, ils ne doivent pas être étendus aux terres nouvellement réunies à ce territoire par suite de leur distraction d'autres communes. » Voyez, en outre, l'arrêté du 24 germinal an XI ; il consacre ce principe d'une manière formelle, en décidant que les habitants d'une section de commune peuvent exercer leurs droits séparément de la commune ou des autres sections de la commune, et même en contradiction avec elles. Il est important d'observer que la loi n'a entendu parler que des biens perçus en *nature*, et que cette jouissance a un caractère spécial : qu'elle profite aux habitants personnellement et individuellement, et point à l'être collectif et moral qui forme la commune. Quant aux biens qui rapportent un revenu en argent, tels que des fermes, des fonds de terre, des rentes, leur produit entrera au budget de la nouvelle commune, il contribuera à ses charges. On n'aurait pu conserver à la section réunie la jouissance exclusive de ces sortes de revenus, sans détruire tous les effets de la réunion ; c'eût été maintenir à jamais des intérêts et des droits distincts, rendre nécessaires deux budgets, deux comptabilités, et presque deux conseils municipaux.

Art. 7. Les autres conditions de la réunion ou de la distraction seront fixées par l'acte qui la prononcera. Lorsqu'elle sera prononcée par une loi, cette fixation pourra être renvoyée à une ordonnance royale ultérieure, sauf réserve, dans tous les cas, de toutes les questions de propriété.

Peu d'articles dans la loi ont donné lieu à une discussion plus longue et plus animée que celle-ci ; car il s'agit des *indemnités* qui, dans certains cas, peuvent avoir été exigées comme condition de la réunion ou de la distraction. On a cru voir une violation du droit commun dans la fixation de ces indemnités par l'acte qui prononcera la réunion ou la distraction ; et on a pensé que l'autorité interviendrait dans ces sortes de débats pour exercer un droit de contrainte. Mais ces craintes disparaissent bien vite si l'on pense aux épreuves consécutives qu'une opération de cette nature doit nécessairement subir. Qu'arrivera-t-il, par exemple, si une section de commune est destinée à aller rejoindre une commune différente, et à y porter, avec ses habitants et son territoire, des intérêts qui jusqu'alors lui avaient appartenu? D'abord on consulte la commune à laquelle la section doit se réunir. L'une indiquera les conditions de la séparation ; l'autre fera connaître à quelles conditions elle entend accepter la réunion qui lui est offerte. La section, de son côté, aura un conseil particulier qui délibérera sur la convenance de la séparation d'une part, et de la réunion de l'autre, et fixera également les conditions auxquelles elle peut consentir à ce changement de situation. Ensuite l'autorité administrative nomme un commissaire, afin d'aller procéder sur les lieux aux enquêtes qui doivent nécessairement précéder une aussi importante mesure. Le préfet instruit l'affaire, le conseil d'arrondissement est consulté, le conseil général donne son avis, et l'ordonnance ou la loi interviennent quand tout le monde a été entendu. Ainsi donc la loi a bien agi en consacrant les dispositions de l'art. 7 ; car une réunion ou une distraction de commune ne peut jamais être qu'une *transaction* : l'autorité supérieure n'est appelée à la sanctionner qu'après que les besoins et les intérêts des parties ont été mis sous ses yeux par tous les moyens possibles ; qu'elle aura épuisé tous les efforts pour faire cesser la résistance et concilier les différends. On ne doit donc pas craindre que cette sanction fasse jamais violence à des habitudes, à des droits et à des intérêts légitimes. La loi n'a pu que poser un principe ; car les circonstances sont trop diverses, les usages trop variés, les intérêts trop différents, pour qu'elle ait pu prétendre régir à l'avance les conditions des réunions ou des séparations. Il était sage de dire que ces conditions seraient déterminées chaque fois par les actes mêmes qui réuniront ou diviseront la commune.

Quelles que soient ces conditions, elles ne doivent être admises qu'autant qu'elles n'ont pas elles-mêmes, pour effet de nuire à la régularité des circonscriptions ou à toute autre condition d'intérêt général. (Avis du comité int., 10 fév. 1832, Vuillefroy, p. 272.)

Les compensations pécuniaires devraient être repoussées, car le droit absolu d'administrer telle ou telle portion de territoire n'appartient à aucune commune. (Avis (idem), 9 janvier 1835-17 juillet, 3 septembre 1836, (idem), p. 273.)

La seule compensation quasi pécuniaire qui ait été admise consistait dans une fondation de bienfaisance par une commune, au profit des indigents d'autres communes, dont une délimitation nouvelle diminuait les ressources à son avantage. Dans ce cas, en effet, de telles fondations n'ont pas le caractère de vente ou de marché. (Avis (idem), 9 janvier 1835, (idem.)

En cas de difficultés sur la question de propriété, les tribunaux sont seuls compétents.

Art. 8. Dans tous les cas de réunion ou de fractionnement de commune, les conseils municipaux seront dissous.

Il sera procédé immédiatement à des élections nouvelles.

Cette disposition est la conséquence de la réunion qui vient de s'opérer, quoique, par le fait, elle eût été insérée plus à propos dans une loi sur l'organisation municipale.

TITRE II. — DES ATTRIBUTIONS DES MAIRES ET DES CONSEILS MUNICIPAUX.

CHAPITRE 1er. — *Des attributions des maires.*

Art. 9. Le maire est chargé, *sous l'autorité* de l'administration supérieure :

1° De la publication et de l'exécution des lois et réglements ;

2° Des fonctions spéciales qui lui sont attribuées par les lois ;

3° De l'exécution des mesures de sûreté générale.

Les maires exercent deux ordres de fonctions qui se rapportent à la double situation des communes dans l'État. L'administration générale du royaume trouve dans les communes un de ses moyens d'action. Les maires sont ses délégués. A ce titre, ils pourvoient à l'exécution des lois et réglements ; ils remplissent certaines fonctions déterminées par des lois spéciales. Ce mandat public les place sous l'*autorité* du gouvernement, dont ils reçoivent et dont ils sont tenus d'exécuter les ordres.

Les communes ont leurs droits et leurs intérêts propres : le maire exerce dans leur sein l'autorité exécutive, et les fonctions d'administrateur ; il possède un pouvoir qui lui est également propre. A cet égard il ne doit donc être soumis qu'à la simple *surveillance* du gouvernement, investi seulement d'un droit de contrôle et d'inspection. C'est ainsi que l'a entendu l'art. 10 ci-après.

Le maire est chargé, sous l'autorité de l'administration supérieure. Cette rédaction avait été combattue dans la chambre des pairs et remplacée par un amendement ainsi conçu : *Sous l'autorité du s.-préfet et du préfet.* On avait voulu ainsi éviter toute rédaction qui semblât porter à de doubles interprétations. Mais, a-t-on répondu à l'autre chambre, pourquoi la désignation de ces magistrats seulement? Si l'on n'exclut pas les autres, cette désignation est incomplète ; elle est vicieuse si elle peut les exclure (*Rapport de M. Vivien*, 16 mai 1837). Le maire a pour supérieurs tous les membres de l'administration que la hiérarchie des pouvoirs place au-dessus de lui : or, la rédaction de la loi les comprend tous.

§ 1er. *De la publication et de l'exécution des lois et réglements.* Ce devoir de publier et d'exécuter les lois résultait déjà des lois des 2-5 octobre 1790, art. 10 et 12 vendémiaire an IV, art. 4 et 11. Quant aux *réglements*, il s'agit ici de ceux qui sont faits par le gouvernement, qui peuvent embrasser l'intérêt général du pays, et comprendre les mesures générales de police.

§ 2. *Des fonctions spéciales qui lui sont attribuées par les lois.* Ce paragraphe comprend certains pouvoirs donnés au maire, tantôt comme officier de police judiciaire, tantôt comme juge de police, tantôt comme agent délégué du gouvernement. (V. Dictionn. de Droit adm., V° *Organisation municipale*, chap. 1, sect. II, § 1, 2, 3, 4, 5 et V° *Réglements municipaux*.)

§ 3. *De l'exécution des mesures de sûreté générale.* Il ne s'agit pas ici des mesures de police locale. Le loi n'a entendu que les mesures prescrites par le gouvernement dans l'intérêt général ; les mesures de sûreté publique qui sont d'une autre nature et ont un autre caractère que les mesures de police municipale.

Ces mesures peuvent appartenir en principe à la police municipale, et en général à l'autorité municipale; mais le droit de les provoquer dans l'enceinte de la commune ne devait-il pas être donné à l'autorité supérieure au souvenir des désordres qui ont troublé quelques-unes de nos grandes villes? Ce droit était nécessaire pour augmenter la force de l'administration; il décharge au moins en certains cas la responsabilité des maires qui peuvent craindre de blesser des habitudes locales et de contrarier des intérêts et des individus. Telle mesure bonne mais embarrassante à prendre est plus facile au préfet placé loin de ces intérêts et de ces petites passions de localité avec lesquels un maire est en contact trop direct.

Art. 10. Le maire est chargé, *sous la surveillance* de l'autorité supérieure :

1° De la police municipale, de la police rurale et de la voirie municipale, et de pourvoir à l'exécution des actes de l'autorité supérieure qui y sont relatifs ;

2° De la conservation et de l'administration des propriétés de la commune, et de faire en conséquence tous actes conservatoires de ses droits ;

3° De la gestion des revenus, de la surveillance des établissements communaux et de la comptabilité communale ;

4° De la proposition du budget et de l'ordonnancement des dépenses ;

5° De la direction des travaux communaux;

6° De souscrire les marchés, de passer les baux des biens et les adjudications des travaux communaux, dans les formes établies par les lois et réglements ;

7° De souscrire, dans les mêmes formes, les actes de vente, échange, partage, acceptation de dons ou legs, acquisition, transaction, lorsque ces actes ont été autorisés conformément à la présente loi ;

8° De représenter la commune en justice, soit en demandant, soit en défendant.

Nous avons déjà expliqué, ci-dessus, comment le maire exerçant deux ordres de fonctions, savoir : celles de *délégué* du gouvernement et celles d'*administrateur* de la commune, devait procéder aux unes *sous l'autorité* et aux autres seulement *sous la surveillance* de l'administration supérieure. Assurément quand il s'agit de police municipale ou rurale et de service municipal, le maire n'est que l'agent et l'administrateur de la commune; cependant le projet du gouvernement avait classé ces fonctions dans celles qui lui étaient dévolues *sous l'autorité* de l'administration. Mais admettre cette distinction, c'eût été violer un principe depuis long-temps reconnu et d'ailleurs écrit dans la loi du 14 décembre 1789. Le soin de faire jouir les habitants des avantages d'une bonne police, notamment de la propreté, de la salubrité, de la sûreté et de la tranquillité dans les rues, lieux et édifices publics, est une des *fonctions propres au pouvoir municipal, sous la surveillance et l'inspection des administrations supérieures*. A défaut d'une loi aussi formelle, la nature même de cette fonction n'aurait pas permis de la considérer comme une simple délégation du gouvernement.

Une disposition nouvelle a été introduite dans le § 1er, en chargeant les maires de *pourvoir à l'exécution des actes de l'autorité supérieure qui y sont relatifs*. Nous citerons à ce sujet un exemple qui fera comprendre le but de cette disposition. Les départements depuis longues années sont ravagés par les désastres de l'incendie. Les maires, justement effrayés, prennent des arrêtés qui défendent de couvrir en chaume les habitations dans les villages; les juges de paix entassent condamnation sur condamnation, et, d'après la jurisprudence parfaitement logique de la cour de cassation, ils ont le droit de condamner les propriétaires à la démolition des constructions élevées en violation des arrêtés des maires. Eh bien! malgré les injonctions de la justice, les édifices restent debout et les incendies continuent; pas un maire n'a voulu prendre sous sa responsabilité l'exécution de ces jugements : vainement les procureurs généraux et les préfets les y ont invités. Serait-ce au ministère public à faire abattre la construction? Mais la justice ne met à exécution que les condamnations *pénales* qui touchent à l'intérêt public, et ici la condamnation n'est pas *pénale*, mais à titre de réparation civile au profit de la commune que la construction vicieuse inquiète et compromet dans sa sûreté.

Il ne suffit pas que les maires prennent des arrêtés; il faut, après que la justice a décidé que de pareils arrêtés étaient exécutoires, et qu'elle en a fait application, il faut que l'autorité municipale se complète elle-même et fasse abattre les ouvrages qui ont été élevés contrairement aux dispositions de ses ordonnances. Tel est le but du nouveau droit conféré aux maires par la dernière partie du § 1er de l'art. 10.

Quant aux fonctions énoncées dans les paragraphes qui suivent, on n'y trouve que la consécration dans un seul article des dispositions éparses dans plusieurs lois. *Ainsi, le maire est chargé..., § 2, de la conservation et de l'administration des propriétés de la commune, et de faire, en conséquence, tous actes conservatoires de ses droits.* (L. 1789, 1790, 1791, 1793, 28 pluviose an VIII, art. 13, Code forestier, 6, 64, 72, 116, etc.)

§ 3, *de la gestion des revenus,* LL. 1790, 23 avril 1818, 23 avril 1823 ; *de la surveillance des établissements communaux,* c'est-à-dire des hospices (D. 7 floréal an XIII), du bureau de charité (O. 31 octobre 1821), des écoles primaires (L. 28 juin 1833), etc., etc. ; *et de la comptabilité communale* (D. 27 février 1811, instruction 31 décembre 1811, 1er mai 1813 (L. 13 mai 1818). V. ci-après, art. 60 et suiv.

§ 4, *de la proposition du budget* (LL. 14 décembre 1789, 28 pluviose an VIII; arr. 4 thermidor an X; (O. 8 août 1821), 23 avril 1823 ; (O. 1er mars 1833); *et de l'ordonnancement des dépenses* (O. 23 avril 1823, art. 3). V. ci-après, art. 61.

§ 5, *de la direction des travaux communaux* (L. 17 floréal an XI ; D. 10 brumaire an XIV, art. 3, 5, 6).

§ 6, *de souscrire les marchés, de passer les baux des biens* (arr. 7 germinal an IX ; O. 7 octobre 1818 ; L. 23 mai 1833), *et les adjudications des travaux communaux* (L. 16 décembre 1811 ; O. royale 10 mai 1829 ; circ. min. 26 mars 1831), *dans les formes établies par les lois et réglements.*

§ 7, *de souscrire dans les mêmes formes, les actes de vente* (LL. 10 avril 1791 et 21 prairial an V ; arr. 29 nivose an X) ; *échange* (Code civil, 1702, 1703 et suiv. ; arr. 7 germinal an IX, 23 pluviose an IX ; arr. conseil d'état 25 nivose an XIII ; L. 28 juillet 1824, art. 10) ; *partage* (Code civil, 815, 817, *id.*) ; *acceptation de dons et legs* (Code civil, 910 ; O. 2 avril 1817 ; L. 18 janvier 1831) ; *acquisition* (mêmes lois que pour les échanges, V. *suprà*) ; *transaction* (Code civil 2045 ; arr. 21 frimaire an XII ; D. 18 janvier 1812) ; *lorsque ces actes auront été autorisés conformément à la présente loi.*

§ 8, *de représenter la commune en justice, soit en demandant soit en défendant* (L. 29 vendémiaire an V, art. 1, 2). V. ci-après, art. 49-55.

Art. 11. Le maire prend des arrêtés à l'effet :

1° D'ordonner les mesures locales sur les objets confiés par les lois à sa vigilance et à son autorité ;

2° De publier de nouveau les lois et réglements de police, et de rappeler les citoyens à leur observation.

Les arrêtés pris par le maire sont immédiatement adressés au sous-préfet. Le préfet peut les annuler ou en suspendre l'exécution.

Ceux de ces arrêtés qui portent réglement permanent ne sont exécutoires qu'un mois après la remise de l'ampliation constatée par les récépissés donnés par les sous-préfets.

Le droit de prendre des arrêtés a, de tout temps, appartenu aux maires. (V. la loi du 14-22 décembre 1789, art. 50.—La loi du 16-24 août 1790, tit. XI, art. 3. — La loi du 19-22 juillet 1791, et les articles 465 à 479 du Code pénal, tous applicables à la police municipale.) La loi du 22 juillet 1791 le leur attribuait positivement ; de plus, elle déclarait que ces réglements étaient exécutoires par eux-mêmes. Aussi la jurisprudence de la cour de cassation, conforme aux principes aussi bien qu'au texte des lois antérieures, leur a toujours reconnu cette puissance. Cependant l'art. 11 de la nouvelle loi a renversé ces principes et a établi des conditions après l'exécution desquelles seulement les arrêtés pourront être exécutoires, savoir : la communication au sous-préfet et au préfet, d'où conséquemment le droit de modifier, annuler ou suspendre. Cette innovation a effrayé quelques esprits qui ont prétendu que c'était mutiler le droit municipal, et que c'était compliquer davantage encore, étendre les effets de la centralisation au lieu de la ramener à ses véritables termes. Mais il n'a pas été difficile de prouver que cette innovation n'a-

vait rien de politique, et qu'elle renfermait une simple question de bonne administration. Le but de la loi a été d'empêcher que, par de sots réglements émanés de maires peu éclairés, la liberté de l'industrie et le droit de propriété lui-même fussent violés de mille façons, comme cela est souvent arrivé (V. au *Monit.*, 28 janvier 1837, p. 199, les exemples cités à ce sujet par le ministre de l'intérieur). Il fallait donner à l'administration le droit de réprimer ces écarts et de rectifier ces erreurs. On a répondu que la communication entraînerait des longueurs dont la commune pourrait souffrir, et que les arrêtés devraient au moins recevoir une exécution provisoire.

Mais qu'arriverait-il donc si un arrêté ridicule était exécuté sous la réserve d'une réformation ultérieure ? la réformation viendrait, c'est vrai, mais tard ; elle trouverait des faits accomplis, des priviléges exercés : des conflits auraient pris naissance, des désordres violents auraient éclaté. Et alors serait-il facile à l'administration de faire comprendre à des maires grossiers et sans lumières qu'ils ont pris un arrêté que désavoue la raison ou la loi ? Elle est donc sage, et d'une bonne administration, la disposition qui porte que les arrêtés pris par le maire *doivent être immédiatement adressés au sous-préfet.* C'est à ce magistrat à apprécier l'opportunité d'une communication au préfet, afin de les faire *annuler* par celui-ci ou d'en *faire suspendre l'exécution.*

Or, il est d'une importance extrême pour le bon ordre de l'administration générale et pour l'utilité particulière des communes, que les préfets ne laissent pas écouler le délai dont parle le § 3, de l'article 11, sans avoir fait un examen attentif des arrêtés dont il s'agit, de manière à s'assurer qu'ils ne contiennent rien qui doive en arrêter l'exécution. L'administration préfectorale encourrait une grande responsabilité, si faute de vigilance, elle avait laissé exécuter dans une commune une mesure contraire aux lois ou aux intérêts qu'elle est appelée à protéger. (Circ. min. int., 6 septembre 1837.)

Mais les arrêtés d'*intérêt individuel* sont exécutoires de plein droit dès que le récépissé en a été donné, d'où il résulte que le préfet peut les annuler à quelque époque que ce soit ; car cette attribution lui est conférée d'une manière générale, absolue *et* sans restriction de temps. (Circ. min. int., 1er juillet 1840.)

Les préfets doivent-ils apposer un visa approbatif sur les arrêtés municipaux qui leur sont donnés ? En règle générale le visa approbatif n'est pas nécessaire puisque la loi ne l'exige pas, et que plus tard il pourrait les gêner dans l'exercice du droit d'annulation dont ils sont investis, en ce qu'ils sembleraient alors se mettre en contradiction avec l'approbation d'abord exprimée. Toutefois, il est des circonstances dans lesquelles une approbation du préfet peut donner plus de force morale aux arrêtés du maire en témoignant de l'adhésion et du concours de l'autorité supérieure ; or, comme aucune loi ne s'oppose à ce que les préfets donnent une telle approbation, si elle leur est demandée, il n'y a aucun empêchement à ce qu'ils l'accordent lorsque l'intérêt public paraît l'exiger. (Circ. min. int., 1er juillet 1840.)

Nous n'avons parlé jusqu'à présent que des arrêtés que le maire a le droit de prendre à l'effet : 1° *d'ordonner les mesures locales sur les objets confiés par les lois à sa vigilance et à son autorité; 2° de publier de nouveau les lois et réglements de police et de rappeler les citoyens à leur observation.*

Le dernier § de l'article 11 établit une catégorie à part pour les *arrêtés qui portent réglement permanent ;* ces arrêtés, on le voit, ont été entourés des mêmes garanties, par l'obligation imposée aux maires de les soumettre au sous-préfet qui examine également s'il y a lieu de les faire annuler ou suspendre par le préfet. Mais, dira-t-on, qu'entend la loi par des arrêtés *portant réglement permanent ?* Cette catégorie nouvelle n'est définie dans aucune loi, et aura besoin sans doute d'être interprétée par une instruction ministérielle (1). Cependant nous croyons avoir saisi le sens attaché par la loi à cette distinction, et nous classerons parmi les arrêtés permanents ceux qui s'appliquent à plusieurs communes. Ils règlent, par exemple, la tenue d'un marché, la police d'une foire, le mode des approvisionnements, l'exercice des professions industrielles, etc., etc.; ils exercent leur action au-delà du territoire de la commune; ils réclament en conséquence l'intervention préalable du pouvoir adminitratif préposé à la défense et au réglement des intérêts collectifs. Les arrêtés de petite voirie rentrent encore dans la classe des arrêtés permanents. Il n'en est pas de même des arrêtés accidentels relatifs à l'ordre intérieur, aux intérêts matériels de la circulation et à la sûreté publique.

Le système de l'intervention et de l'approbation préalable de l'autorité, renverse la législation d'après laquelle les maires étaient autorisés jusqu'à ce jour à faire des arrêtés obligatoires sans l'approbation préalable du préfet. (Voir les arrêts de la cour de cassation des 23 ventose an XI, 6 juin, 28 août 1807; 5 septembre, 12 novembre 1812; 1er février 1822.)

Ce système a rencontré et trouvera peut-être encore des adversaires. On dira que les citoyens avaient

une garantie dans l'autorité judiciaire chargée d'examiner préalablement si les arrêtés pris par les maires l'avaient été dans la sphère de leurs attributions; mais cette objection ne saurait tenir devant les motifs rapportés ci-dessus et qui ont présidé à la loi.

Contrôle de l'Administration sur les arrêtés permanents.

On a demandé 1° si les préfets avaient perdu le droit d'annuler ces actes ou d'en suspendre l'exécution, lorsqu'ils avaient laissé écouler, sans user de ce droit, un mois après la remise de l'ampliation ; 2° si le droit *d'annuler* les arrêtés donne aux préfets le droit de les modifier, c'est-à-dire, d'en annuler seulement une partie ; 3° si lorsqu'un arrêté paraît bon et utile, le préfet peut en autoriser l'exécution immédiate ?

Sur la *première question*, la négative est évidente, car les termes de la loi qui donne au préfet le *droit d'annuler ou de suspendre l'exécution* des arrêtés sont trop absolus, et le délai d'un mois peut ne pas suffire pour l'exercice de ces arrêtés, dans des cas rares, il est vrai.

Sur la *seconde question*, il a été décidé que le droit d'annuler ou de suspendre écrit dans la loi, ne donnait pas celui de *modifier*. Dans le délai d'un mois, le préfet peut indiquer aux maires les modifications qui lui paraissent nécessaires, tandis que s'il les opérait lui-même, il pourrait changer l'esprit des dispositions arrêtées par un maire, et le législateur a pensé que le droit d'annulation suffisait à l'intérêt public.

Sur la *troisième question*, il a été reconnu que le délai d'un mois avait été indiqué dans l'intérêt public et non dans l'intérêt privé; qu'ainsi du moment où l'urgence de l'exécution d'un arrêté est reconnue, l'autorité supérieure peut dans le même intérêt public renoncer à se prévaloir de ce délai. (Circ. min. int., 1er juillet 1840.)

Art. 12. Le maire nomme à tous emplois communaux pour lesquels la loi ne prescrit pas un mode spécial de nomination. Il suspend et révoque les titulaires de ces emplois.

Ce droit de nomination rentre dans les attributions qui appartiennent naturellement au maire comme administrateur. On devait le lui conserver afin de donner à ses fonctions de l'importance, de la considération et de l'autorité réelle.

Les employés auxquels s'applique cet article, sont : ceux de la mairie, le secrétaire en titre de cette administration, le bibliothécaire ou conservateur du musée, etc.

Art. 13. Le maire nomme les gardes champêtres, sauf l'approbation du conseil municipal. Ils doivent être agréés et com-

---

(1) On s'étonnera peut-être de ne pas voir réunies, dans une énumération détaillée, toutes les fonctions, toutes les attributions que les maires reçoivent des lois existantes. C'eût été une tâche difficile, et l'œuvre accomplie aurait eu plus d'inconvénients que d'avantages. Il aurait fallu, pour les rassembler dans une même nomenclature, voter de nouveau les dispositions des lois antérieures, c'est-à-dire, discuter incidemment et amender par occasion les lois sur l'état civil, sur la police judiciaire, sur l'institution primaire, sur la garde nationale, sur les chemins vicinaux. On conçoit sans peine quel désordre et quelle perturbation en seraient résultés pour l'administration; aussi la présente loi, qui n'avait pour but que de déterminer et régulariser l'étendue de l'action de l'autorité municipale dans l'intérêt de la commune, combinée avec l'intervention supérieure, cette loi, disons-nous, a bien agi en se référant pour les détails aux lois existantes.

missionnés par le sous-préfet ; il peuvent être suspendus par le maire, mais le préfet peut seul les révoquer.

Le maire nomme également les pâtres communs, sauf l'approbation du conseil municipal. Il peut prononcer leur révocation.

D'où vient donc la différence établie entre l'article 12 et celui-ci ? Pourquoi cette restriction qui résulte de l'approbation du conseil municipal ? Enfin, les maires étant chargés de la police municipale et rurale, ne serait-il pas convenable qu'ils eussent le choix des hommes préposés à cette police ? Mais il faut mieux se rendre compte de ce qu'est la nomination d'un garde champêtre. Il y a là une espèce d'acte de propriété. Le garde champêtre ne garde pas seulement les héritages communaux, mais toutes les propriétés de la commune. Il ne faut donc pas que ce soit l'homme d'un seul homme ; il faut que ce soit l'homme de la commune, qui garde les propriétés générales et les propriétés particulières. Ce n'est pas trop, de laisser l'approbation au conseil municipal : le maire doit nommer parce que c'est un acte d'administration ; mais l'approbation du conseil municipal est indispensable, afin que le garde champêtre ait l'autorité nécessaire pour se faire respecter de tout le monde.

Quant à l'*agrément* et au *commissionnement* par le sous-préfet, ce n'est que la consécration de ce qui se pratiquait en vertu de la loi de leur institution du 26 septembre, 8 octobre 1791, et de l'ordonnance royale du 29 novembre 1820. Préalablement, à leur entrée au service, les gardes champêtres doivent prêter serment devant le juge de paix du canton. (L. 6 décembre 1791.)

La *suspension* résulte d'un arrêté spécial du maire. Il doit en donner connaissance immédiate au conseil municipal et au sous-préfet. Ce droit de suspension est la seule innovation introduite par la loi.

En cas de suspension par le maire et si elle n'a pour but que d'infliger une peine temporaire, il y a lieu de nommer un garde champêtre provisoire ; la mesure qui résulte de la suspension ne peut-être elle-même que temporaire ; ainsi le maire doit toujours, dans son arrêté, montionner la durée de la suspension du garde, autrement ce serait par une voie détournée prononcer la révocation de cet agent. Dans le cas où au contraire la suspension ne serait que le prélude de la *révocation* qui appartient seulement au préfet, le maire doit la provoquer par un rapport détaillé sur les griefs existant contre cet agent.

Cet arrêté est ensuite notifié au garde champêtre, qui doit à son tour présenter des observations défensives. C'est après ce degré d'instruction seulement que la révocation est prononcée, s'il y a lieu, par le préfet.

Des Commissaires de police. — Dans une loi qui énonçait les différents emplois auxquels les maires pouvaient nommer ou présenter, la commission avait cru devoir faire un article additionnel au projet, et donner aux maires le droit de proposer les *commissaires de police.*

L'institution de ces magistrats remonte à 1791 ; leur nomination fut remise à l'élection en 1792, attribuée au comité de sûreté générale en l'an III, et conférée aux administrations municipales par la loi du 19 vendémiaire an IV, maintenue en ce point par le code des délits et des peines du 3 brumaire an IV. Depuis la constitution de l'an VIII, le droit de nommer les commissaires de police appartient au chef du gouvernement. Eh bien ! on a discuté ce droit au gouvernement, en se fondant sur ce que le commissaire de police était surtout un agent municipal, payé des deniers de la commune, placé sous les ordres du maire, préposé principalement à la surveillance locale, au maintien de l'ordre, et à l'exécution des ordres du pouvoir municipal. Mais on ne pouvait oublier aussi qu'il est l'agent de l'autorité supérieure ; et qu'officier de police administrative, il a le titre et les fonctions d'officier de police judiciaire. Il est donc un instrument trop important du pouvoir pour qu'il appartienne au maire seul de le proposer. Présenter n'est pas nommer, dira-t-on : c'est vrai, mais une présentation adroite est presque toujours une nomination forcée. Ensuite ce droit de présentation aurait pour effet de déclarer que les commissaires de police seraient toujours choisis dans la localité. Mais qui ne sait que dans certaines localités un étranger seul peut-être un bon commissaire de police, parce qu'alors il ne partage ni les idées, ni les intérêts, ni les préjugés de cette localité ? Aussi ces motifs ont prévalu ; et le droit de nommer les commissaires de police a été maintenu au gouvernement, tel que la loi de l'an VIII le lui avait conféré.

Art. 14. Le maire est chargé seul de l'administration, mais il peut déléguer une partie de ses fonctions à un ou plusieurs de ses adjoints, et, en l'absence des adjoints, à ceux des conseillers municipaux qui sont appelés à en faire les fonctions.

Il faut remarquer que cet article ne parle que d'une délégation *partielle :* car, pour la délégation totale des fonctions, en cas d'absence ou d'empêchement, la loi du 21 mars 1831, art. 5, y a pourvu. La présente loi n'avait à traiter que la délégation facultative qu'il peut être à la convenance du maire de faire à un ou plusieurs de ses adjoints. Ainsi dans une grande ville, où le surcroit d'affaires peut lui faire craindre de ne pouvoir y vaquer seul, à un adjoint il délègue la police, à un autre l'état civil, à un troisième la surveillance des édifices publics, mais il reste maire, il reste administrateur de la commune. Dans le cas prévu par la loi de 1831, le remplacement *est de droit* ; dans celui de l'article ci-dessus, il est *facultatif,* ainsi d'ailleurs que cela s'est pratiqué jusqu'à présent en vertu d'un arrêté du 4 juin

1806, art. 5. Mais cette délégation *partielle* doit être entendue en ce sens que la totalité des fonctions ne puisse être déléguée ; car alors il n'y aurait bientôt plus de pouvoir municipal. En beaucoup de localités on verrait de grands propriétaires, de riches capitalistes, rechercher les fonctions municipales, accepter le titre de maire, se revêtir des honneurs qui y sont attachés, et ne pas supporter les charges, ne pas endurer les fatigues de l'administration. L'intégralité des fonctions de maire ne pourra donc jamais être absorbée par la délégation.

La délégation dont il est parlé dans l'article 28, et toute révocation de délégation doivent être immédiatement transcrites au registre des arrêtés.

Art. 15. Dans le cas où le maire refuserait ou négligerait de faire un des actes qui lui sont prescrits par la loi, le préfet, après l'en avoir requis, pourra y procéder d'office par lui-même ou par un délégué spécial.

Cette disposition, entièrement nouvelle, repose sur un principe éminemment juste. Dans l'organisation antérieure, la révocation, la suspension étaient les seuls moyens légaux que pût employer le pouvoir ; mais ils étaient extrêmes : car dans certains cas la destitution n'est pas toujours nécessaire ; ensuite jusqu'au remplacement l'exécution des lois était suspendue, et elle ne doit jamais l'être par la résistance d'un simple fonctionnaire. Supposons, par exemple, qu'un maire néglige ou refuse de dresser les tableaux de recensement des jeunes gens soumis au recrutement : l'action de l'administration ne doit jamais être arrêtée, il faut qu'il y ait un moyen légal de satisfaire à la loi. L'art. 11 a donc investi l'autorité supérieure d'un pouvoir destiné à compléter la force de son action, pour l'aider à vaincre le mauvais vouloir de certains administrateurs.

Autre exemple : Que le maire d'une commune n'ait pas fait employer la totalité des prestations dans le délai prescrit par le réglement sur le service des chemins vicinaux, il y a lieu par le préfet de mettre la commune en demeure de faire exécuter les prestations dans un dernier délai.... et en cas de non exécution, de faire faire les travaux d'office. L'article 15 ci-dessus devrait recevoir son application si le maire refusait de publier l'arrêté de mise en demeure. (Circ. min. int., 19 novembre 1838.)

Il faut bien observer cependant que le droit consacré en faveur des préfets par l'article 15 n'est que l'*exception*, et qu'en thèse générale, ils ne pourraient se substituer aux maires et prendre des arrêtés sur les matières qui rentrent dans les attributions de l'autorité municipale. (Circ. min. int., 1er juillet 1840.)

Art. 16. Lorsque le maire procède à une adjudication publique pour le compte de la commune, il est assisté de deux membres du conseil municipal, désignés d'avance par le conseil, ou, à défaut, appelés dans l'ordre du tableau.

Le receveur municipal est appelé à toutes les adjudications.

Toutes les difficultés qui peuvent s'élever sur les opérations préparatoires de l'adjudication, sont résolues, séance tenante, par le maire et les deux conseillers assistants, à la majorité des voix, sauf le recours de droit.

Ces formes, indiquées dans l'article 16, sont simples ; elles ont d'ailleurs été adoptées et suivies dans la pratique jusqu'à ce jour, en vertu de l'ordonnance du 10 mai 1829, tit. III, art. 12, 13, et de l'ordonnance royale du 14 novembre 1837. — V. ci-après le texte de cette dernière ordonnance dont toutes les prescriptions sont obligatoires (1).

---

(1) *Des adjudications au rabais par soumissions cachetées.*

Ord. royale du 14 novembre 1837.

Art. 1er. Toutes les entreprises pour travaux et fournitures au nom des communes et des établissements de bienfaisance seront données avec concurrence et publicité, sauf les exceptions ci-après.

2. Il pourra être traité de gré à gré, sauf approbation par le préfet, pour les travaux et fournitures dont la valeur n'excédera pas trois mille francs.

Il pourra également être traité de gré à gré, à quelque somme que s'élèvent les travaux et fournitures, mais avec l'approbation du ministre de l'intérieur,

1° Pour les objets dont la fabrication est exclusivement attribuée à des porteurs de brevets d'invention ou d'importation ;

2° Pour les objets qui n'auraient qu'un possesseur unique ;

3° Pour les ouvrages et les objets d'art et de précision dont l'exécution ne peut être confiée qu'à des artistes éprouvés ;

4° Pour les exploitations, fabrications et fournitures qui ne seraient faites qu'à titre d'essai ;

5° Pour les matières et denrées qui, à raison de leur nature particulière et de la spécialité de l'emploi auquel elles sont destinées, doivent être achetées et choisies aux lieux de production ou livrées sans intermédiaires par les producteurs eux-mêmes ;

6° Pour les fournitures ou travaux qui n'auraient été l'objet d'aucune offre aux adjudications, ou à l'égard desquels il n'aurait été proposé que des prix inacceptables : toutefois, l'administration ne devra pas dépasser le maximum arrêté conformément à l'article 7 ;

7° Pour les fournitures et travaux qui, dans les cas d'urgence absolue et dûment constatée, amenés par des circonstances imprévues, ne pourraient pas subir les délais des adjudications.

3. Les adjudications publiques relatives à des fournitures, à des travaux, à des exploitations ou fabrications qui ne pourraient être sans inconvénient livrés à une concurrence illimitée, pourront être soumises à des restrictions qui n'admettront à concourrir que des personnes préalablement reconnues capables par l'administration, et produisant les titres justificatifs exigés par les cahiers des charges.

4. Les cahiers des charges détermineront la nature et l'importance des garanties que les fournisseurs ou entrepreneurs auront à produire, soit pour être admis aux adjudications, soit pour répondre de l'exécution de leurs engagements ; ils détermineront aussi l'action que l'administration exercera sur ces garanties, en cas d'inexécution de ces engagements.

Il sera toujours et nécessairement stipulé que tous les ouvrages exécutés par les entrepreneurs en dehors des autorisations régulières demeureront à la charge personnelle de ces derniers, sans répétition contre les communes ou les établissements.

5. Les cautionnements à fournir par les adjudicataires seront réalisés à la diligence des receveurs des communes et des établissements de bienfaisance.

6. L'avis des adjudications à passer sera publié, sauf les cas d'urgence, un mois à l'avance, par la voie des affiches et par tous les moyens ordinaires de publicité.

Cet avis fera connaître,

1° Le lieu où l'on pourra prendre connaissance du cahier des charges ;

2° Les autorités chargées de procéder à l'adjudication ;

3° Le lieu, le jour et l'heure fixés pour l'adjudication.

7. Les soumissions devront toujours être remises cachetées en séance publique. Un *maximum* de prix ou un *minimum* de rabais, arrêté d'avance

L'adjonction du receveur municipal est nouvelle, mais utile. Il est à même de donner les renseignements les plus exacts sur la solvabilité des enchérisseurs : c'est à lui qu'est remis le soin d'opérer les recouvrements. Enfin, ses fonctions lui donnent une certaine connaissance des formes administratives : sa présence sera donc toujours utile. (*Proposition* de M. le baron de Ladoucette, député de la Moselle; *séance du 2 février 1837.*)

CHAPITRE II. — *Des attributions des conseils municipaux.*

Un conseil municipal est établi dans chaque commune à côté du maire pour l'éclairer et l'aider dans son administration sur les matières les plus importantes d'intérêt communal. Son pouvoir est de contrôle, d'examen de surveillance et quelquefois d'action. Composé de membres appelés à ce poste par les suffrages populaires, il exprime librement les vœux et quand il y a lieu les plaintes des habitants; enfin il forme un contrepoids réel au pouvoir que les agens nombreux et divers du gouvernement exercent en son nom si loin de ses yeux.

La bonne harmonie du maire et du conseil municipal est essentielle aux intérêts de tous. La loi devait donc prévenir tout conflit, et définir exactement les attributions de chacun.

Pour y parvenir, elle a divisé en trois classes les attributions du conseil. Dans la première se trouvent les *règlements* qu'il a le droit de faire sur certains objets et qui ne touchent qu'à la jouissance et au temps présent.

Dans la seconde sont rangées les *délibérations* qui sont susceptibles d'engager l'avenir ou d'altérer la fortune communale.

Enfin la troisième classe comprend les questions à l'égard desquelles les conseils municipaux sont consultés : leurs délibérations n'aboutissent qu'à un seul

par l'autorité qui procède à l'adjudication, devra être déposé cacheté sur le bureau à l'ouverture de la séance.

8. Dans le cas où plusieurs soumissionnaires auraient offert le même prix, il sera procédé, séance tenante, à une adjudication entre ces soumissionnaires seulement, soit sur de nouvelles soumissions, soit à extinction des feux.

9. Les résultats de chaque adjudication seront constatés par un procès-verbal relatant toutes les circonstances de l'opération.

10. Les adjudications seront toujours subordonnées à l'approbation du préfet, et ne seront valables et définitives, à l'égard des communes et des établissements, qu'après cette approbation.

Adjudication des coupes de bois communaux.

Depuis l'exercice 1837, une nouvelle manière de procéder à la vente de ces bois a été adoptée par le ministre des finances, et observée avec avantage. En voici les dispositions, insérées au cahier des charges :

• L'adjudication au rabais aura lieu de la manière suivante :

La mise à prix, annoncée par le crieur, sera diminuée successivement, jusqu'à ce qu'une personne prononce les mots : *Je prends.*

avis dans des matières où l'initiative appartient à d'autres pouvoirs et dont la décision appartient à l'administration.

Art. 17. Les conseils municipaux règlent par leurs délibérations les objets suivants :

1° Le mode d'administration des biens communaux;

2° Les conditions de baux à ferme ou à loyer, dont la durée n'excède pas dix-huit ans pour les biens ruraux, et neuf ans pour les autres biens ;

3° Le mode de jouissance et la répartition des pâturages et fruits communaux, autres que les bois, ainsi que les conditions à imposer aux parties prenantes ;

4° Les affouages, en se conformant aux lois forestières.

§ 1er. *Le mode d'administration des biens communaux.* (L. 14 décembre 1789.)

§ 2. *Les conditions de baux à ferme et à loyer, dont la durée n'excède pas dix-huit ans pour les biens ruraux et neuf ans pour les autres biens.* (Arr. 7 germinal an IX; L. 26 germinal an II, art. 2; O. 7 octobre 1818, art. 2; L. 23 mai 1853.) V. ci-après, art. 47.

§ 3. *Le mode de jouissance et la répartition des pâturages et fruits communaux, autres que les bois, ainsi que les conditions à imposer aux parties prenantes.* — Par mode de jouissance communale on entend généralement la règle à laquelle est soumise la jouissance *indivise* entre les habitants, des communaux ou terres propres au pâturage. C'est dans ce sens qu'a décidé un avis du comité de l'intérieur, en date du 3 octobre 1857. (D. 9 brumaire an XIII, art. 2, 4; L. 16-24 avril 1790, tit. 3; D. 28 juin 1806) : tout ce qui est relatif aux bois communaux a été réglé par le Code forestier. Quant à la propriété, la délimitation et bornage, l'aménagement, la garde et les adjudications ou le droit d'usage. (V. C. for., art. 90 et suiv.; O. 1827, art. 123 et suiv.)

§ 4. *Les affouages, en se conformant aux lois forestières.* (*Cod. for.*, art. 103, 104.) V. notre Dictionnaire de Droit administratif, V° *Organisation municipale*, section II. V° *Commune*, section IV.

C'est la première fois que la législation donne aux conseils municipaux, aussi positivement que le fait l'art. 17, le droit de régler par leurs seules délibérations et sans l'approbation de l'autorité supérieure, des actes d'administration communale. Ils pourront désormais prendre des mesures avec une indépendance qui n'a d'autres limites que les principes de la loi et les droits des tiers, le mode d'administration des biens de leurs communes, ainsi que la jouissance des pâturages, affouages et fruits communaux. Ils auront dès lors la faculté de changer les modes anciens de jouissance, ce qu'ils n'auraient pu faire antérieurement qu'en vertu d'une ordonnance du roi, conformément au D. du 9 brumaire an XIII. (Circ. min. int., 23 septembre 1857, n° 50.)

Toutefois, une ordonnance du 18 décembre 1838

a garanti les droits des tiers, en provoquant leur contrôle sur les actes de ce genre émanés de l'administration municipale.

Le but de cette ordonnance a été d'assurer par un réglement général l'exécution de l'art. 18 de la loi, d'après lequel les délibérations prises par le conseil municipal sur un des objets énoncés en l'art. 17, peuvent êtes annulées par le préfet sur la réclamation de toute partie intéressée. (Circ. min. int., 13 mars 1859.)

Art. 18. Expédition de toute délibération, sur un des objets énoncés en l'article précédent, est immédiatement adressée par le maire au sous-préfet, qui en délivre ou fait délivrer récépissé : la délibération est exécutoire si, dans les 30 jours qui suivent la date du récépissé, le préfet ne l'a pas annulée, soit d'office, pour violation d'une disposition de loi ou d'un réglement d'administration publique, soit sur la réclamation de toute partie intéressée.

Toutefois, le préfet peut suspendre l'exécution de la délibération pendant un autre délai de trente jours.

Ces actes, on l'a vu, ne concernent que le présent, et ne s'appliquent qu'à de simples jouissances qui ne peuvent engager ni un long avenir, ni compromettre le fonds de la propriété communale ; aussi sont-ils exécutoires par eux-mêmes sans aucune approbation de l'autorité supérieure : mais elle peut les annuler dans l'intérêt public et même sur la réclamation des parties, dans un intérêt privé, et ils ne deviennent exécutoires qu'à l'expiration du délai laissé à l'administration pour exercer ce droit. La chambre des députés avait donné au préfet le droit d'annuler les délibérations sans qu'il eût à se fonder sur la *violation d'une loi ou d'un réglement* d'administration publique. La chambre des pairs, avec raison, a fait dépendre le droit d'annuler du fait de cette violation ; car, sans cela, le préfet ayant toujours le droit d'intervenir dans l'administration communale, le cercle de l'action municipale eût été trop restreint, et le préfet eût été, de fait, le véritable administrateur.

Le second paragraphe de l'art. 18 assure donc aux préfets deux mois pour examiner les mesures arrêtées par ces conseils, et annuler, s'il y a lieu, les délibérations. Mais ils ne devront se ménager ce délai que dans les circonstances graves. Un usage trop fréquent de cette facilité entraînerait des retards toujours préjudiciables aux affaires, retards qu'il a été dans l'esprit général de la loi de prévenir. (Circ. min. int., 6 septembre 1837, no 47.)

Enfin, pour assurer l'exécution complète de l'art. 18 ci-dessus est intervenue l'ordonnance royale du 18 décembre 1818, dont nous avons parlé *suprà*.

« Art. 1er. Toutes les fois que les conseils municipaux auront pris une délibération réglant l'un des objets énoncés dans l'art. 17 de la loi du 18 juillet 1837, le maire devra, avant de la soumettre au sous-préfet, avertir les habitants par la voie des annonces et publications usitées dans la commune, qu'ils peuvent se présenter à la mairie pour prendre connaissance de ladite délibération, conformément à l'art. 23 de la loi du 21 mars 1831.

« Art. 2. L'accomplissement de cette formalité devra être constaté par un certificat du maire qui sera joint à la délibération transmise au sous-préfet. »

Aussi les-sous-préfets ne doivent délivrer le *récépissé* dont s'agit, que sur le vu de ce certificat. (Circ. min. int., 13 mars 1859.)

Art. 19. Le conseil municipal délibère sur les objets suivants :

1º Le budget de la commune, et en général toutes les recette et dépenses, soit ordinaires, soit extraordinaires ; (V. O. 31 ma 1838, art. 434.)

2º Les tarifs et réglements de perception de tous les revenu communaux ;

3º Les acquisitions, aliénations et échanges des propriété communales, leur affectation aux différents services publics, e en général tout ce qui intéresse leur conservation et leur amélioration ;

4º La délimitation ou le partage des biens indivis entre deu ou plusieurs communes ou sections de commune ;

5º Les conditions des baux à ferme ou à loyer dont la duré excède dix-huit ans pour les biens ruraux, et neuf ans pour le autres biens, ainsi que celles des baux des biens pris à loye par la commune, quelle qu'en soit la durée ;

6º Les projets de constructions, de grosses réparations et d démolitions, et en général tous les travaux à entreprendre ;

7º L'ouverture des rues et places publiques et les proje d'alignement de voirie municipale ;

8º Le parcours et la vaine pâture ;

9º L'acceptation des dons et legs faits à la commune et au établissements communaux ;

10º Les actions judiciaires et transactions,

Et tous les autres objets sur lesquels les lois et réglemen appellent les conseils municipaux à délibérer.

§ 1er. *Le budget de la commune*, etc., etc. (O. 5 octobre 1821, 23 avril 1823 ; Instr. min. int., 1 avril 1834. V. ci-après, art. 33.) Il doit être adres à *triple* expédition.

§ 2. *Les tarifs et réglements de perception de tous l revenus communaux.* Ce sont principalement, 1º l droits de pesage, jaugeage et mesurage. (Arr. 7 br maire an X, L. 29 floréal an IX ; Instr. min. in 10 novembre 1821) ; 2º les droits d'octroi (LL. frimaire an VII et 5 ventose an VIII ; D. 15 novemb 1810 ; O. 9 décembre 1814 ; Instr. min. int., 10 n vembre 1821) ; 3º les droits de location des plac dans les halles, foires, marchés, ports et prom nades. (L. 21 brumaire an VIII, art. 7 ; Instr. mi 17 décembre 1807), etc., etc. V. l'instruction gén rale du ministre des finances, décembre 1826, no 58 et celle de juin 1840, no 738 et suiv.

§ 3. *Les acquisitions, aliénations et échanges des p priétés communales, les affectations aux différents s vices publics, et en général, tous ce qui intéresse l conservation et leur amélioration* (ces dispositions résultent encore des lois déjà citées ci-dessus à l'occasion de l'art. 10.) V. la note de l'art. 46.

§ 4. *La délimitation ou le partage des biens indivis entre deux ou plusieurs communes ou sections de commune.* (L. 10 juin 1793, section IV, art. 1er.) Les communes peuvent avoir sur ce genre de biens des droits indivis, de propriété, de jouissance commune, d'usage et de services fonciers, et chacune d'elles peut, d'après l'art. 815 du C. civil, revendiquer ce qui lui appartient : ce contrat de partage n'est pas simplement *translatif* mais *déclaratif* de propriété, et il y a lieu de requérir l'autorisation de l'autorité, d'après l'art. 817 du Code civil, parce que ici la commune ne doit pas oublier sa qualité constante de mineure. (V. *Dictionn. de Droit adm.* chap. III, sect. Ire.) V. articles 46-70, 71, 72 et 73 ci-après, et la Circ. min., 28 juillet 1859. Pour la délimitation des bois des communes V. les articles 8 à 14 du C. forestier, et les articles 57 à 66 de l'ord. d'exécution.

§ 5. *Les conditions des baux à ferme et à loyer,* etc., etc. (Arr. 7 germinal an IX; L. 26 germinal an II, art. 2; O. 7 octobre 1818, art. 2; L. 25 mai 1835): V. Dictionn. v° *Baux* et ci-après, art. 47.

§ 6. *Les projets de constructions, de grosses réparations.* (Circ. min., 13 vendémiaire an VIII; D. 23 avril 1810, 16 septembre 1811; Arr. min, 18 juin, 1er octobre 1812) : *id.* v^is, *Bâtiments publics, travaux communaux; infrà,* art. 45 (1).

§ 7. *L'ouverture des rues et places publiques et les projets d'alignement de voirie municipale.* (L. 18 septembre 1807, art. 52; D. 27 juillet 1808), *id.* v°, *Voirie,* tit. II, § 1, 2, 3.) Le plan quand il est rédigé, doit être déposé à la mairie et après publication, chaque habitant a droit pendant 8 jours d'en prendre communication et de fournir des observations.

Après l'examen du plan par le conseil municipal ainsi que des réclamations, intervient la délibération pour son adoption.

§ 8. *Le parcours et la vaine pâture.* (L. 28 septembre 1791.) (V. *Dict.* v° *Parcours.*

§ 9. *L'acceptation des dons et legs,* etc., etc. (Code civil 910; O. 2 avril 1817; L. 18 janvier 1831.) V. *infrà,* art. 48.

§ 10. *Les actions judiciaires* (L. 28 pluviose an VIII, art. 13; L. 26 mai 1819, art. 4; cass. 19 juin 1815); *et les transactions* (C. civ., art. 2045; Arr. 21 frimaire

---

(1) *Formalités pour les travaux de constructions ou de réparations.*

1° Délibération du conseil municipal contenant la désignation et le vote des ressources au moyen desquelles il sera pourvu à la dépense;

2° Devis et détail estimatif des travaux à exécuter, appr. par le conseil;

3° Plan des lieux, à moins que les réparations ne soient pas importantes;

4° Budget de l'exercice courant;

5° État de situation financière de la commune, présentant la quotité des fonds disponibles.

an XII.) V. *Dictionnaire,* v° *Commune,* chap. V, sect. III, § 2; sect. V. V. *infrà,* art. 49 à 58 et 59.

Enfin le dernier paragraphe prouve que l'énumération ci-dessus n'a rien de limitatif.

Art. 20. Les délibérations des conseils municipaux sur les objets énoncés à l'article précédent, sont adressées au sous-préfet.

Elles sont exécutoires sur l'approbation du préfet, sauf les cas où l'approbation par le ministre compétent ou par ordonnance royale est prescrite par les lois ou par les réglements d'administration publique.

Ces délibérations, que nous avons appelées *pures* et *simples,* portent toutes sur des matières auxquelles se rattache l'avenir de la fortune communale. Il était donc prudent, ainsi que le porte l'art. 18, de ne pas leur donner une force intrinsèquement exécutoire; et de rendre l'approbation du préfet indispensable, sauf les cas où celle du ministre ou du roi est exigée par les lois. Ces cas ont été généralement prévus ci-après.

On a été effrayé des conséquences que la nécessité de cette approbation peut entraîner, mais, nous le répétons, un contrôle était nécessaire dans des affaires aussi importantes que le *règlement des recettes, des dépenses,* la *disposition* et *l'emploi des immeubles;* et d'ailleurs si la négligence d'un administrateur paralysait jamais l'autorité communale, les conseils généraux surveillants éclairés de l'administration sont là pour faire entendre leurs plaintes.

Quelle mesure doit être prise, si le maire refuse de remplir l'obligation qui lui est imposée par le § 1er de cet article.

La réponse est dans l'article 13; il suffit donc au conseil municipal de donner avis au sous-préfet de la résistance du maire; le sous-préfet en informe le préfet qui, après avoir adressé une réquisition au maire, peut déléguer ses fonctions à un adjoint ou à un membre du conseil municipal.

Art. 21. Le conseil municipal est toujours appelé à donner son avis sur les objets suivants :

1° Les circonscriptions relatives au culte;

2° Les circonscriptions relatives à la distribution des secours publics;

3° Les projets d'alignement de grande voirie dans l'intérieur des villes, bourgs et villages;

4° L'acceptation des dons et legs faits aux établissements de charité et de bienfaisance;

5° Les autorisations d'emprunter, d'acquérir, d'échanger, d'aliéner, de plaider ou de transiger, demandées par les mêmes établissements, et par les fabriques des églises et autres administrations préposées à l'entretien des cultes dont les ministres sont salariés par l'État;

6° Les budgets et les comptes des établissements de charité et de bienfaisance;

7° Les budgets et les comptes des fabriques et autres administrations préposées à l'entretien des cultes dont les ministres sont salariés par l'État, lorsqu'elles reçoivent des secours sur les fonds communaux ;

8° Enfin tous les objets sur lesquels les conseils municipaux sont appelés par les lois et réglements à donner leur avis, ou seront consultés par le préfet.

Les objets compris dans cette catégorie n'intéressent qu'indirectement la commune ; et l'initiative ou la décision appartiennent à d'autres pouvoirs, ainsi :

§ 1er. *Les circonscriptions relatives au culte* ne peuvent être changées sans l'autorisation expresse du gouvernement. (L. 18 germinal an X, art. 62. Déjà les Circ. min. des 11 mars 1803, 4 juillet 1810, 11 octobre 1811 et 21 août 1835 exigeaient l'avis des conseils municipaux.)

§ 2. *Les circonscriptions relatives à la distribution des secours publics.* Il s'agit ici des hospices, des bureaux de charité, des hospices d'enfants trouvés, d'aliénés, des ateliers de charité, et des secours distribués en certains cas par le ministre de l'intérieur.

§ 3. *Les projets d'alignement de grande voirie dans l'intérieur des villes, bourgs et villages.* Ces alignements sont donnés par l'autorité supérieure. (L. 16 septembre 1807, art. 52; circ. min. 23 janv.1836.)

Du reste, ces alignements ne sont de grande voirie que par une innovation administrative, car, en fait, ils s'appliquent à des rues dont la régularité et la commodité intéressent la commune avant tout, et voilà pourquoi le législateur a exigé l'avis préalable du conseil municipal.

§ 4. *L'acceptation des dons et legs faits aux établissements de charité et de bienfaisance* (arr. 4 pluviose an VII; O. 2 avril 1817). Une circulaire ministérielle du 4 juin 1825 n'exigeait l'avis du conseil municipal, qu'autant que le legs était fait à titre onéreux, qu'il y avait doute sur l'avantage de l'acceptation, ou qu'il y avait réclamation de la part des héritiers. V. *infrà*, art. 48.

§ 5. *Les autorisations d'emprunter, d'acquérir, d'échanger, d'aliéner, de plaider ou de transiger, demandées par les mêmes établissements, et par les fabriques des églises et autres administrations préposées à l'entretien des cultes dont les ministres sont salariés par l'État.*

Cette disposition à l'égard des fabriques, en admettant l'intervention des conseils municipaux dans leur administration, a innové d'une manière fort importante, et en même temps fort rationnelle. En effet, puisque les communes sont obligées de suppléer à l'insuffisance des ressources des fabriques, elles ont un intérêt direct et positif à prévenir la détérioration de leurs propriétés, et à les prémunir contre les actes qui pourraient les grever de charges disproportionnées, dont le poids retomberait en définitive sur le budget municipal.

§ 6. *Les budgets et les comptes des établissements de charité et de bienfaisance.* L'intervention des conseils municipaux en ce cas se justifie en ce qu'une partie de la dotation desdits établissements se compose des sommes votées à titre de secours ou subvention par la commune.

D'ailleurs l'unité introduite dans toutes les comptabilités n'existerait qu'en principe, si le conseil municipal demeurait étranger à un seul compte de la commune.

§ 7. *Les budgets et les comptes des fabriques et autres administrations préposées à l'administration des cultes dont les ministres sont salariés par l'État, lorsqu'elles reçoivent des secours sur les revenus communaux.* Les motifs que nous avons rapportés ci-dessus, § 5, militent même en faveur de cette intervention. C'est d'ailleurs une déduction de la disposition comprise en l'art. 50, § 14, où il est dit que les dépenses des fabriques sont *obligatoires,* en cas d'insuffisance de leurs revenus, *justifiés par leurs comptes et budgets.* Puisque la fabrique est obligée, pour solliciter le secours de la commune, de présenter son budget et son compte au conseil municipal, il est évident que ce conseil a la faculté de les examiner, et d'exprimer un avis qui servira d'avertissement à la fabrique, et qui éclairera l'administration supérieure.

Ainsi le principe de l'intervention du conseil municipal est tiré de son concours à la dépense. Là où les fabriques suffisent à leurs charges par leurs propres ressources, il n'y a aucune raison de faire introduire le conseil municipal dans la gestion ordinaire d'un établissement qui a sa nature et ses règles particulières. Aussi n'a-t-on pas égard à cette distinction, lorsqu'il est question, comme dans les cas prévus par le § 5, de toucher aux propriétés de la fabrique ou d'engager l'avenir.

Le conseil municipal intervient alors de droit.

§ 8. Le but du législateur dans ce paragraphe a été de déterminer d'une part toute la latitude du droit d'avis exercé directement par le conseil municipal, et de placer d'autre part, à côté de ce droit, une faculté de consultation, faculté qui s'exerce sur tels objets éventuels confiés à l'initiative de l'autorité supérieure. (Code mun. de *Leber et Puibusque,* II, p. 504.)

Art. 22. Le conseil municipal réclame, s'il y a lieu, contre le contingent assigné à la commune dans l'établissement des impôts de répartition.

(Mêmes dispositions dans les lois des 3 frimaire, an VII, 26 mars 1831, 21 avril 1832. V. *Dictionn.,* v° *contributions directes.* SECTION VII, IX.)

Art. 23. Le conseil municipal délibère sur les comptes présentés annuellement par le maire.

Il entend, débat et arrête les comptes de deniers des receveurs, sauf réglement définitif, conformément à l'art. 66 de la présente loi.

Ici son autorité est toute de *contrôle.* L'obligation de rendre compte imposée à l'ordonnateur a existé de tout temps, autant dans l'intérêt des communes que dans celui des fonctionnaires. Ce compte est appelé *compte moral* ou *d'administration*. Il est soumis au conseil municipal dans la session du mois de *mai* pour les communes non justiciables de la cour des comptes, et dans la session *d'août* à l'égard des communes dont la comptabilité est soumise à cette cour. (L. 28 pluviose an VIII, art. 15, L. 15 mai 1818.) V. *infrà*.

Quant aux comptes de *deniers* à rendre par les receveurs, les ordonnances des 14 septembre 1822 et 23 avril 1823 prescrivent les formalités à remplir, et dans quel délai ils doivent être rendus ; c'est-à-dire avant la fin du premier trimestre qui suit la clôture de chaque exercice.

Un compte ne serait pas en *état d'examen*, s'il n'avait pas été soumis à la délibération du conseil municipal. (V. ord. 1er mars 1833 et les circ. des 10 avril, 2 août 1835, 15 juin 1836, 1er juillet 1837, 28 août 1838, et l'ordonnance royale du 31 mai 1838, et la nouvelle instruction générale de juin 1840, p. 232 et suiv.) Une copie conforme du compte d'administration, tel qu'il a été vérifié par le conseil municipal et arrêté par le préfet, doit être jointe au compte de gestion du comptable.

Art. 24. Le conseil municipal peut exprimer son vœu sur tous les objets d'intérêt local.

Il ne peut faire ni publier aucune protestation, proclamation ou adresse.

La loi de 1831 sur l'organisation municipale dispose que toute délibération d'un conseil municipal portant sur des objets étrangers à ses attributions, sera nulle de plein droit ; il était nécessaire, après la désignation spéciale des attributions des conseils municipaux, d'ajouter à ces attributions une compétence générale, pour tous les objets qui intéressent la commune. Tel est le motif pour lequel le § 1er de l'article 24 leur accorde d'émettre des vœux. Ce droit, ils l'exercent lorsque dans l'intérêt de la commune il y a lieu, par exemple, de demander soit le passage, soit la réparation d'une route, soit l'érection d'un pont. Mais il est bien entendu que l'*intérêt collectif* de plusieurs communes n'en est pas moins un intérêt local pour chacune d'elles. Ces mots *intérêt local*, ne doivent se prendre et s'interpréter que par opposition aux intérêts politiques et nationaux ou qui ont d'autres appréciateurs, les chambres ; et aux intérêts qui revêtissent le caractère exclusif de départementaux, lesquels sont confiés aux conseils généraux.

Le second paragraphe n'est que la reproduction de l'art. 17, § 1er de la loi du 22 juin 1833 sur l'organisation départementale, qui fait la même défense aux conseils généraux ou d'arrondissement.

Le droit de faire des adresses n'appartient qu'aux chambres. (L. 27 avril 1791, art. 28.)

Art. 25. Dans les séances où les comptes d'administration du maire sont débattus, le conseil municipal désigne au scrutin celui de ses membres qui exerce la présidence.

Le maire peut assister à la délibération. Il doit se retirer au moment où le conseil municipal va émettre son vote. Le président adresse directement la délibération au sous-préfet.

Les conseillers municipaux se réunissent quatre fois l'année au commencement des mois de *février, mai, août* et *novembre* (L. 21 mars 1831, art. 23, § 1er.) Nous renvoyons aux art. 24, 25 et 26 de la même loi, quant à l'indication des jours, aux excuses à faire valoir par les membres absents, aux convocations extraordinaires, au nombre suffisant pour délibérer à la nomination du secrétaire (V. pour les détails notre Dictionn. v° *Organisation municipale*, chap. II, section I, § 5, 6.)

Après la nomination du secrétaire choisi dans le sein du conseil, et que le maire a exposé la nature des travaux de la session, le conseil délibère. Le maire est de droit président de l'assemblée, mais la disposition introduite par l'art. 25, § 1er, est une innovation au remplacement habituel des maires. Ainsi, dans tous les cas où le maire peut avoir un intérêt dans une discussion, il est frappé d'un empêchement ; et il est remplacé selon les formes indiquées par la loi d'organisation (21 mars 1831, art. 5.) Mais ici il était convenable d'établir un mode de remplacement spécial, car il s'agit de discuter les comptes d'administration du maire. Or, il pourrait y avoir quelqu'inconvénient à le remplacer par l'adjoint. L'adjoint fait partie de l'administration, il a sa part de responsabilité ; et les mêmes motifs qui pourraient empêcher le maire de présider, peuvent s'appliquer à lui. Devait-on, comme dans l'art. 5 de la loi de 1831, faire présider par le premier conseiller dans l'ordre du tableau ? On a cru avec raison qu'il pourrait peut-être ne pas réunir les qualités nécessaires, et on a remis au conseil le soin de désigner son président au scrutin secret.

§ 2. *Le maire peut assister à la délibération*. C'est même un devoir pour lui, car l'examen doit se faire avec les pièces ; et souvent ses explications peuvent être nécessaires. Seulement *il doit se retirer au moment où le conseil municipal va émettre son vote*. C'est un motif de convenance qui s'explique de lui-même. *Le président adresse directement la délibération au sous-préfet*. Celui-ci adresse au préfet ceux des communes d'un revenu au-dessous de 30,000 fr., pour être jugés par les conseils de préfecture ; et ceux d'un revenu au-delà de 30,000 francs, pour être transmis au procureur-général près la cour des comptes et jugés par cette cour. V. *Infrà*, art. 66.

Art. 26. Lorsqu'après deux convocations successives faites par le maire, à huit jours d'intervalle, et dûment constatées, les membres du conseil municipal ne se sont pas réunis en nombre suffisant, la délibération prise après la troisième convocation est valable, quel que soit le nombre des membres présents.

La moitié plus un des conseillers en exercice est cependant nécessaire pour valider une délibération. (L. 21 mars 1831, art. 25.) Mais cette règle exigeait une exception ; aussi la disposition de l'art. 26 a eu pour but de ne jamais exposer l'administration communale à des entraves et des lenteurs dans des occasions urgentes. En outre, elle est fort sage, en ce qu'elle oblige le maire à constater les convocations ; et que dans certaines occasions où le maire est obligé d'adjoindre au conseil municipal les plus imposés, c'est à leur égard que la constatation est nécessaire. Or elle résultera de la déclaration faite par le maire sur le registre-journal, que tel jour il a convoqué les conseillers municipaux, etc., etc. C'est ainsi que le maire constate qu'il a publié tels actes ou tels arrêtés de l'autorité supérieure.

Bien entendu que les convocations doivent être *individuelles* et faites *à domicile*.

Art. 27. Les délibérations des conseils municipaux se prennent à la majorité des voix. En cas de partage, la voix du président est prépondérante.

Il ne faut pas perdre de vue que le législateur n'a pas dit *le maire*, mais bien *le président*, quel que soit donc le membre investi de la présidence.

C'est le lieu de rappeler ici les dispositions des articles 28 et 29 de la loi du 21 mars 1831, qui portent que, « dans les sessions ordinaires, toute délibération d'un conseil municipal portant sur des objets étrangers à ses attributions, est nulle de plein droit. Le préfet en conseil de préfecture déclare alors la nullité ; mais le conseil peut appeler au roi de cette décision. »

« Sont pareillement nulles de plein droit toutes délibérations d'un conseil municipal prises hors de sa réunion légale, etc., etc. » (*Notre Dictionn. v° Organis. mun.*, chap. II, sect. I, § 5.)

Art. 28. Les délibérations seront inscrites, par ordre de date, sur un registre coté et paraphé par le sous-préfet.

Elles seront signées par tous les membres présents à la séance, où mention sera faite de la cause qui les aura empêchés de signer.

§ 1er. C'est en marge de ce registre qu'en cas d'annulation de la délibération, la décision de l'autorité supérieure devra être inscrite.

§ 2. Les procès-verbaux doivent autant que possible être rédigés et les signatures apposées, séance tenante ; de cette manière on est plus sûr de l'exactitude des comptes-rendus, et l'on n'a pas à craindre des refus ultérieurs de signatures.

De plus, nous ne pouvons trop nous élever contre un abus malheureusement assez répandu, qui consiste à rédiger d'avance les délibérations, à ne convoquer les conseillers municipaux que pour la forme, et à recueillir ensuite à domicile les signatures en nombre suffisant. Des personnes peu éclairées et de bonne foi croient faire acte de complaisance, et cependant, non seulement elles trahissent la confiance dont l'élection les a investis, et réduisent à l'état de mensonge nos institutions municipales ; mais encore elles commettent un faux matériel.

Refus de signatures. — Le § 2 impose l'obligation de signer, mais il ne porte avec lui aucune sanction. Cependant, si la minorité se refuse à signer une délibération, on ne doit pas moins la regarder comme valable, car, s'il en était autrement, une minorité turbulente ou froissée dans ses opinions, pourrait rendre toute délibération impossible. Le procès-verbal doit, en ce cas, faire mention des noms des membres qui refusent leurs signatures, ainsi que des motifs pour lesquels ils n'ont pas voulu signer. (Leber et Puibusque, II, 345.)

Art. 29. Les séances des conseils municipaux ne sont pas publiques, leurs débats ne peuvent être publiés officiellement qu'avec l'approbation de l'autorité supérieure.

Il est voté au scrutin secret toutes les fois que trois des membres présents le réclament.

Le § 1er de cet article a donné lieu à de grandes discussions. Les partisans de la publication des débats prétendaient qu'elle était de nature à éclairer l'opinion publique, comme si l'art. 25 de la loi du 21 mars 1831, qui permet à chaque contribuable de prendre communication à la mairie des délibérations du conseil, ne suffisait pas aux besoins de la publicité. A quoi bon, quand ces besoins sont satisfaits, initier le public aux débats, et l'y faire intervenir ? ce serait exciter les passions et exercer sur des hommes faibles quoiqu'honorables, une influence souvent dangereuse. Ensuite, il ne faut pas se dissimuler que cette publication qui satisferait la vanité de certains membres, aurait pour résultat de faire dégénérer en discussions oiseuses des séances qui, pour être moins brillantes par les mots, seront plus utiles dans leurs propositions. Déjà la publication des délibérations des conseils généraux n'a été admise que comme une faculté ; or les conseils municipaux se rassemblent plus souvent, siègent plus long-temps, sont appelés à se prononcer sur une multitude d'intérêts locaux ou même d'intérêts privés. Trop d'inconvénients, on le sent, jailliraient de la publication de l'opinion de tel ou tel membre.

Cependant, et pour concilier les différentes exigences, la prohibition n'a pas été déclarée absolue et inévitable ; elle pourra être levée en cas d'utilité reconnue par l'autorité, mais les motifs ci-dessus font comprendre facilement qu'on ne pouvait admettre la publication comme une règle générale, habituelle et qui devint pour ainsi dire le droit commun des conseils municipaux.

TITRE III. — *Des dépenses et recettes, et des budgets des communes.*

Les dépenses des communes se divisaient autrefois, comme leurs recettes, en dépenses *ordinaires* et dépenses *extraordinaires*.

L'art. 30 de la loi introduit une division beaucoup plus rationnelle en déclarant que les dépenses des communes sont *obligatoires, facultatives* ou *imprévues*.

Ont été déclarées *obligatoires* les dépenses qui sont nécessaires pour la marche de l'administration, pour la sûreté publique et pour la conservation des propriétés communales. Le corps municipal n'est pas libre de ne pas les acquitter, car ce refus pourrait compromettre le sort des générations à venir, ou par ce que ces dépenses importent à la chose publique, ou se lient à l'action gouvermentale. L'administration peut donc imposer les dépenses obligatoires aux communes malgré elles ; leur vote n'est pas nécessaire : elles sont tenues de les acquitter ; en cas de refus, le budget peut recevoir une inscription d'office, et l'administration a droit d'établir des contributions extraordinaires pour en assurer le paiement (ce pouvoir lui est donné par les art. 36, 37, 38, 39, 40.) V. *infrà*.

Art. 30. Les dépenses des communes sont obligatoires ou facultatives.

Sont obligatoires les dépenses suivantes :

1° L'entretien, s'il y a lieu, de l'hôtel de ville ou du local affecté à la mairie ;

« *S'il y a lieu.* » C'est-à-dire dans les localités où il existe un hôtel de ville ou un local pour la mairie.

Nous rappelons ici que d'après la circulaire ministérielle, tome II du recueil, page 240, l'abus des logements accordés dans les hôtels de ville est fortement réprouvé.

2° Les frais de bureau et d'impression pour le service de la commune ;

Le décret du 17 germinal an XI a déterminé dans son art. 1er en quoi consistent ces frais, et les calcule au maximum à raison de 50 c. par habitant. V. pour l'exécution de cet arrêté la circ. min. de floréal, même année, t. 1er, p. 267 du recueil, et celles du 16 avril 1817, id., t. III, p. 192, et 15 juin 1836 ; cette dernière reconnaît que suivant les besoins constatés on peut admettre des crédits supérieurs au chiffre dont le décret ci-dessus indique la base.

Quant aux *frais d'impression*, la circulaire du 17 janvier 1857 donne l'énumération des imprimés les plus en usage.

3° L'abonnement au *Bulletin des Lois ;*

(Arrêté du 29 prairial an VIII, D. 25 mai 1811, O. O. 31 décembre 1831 et 31 décembre 1835.) Le prix d'abonnement est de 6 fr. pour les communes.

4° Les frais de recensement de la population ;

Conformément à l'art. 1er de la loi du 20 juillet 1791, les ordonnances des 16 janvier 1822, 15 mai 1827, 11 mai 1832, et les instructions des 10 avril, 25 novembre 1836, 17 janvier, 29 mai 1837, exigent que chaque commune fasse un recensement quinquennal.

5° Les frais des registres de l'état civil, et la portion des tables décennales à la charge des communes ;

Ces frais se composent : 1° de la fourniture des registres ; 2° du timbre des feuilles ; 3° du prix de transport de ces registres. V. c. civ., art. 41, circul. 25 frimaire an XII, rec. 1, p. 349, 15 mai 1810, II, 185, 28 octobre 1814, V. 548, 18 août 1825, V. 410 ; et pour les *tables décennales*, le D. du 20 juillet 1807.

6° Le traitement du receveur municipal, du préposé en chef de l'octroi, et les frais de perception ;

Le traitement du *receveur municipal,* originairement fixé par le décret du 24 août 1812, l'est aujourd'hui plus rationnellement par les ord. roy. des 17 avril et 23 mai 1839. V. les circ. d'exécution des 22 avril et 1er juin 1839. Le traitement du préposé de l'octroi est fixé par le ministre des finances, sur la proposition du conseil municipal. (L. 28 avril 1816, art. 155.) Bien entendu que les *frais de perception* dont parle le § 6, sont uniquement les frais de perception de l'octroi et non pas ceux de tous les revenus communaux. (Lettre min. int., 14 juin 1838. Davenne, régime des communes, p. 25.)

7° Le traitement des gardes des bois de la commune et des gardes champêtres ;

V. art. 94, 98, 109 et 160 du c. forestier, en ce qui concerne les gardes des bois ; quant au traitement des gardes champêtres, il n'y a plus lieu dorénavant d'établir une imposition spéciale et de répartition différente entre les propriétaires, suivant que leurs terres sont closes ou non closes.

8° Le traitement et les frais de bureau des commissaires de police, tels qu'ils sont déterminés par les lois ;

Ces traitements et frais de bureau ont été fixés, les premiers, par l'arrêté du 17 germinal an XI, les seconds, par le décret du 22 mars 1813, ainsi qu'il suit :

	Traitement.	Frais de bureau.
Paris.	4,000	2,000
Lyon, Bordeaux, Marseille. . . .	2,400	800
Villes de 40,000 âmes et au-dessus.	1,800	600
— de 25,000 et au-dessus. . .	1,500	450
— de 15,000 et au-dessus. . .	1,200	350
— de 10,000 et au-dessus. . .	1,000	250
— au-dessous de 10,000. . .	800	200

« Si la commune allouait à son commissaire de police un supplément de traitement et des frais de bureau au-delà de ces fixations, il n'appartiendrait plus au préfet d'autoriser l'imposition, il faudrait nécessairement en référer aux ministres. » (Circ. min. 17 août 1837.)

9° Les pensions des employés municipaux et des commissaires de police, régulièrement liquidées et approuvées ;

Il ne faut pas inférer de cette disposition que les villes soient obligées de donner des pensions à leurs employés. Ce paragraphe ne parle ni de la concession de pensions, ni des droits des employés. Ce qu'il a entendu seulement, c'est que lorsqu'une pension a été régulièrement concédée, le service ne puisse en être interrompu ; et on a voulu donner à l'administration supérieure le moyen de faire rendre justice au vieux serviteur dont on oublierait les droits ;

Un avis du conseil d'état, en date du 17 septembre 1811, ayant rendu applicable à toutes les administrations dépendantes du ministère de l'intérieur, le décret du 4 juillet 1806, qui réglait la liquidation des pensions accordées aux employés de ce ministère, c'est d'après les bases posées par ce décret qu'il faut liquider les pensions que les communes jugent convenable d'accorder.

10° Les frais de loyer et de réparation du local de la justice de paix, ainsi que ceux d'achat et d'entretien de son mobilier, dans les communes chefs-lieux de canton.

Cette disposition est utile ; jusqu'ici les frais de premier établissement de justice de paix avaient été contestés ou négligés, et l'entretien du mobilier une fois acquis n'était pas mieux fixé.

Bien entendu que si une ville est composée de plusieurs cantons, elle doit fournir autant de prétoires qu'il y a de justices de paix. (Lettre min. int. 19 juin 1838. Davenne, rég. p. 30.)

On pourrait cependant admettre une exception dans les villes de deux cantons, où les juges de paix s'entendent facilement pour la tenue de leurs audiences à des jours différents.

Quant au paiement des *menus frais,* V. la loi du 10 mai 1838, art. 12, n. 8. qui les met à la charge des départements.

11° Les dépenses de la garde nationale, telles qu'elles sont déterminées par les lois.

(L. 22 mars 1831, art. 81) ;

Les dépenses des bataillons cantonnaux sont réparties entre les différentes communes qui les composent, par arrêté du préfet en conseil de préfecture, sur l'avis des conseils municipaux, et proportionnellement aux quatre contributions directes de chacune d'elles. (Avis du conseil d'état du 5 août 1831.)

12° Les dépenses relatives à l'instruction publique, conformément aux lois.

(L. 28 juin 1833, art. 10, 12 et suiv., Ord. 23 juin 1836 ; D. 15 novembre 1811 , sur les colléges communaux et l'ord. du 29 janvier 1839.)

13° L'indemnité de logement aux curés et desservants, et autres ministres salariés par l'État, lorsqu'il n'existe pas de bâtiment affecté à leur logement.

(D. 30 décembre 1809, art. 92, Cass. 7 janvier 1839.)

Toutefois, le conseil d'état consulté par M. le ministre de l'intérieur, a décidé dans son avis du 21 août 1839 :

1° Que les fabriques doivent appliquer l'excédant de leurs revenus à l'indemnité de logement due au curé ou desservant, à défaut de presbytère, et que cette indemnité n'est à la charge des communes que dans le cas où l'insuffisance des revenus de la fabrique ne lui permet pas d'y subvenir sur ses propres revenus ;

2° Que dans le cas où la commune doit payer l'indemnité de logement, et où le conseil municipal refuse d'allouer les fonds nécessaires pour cette dépense, le recours du curé ou desservant ne peut être exercé que devant l'autorité administrative, dans les formes qui ont été réglées par l'art. 39 de la loi du 18 juillet 1837 ;

Qu'en conséquence, lorsqu'un pareil recours est exercé devant les tribunaux civils, le conflit doit être immédiatement élevé par le préfet. (Circ. min. 4 novembre 1839.)

Cet avis du conseil d'état est contraire à la jurisprudence de la cour de cassation, qui, par arrêt du 7 janvier 1839, a déclaré que l'indemnité dont parle le § 13 ci-dessus, était due par la commune, quel que fût d'ailleurs le revenu de la fabrique.

Enfin, un autre avis du conseil d'état, en date du 3 novembre 1836, s'était appuyé, pour attribuer la propriété des presbytères aux communes, sur ce que l'obligation de loger les curés ou desservants était à la charge des communes et non des fabriques.

Le logement est obligatoire, mais le D. du 30 décembre 1809, qui énumère avec soin les charges des communes relativement au culte, n'a pas compris parmi les charges l'obligation de fournir un *jardin*.

14° Les secours aux fabriques des églises et autres administrations préposées aux cultes dont les ministres sont salariés par l'État, en cas d'insuffisance de leurs revenus, justifiés par leurs comptes et budgets.

(Même décret, art. 37) : cette justification à faire par les fabriques, pour prouver l'insuffisance de leurs revenus, rendra plus régulier le concours des communes qui jusqu'à présent étaient quelquefois obligées de fournir ces secours sans être éclairées, et sans pouvoir légalement obliger les fabriques à une justification. V. avis du conseil d'état du 28 novembre 1839. J. C. M. VII 178. Circ. min., 16 janvier 1840.

Lorsqu'il existe deux paroisses dans une commune, les secours à fournir à ces deux paroisses doivent être supportés indistinctement par la caisse communale, jusqu'à concurrence de ses ressources libres.

Dans le cas au contraire où il serait nécessaire de recourir à une contribution extraordinaire, chaque paroisse doit être considérée comme formant, sous le rapport du culte, une section de commune, et, en conséquence, la contribution extraordinaire doit être imposée seulement sur la portion de la commune formant la paroisse. (Argument du décret du 14 février 1810, art. 1 et 2. — Avis com. int. C. d'état, 10 mars et 17 septembre 1838. J. C. M. VIII, p. 189)

15° Le contingent assigné à la commune, conformément aux lois, dans la dépense des enfants trouvés et abandonnés.

Cette charge a été imposée aux communes par la loi des finances de 1817, art. 52 et 53, ainsi conçus :

52 « Sur les centimes additionnels à la contribution foncière, à la contribution personnelle et mobilière, il sera prélevé 14 centimes pour les dépenses départementales fixes, communes ou variables. »

53 « Ces 14 centimes seront distribués de la manière suivante :

« Enfants trouvés et abandonnés, sans préjudice du concours des communes. » V. le D. du 19 janvier 1811.

16° Les grosses réparations aux édifices communaux, sauf l'exécution des lois spéciales concernant les bâtiments militaires et les édifices consacrés au culte.

On a dû ranger les grosses réparations dans cette catégorie, afin que des administrateurs négligents, naturellement disposés pendant leur gestion à laisser dépérir les édifices communaux, pussent être forcés, s'il y avait lieu, par l'autorité supérieure, à opérer le bien de la commune. V. 606, c. civ., ce qu'on entend par *grosses réparations*.

Quant aux dispositions concernant les *bâtiments militaires*, elles résident dans le décret du 23 avril 1810, et celui du 16 septembre 1811.

Quant aux *édifices consacrés au culte*, une loi de 1818 a mis les édifices diocésains à la charge de l'état; et le décret de 1809, art. 37, 46, 92, 94, a mis les grosses réparations des églises à la charge des communes. (V. *Dictionnaire de droit admin.*, v^is *culte, fabrique*.)

17° La clôture des cimetières, leur entretien et leur translation, dans les cas déterminés par les lois et réglements d'administration publique.

(D. 23 prairial an XII, sur les sépultures.)

18° Les frais des plans d'alignement.

L'art. 52 de la loi du 16 septembre 1807, n'exige des plans d'alignement que pour les villes. Au moyen de cette nouvelle disposition, qui met les plans d'alignement au nombre des dépenses obligatoires, les plans d'alignement devront être faits non seulement dans les villes, mais encore dans toutes les communes, au moins les plus populeuses. Il est inutile de démontrer l'utilité de ces plans ; leur confection enlèvera aux maires un pouvoir discrétionnaire, et garantira les communes contre les demandes en indemnité, en cas de dépossession des terrains nécessaires pour les alignements, et la fixité remplacera le pouvoir arbitraire ; V. circ. min. int., 25 octobre 1837.

19° Les frais et dépenses des conseils des prud'hommes, pour les communes où ils siégent ; les menus frais des chambres consultatives, des arts et manufactures, pour les communes où elles existent.

(D. 11 juin 1809, sur les prud'hommes; arr. 10 thermidor an XI sur les chambres consultatives, et ord. 16 juin 1832.)

20° Les contributions et prélèvements établis par les lois sur les biens et revenus communaux.

La commune possède comme un simple particulier : le paiement des contributions directes est donc une nécessité, une conséquence de son droit de propriétaire ; c'est une dépense obligatoire.

Ces *prélèvements* dont parle la loi s'appliquent aux revenus de l'octroi, dont le 10me appartient au trésor (L. 28 avril 1816);

21° L'acquittement des dettes exigibles;

Et généralement toutes les autres dépenses mises à la charge des communes par une disposition de loi.

Toutes dépenses autres que les précédentes sont facultatives.

Par ces mots *dettes exigibles*, la loi n'a pas entendu parler des dettes antérieures à 1793, qui sont devenues nationales et dont les communes sont libérées. Il ne s'agit que des dettes contractées journellement pour les besoins des services municipaux. Tels seraient : 1° les emprunts légalement contractés; 2° les acquisitions immobilières ou les constructions pour le paiement desquelles des termes ont été stipulés; 3° des condamnations judiciaires; 4° enfin, des engagements contractés à différents titres.

Les indemnités dues en exécution de la loi du 10 vend. an IV, au profit des victimes d'attentats commis par attroupement sur le territoire d'une commune, rentrent dans la catégorie des *dettes exigibles*.

Toutes dépenses autres que les précédentes sont facultatives; ainsi se termine la nomenclature des dépenses obligatoires, nomenclature que sous certains rapports on pourrait trouver restreinte. La loi a jugé que l'on pouvait s'en remettre au discernement et aux lumières des corps municipaux, pour entretenir dans un état convenable, le *pavé des rues et des places,* les *halles*, les *marchés*, les *abattoirs*, les *fontaines*, les *jardins*, les *promenades publiques*, les *bibliothèques* et les *musées*, l'*éclairage*, etc., etc.

On a dit que si ces différents objets peuvent contribuer au bien-être des habitants, ils ne présentent pas toutefois le caractère de nécessité qui peut seul commander l'intervention du pouvoir supérieur; que d'ailleurs, il faut laisser quelque part au zèle des localités, et que c'était en leur témoignant une défiance perpétuelle qu'on étouffait l'esprit public; que l'administration habituait ainsi les citoyens à s'en remettre à elle du soin de régler tout ce qui les touchait. D'ailleurs, ajoutait-on, il est une garantie à laquelle on peut s'en remettre du soin de réparer les vices d'une mauvaise administration. Les conseils municipaux sont le produit de l'élection; chaque période de trois ans amène leur renouvellement : c'est aux électeurs qu'il appartient surtout de prononcer sur le mérite de leurs actes et de remplacer ceux qui auraient blessé les intérêts ou méconnu les besoins de la commune.

Ces arguments sont, il est vrai, très logiques, s'ils s'adressaient à une population généralement éclairée. Mais qui ne sait que la plus grande partie des maires et des conseils municipaux en France sont tous gens sur lesquels l'égoïsme, l'ignorance, la parcimonie, la dissipation, le mauvais avis et les passions ont une influence dangereuse pour le bien public et l'intérêt commun? L'entretien du *pavé des rues et des places* qui ne font pas partie de la grande voirie semblait devoir principalement être rangé dans la nomenclature des dépenses obligatoires.

En effet, la loi de frimaire an VII, porte que le pavé est une dépense municipale, à moins qu'il n'y ait un usage contraire établi. Or, c'est la reconnaissance et l'exécution de cet usage qui font naître tous les jours un conflit fâcheux entre l'administration municipale et les habitants des différentes communes: contre leur mauvais vouloir, l'administration est désarmée; aussi voit-on les pavés de la plupart des villes dans le plus mauvais état, dans le plus grand délabrement.

La possibilité de l'intervention de l'autorité supérieure, pour imposer d'office la dépense de pavage, eût amené d'heureux résultats, et eût complété la législation des chemins vicinaux. Qu'on ait omis dans la catégorie des *dépenses obligatoires*, les dépenses de luxe pour les *fontaines, musées, promenades*, etc., etc., dépenses qui dépendent de l'état des finances d'une ville et du goût de ses habitants, rien de plus juste; mais en négligeant de même ce qui a un objet d'intérêt direct et matériel, tel que le *pavage* pour les communications, l'*éclairage* pour la sûreté des habitants, c'est ce que nous ne pouvons nous empêcher de regretter.

Art. 31. Les recettes des communes sont ordinaires ou extraordinaires.

Une loi du 11 frimaire an VII en est la base légale.

Les recettes ordinaires des communes se composent :
1° Des revenus de tous les biens dont les habitants n'ont pas la jouissance en nature.

C'est-à-dire des biens affermés en vertu de baux réguliers, de la location du droit de chasse dans lesdits lieux, de la vente des coupes ordinaires de bois, des arrérages des rentes sur l'État, etc., etc.

2° Des cotisations imposées annuellement sur les ayant droit aux fruits qui se perçoivent en nature.

Ainsi, les ayant droit aux droits d'affouage, de panage, glandée, pâturage, etc., etc., peuvent être imposés proportionnellement pour subvenir aux frais de garde, etc., etc. (V. l'art. 44 ci-après.)

Ces cotisations comprennent celles du *pavage* dans les communes où les usages locaux mettent cette dépense à la charge des propriétaires. (Circ. min. fin. 30 septembre 1837.)

3° Du produit des centimes ordinaires, affectés aux communes par les lois de finances.

Ils sont imposés chaque année dans les rôles des contributions directes et se perçoivent de même que ces contributions; au *nombre de cinq*, à l'exception toutefois des communes qui auront déclaré que cette contribution lui est inutile. (L. 15 mai 1818, art. 31.)

On peut ranger aussi parmi les impositions ordinaires : 1° les 5 centimes affectés aux chemins vicinaux (L. 21 mai 1836, art. 2); 2° les 3 centimes applicables à l'instruction primaire (L. 28 juin 1833, art. 13); 5° le salaire des gardes champêtres.

4° Du produit de la portion accordée aux communes dans l'impôt des patentes.

Cette portion est ordinairement l'excédant des 13 centimes sur les non-valeurs. Le décompte de la contribution dressé au mois de juillet de chaque année pour l'année précédente, détermine cet excédant.

Les receveurs des finances en tiennent compte aux receveurs municipaux, dès que le décompte des patentes a été réglé par le préfet (L. 2 vent. an XIII; avis du conseil d'état, approuvé le 28 février 1809; circ. 31 juillet 1823, n° 30; instruction générale, juin 1840, n° 777.)

Depuis l'ordonnance royale du 1er mars 1835, qui a abrogé le délai dans lequel les opérations d'un exercice doivent être consommées, l'époque de la réalisation des attributions sur les patentes étant toujours postérieure à celle de la clôture de l'exercice, on ne doit porter au budget primitif de chaque exercice que les attributions sur les patentes de l'exercice précédent. (Circ. 13 juin 1836.)

5° Du produit des octrois municipaux.

(L. 11 frim. an VII, D. 15 nov. 1810, O. 9 déc. 1814, L. 28 avril 1816, circ. 10 nov. 1821). — Les droits d'octroi sont établis sur les *consommations*. La désignation des objets imposés, le tarif, le mode et les limites de la perception sont délibérés par les conseils municipaux qui décident en conséquence si le mode de perception sera : la *régie simple*, la *régie intéressée*, le *bail à ferme*, ou l'*abonnement avec l'administration des contributions directes* (instr. générale. juin 1840, n° 779 à 790).

6° Du produit des droits de place, perçus dans les halles, foires, marchés, abattoirs, d'après les tarifs dûment autorisés.

Ces droits sont établis dans les communes d'après un tarif proposé par les conseils municipaux et approuvé par le ministre de l'intérieur sur l'avis du préfet. Ils sont mis en ferme ou en régie intéressée. Les époques du versement des produits aux caisses municipales sont déterminées par l'acte d'adjudication (arr. 7 thermidor an VIII, 7 brumaire an IX; circ. min. 17 décembre 1807, 11 mai 1827, instr. générale, n° 790).

Le § 6 n'a entendu parler que des droits de place qui peuvent être établis en raison de l'emplacement qu'occupent ceux qui sont admis dans les marchés; il ne s'agit pas ici de droits sur les marchandises.

7° Du produit des permis de stationnement et des locations sur la voie publique, sur les ports et rivières et autres lieux publics.

Ce droit est accordé aux communes par la loi du 11 frimaire an VII; vainement on dirait qu'il ne peut y avoir lieu au droit de *stationnement* qu'autant qu'il y a occupation de places appartenant aux communes, et que les rivières navigables sont dans le domaine public (cass. 22 juin 1830).

8° Du produit des péages communaux, des droits de pesage, mesurage et jaugeage, des droits de voirie et autres droits légalement établis.

Il s'agit ici des *péages* prélevés au passage des ponts construits par les communes et d'après un tarif approuvé par ordonnance royale. Dans certaines circonstances ces droits peuvent être prélevés à l'occasion de bacs, bateaux ou canaux appartenant également aux communes (L. 25 mars 1817).

Les droits de *pesage*, etc., se perçoivent d'après des tarifs délibérés par les conseils municipaux, et soumis avec l'avis des sous-préfets et des préfets à l'approbation du ministre de l'intérieur (arr. 7 brum. an IX, L. 29 flor. an X, DD. 2 niv. an XII et 26 sept. 1811, instr. min. 10 nov. 1821).

Les droits de *voirie* sont ceux dont il est parlé dans l'édit de décembre 1607, à l'occasion de certaines constructions telles que saillies, bancs, marches, alignement, etc., etc. Un décret du 27 octobre 1808 contient un nouveau tarif de ces droits; enfin, une ordonnance du 24 décembre 1823, pour Paris, fixe également ces droits en distinguant les saillies fixes et les saillies mobiles. (V. ci-après l'art. 45)

9° Du prix des concessions dans les cimetières.

(D. 23 prairial an XII, art. 9, 10, 11.) Ce paragraphe tranchera à l'avenir les difficultés qui s'élevaient quelquefois entre les fabriques et les communes relativement au droit de délivrer des concessions, bien que l'art. 9 du décret précité, qui déclarait les communes propriétaires de leurs cimetières, eût dû repousser d'une manière péremptoire de semblables allégations.

10° Du produit des concessions d'eau, de l'enlèvement des boues et immondices de la voie publique, et autres concessions autorisées pour les services communaux.

Ce genre de produit ne peut s'exploiter que dans les grandes communes.

Dans d'autres, c'est une charge considérable; mais le zèle des maires peut facilement la faire cesser. Dans tous les cas, les marchés relatifs à l'enlèvement des boues doivent être passés avec publicité et concurrence (V. ci-dessus, O. 14 novembre 1837).

Il n'en est pas de même de la *vidange des fosses d'aisances* qui ne saurait être affermée au profit d'une ville sans porter atteinte à la liberté de l'industrie (Cass. 19 janvier 1838 , 1er juin 1838, 23 août 1839. D. 39. 1. 367).

11° Du produit des expéditions des actes administratifs, et des actes de l'état civil.

Ce droit a été établi par les lois des 20 septembre et 19 décembre 1792, et par celle du 3 ventose an III.

Le tarif en a été fixé par le décret du 12 juill. 1807, modifié par la loi du 28 avril 1816, art. 63, 67.

En vertu de la loi du 7 messidor an II, et d'un avis du conseil d'état, approuvé le 18 août 1807, il a été également établi un droit de 75 centimes par rôle sur les secondes ou ultérieures expéditions, ainsi que sur les extraits des titres, pièces ou renseignements déposés dans les bureaux des mairies. — Les receveurs municipaux peuvent réclamer ces versements à l'expiration de chaque trimestre.

12° De la portion que les lois accordent aux communes dans le produit des amendes prononcées par les tribunaux de simple police, par ceux de police correctionnelle et par les conseils de discipline de la garde nationale.

Et généralement du produit de toutes les taxes de ville et de police dont la perception est autorisée par la loi.

1. *Amendes de police rurale et municipale* (L. 22 juillet, 6 octobre 1791 , arr. 24 ventose an X, O. 3 octobre 1823) ;

2. *Amendes de police correctionnelle* (idem) ;

3. *Amendes de grande voirie* (DD. 16 décembre 1811, 29 août 1813) ;

4. *Amendes de police du roulage* (D. 23 juin 1806 , circ. 16 juin 1807) ;

5. *Amendes d'octroi* (O. 9 déc. 1814) ;

6. *Amendes de garde nationale* (L. 22 mars 1831, art. 83).

Nous ferons observer que le montant des attributions aux communes sur les amendes de police était porté, compris en recette, dans le budget même de l'exercice auquel les produits appartenaient ; mais, depuis l'ordonnance du 1er mars 1853, sur la clôture des exercices, on ne doit porter au budget primitif de chaque exercice, que les attributions sur les amendes de police de l'exercice précédent. (Circ. min. int. 15 juin 1836.)

Art. 32. Les recettes extraordinaires se composent :

1° Des contributions extraordinaires dûment autorisées ;

2° Du prix des biens aliénés ;

3° Des dons et legs ;

4° Du remboursement des capitaux exigibles et des rentes rachetées ;

5° Du produit des coupes extraordinaires de bois ;

6° Du produit des emprunts,

Et de toutes autres recettes accidentelles.

1. Les lois des 15 mai 1818 et 28 juillet 1824 accordent aux communes la faculté de s'imposer extraordinairement par addition aux contributions directes, les centimes nécessaires pour faire face à certaines dépenses spéciales ou urgentes ; ces impositions extraordinaires sont délibérées par les conseils municipaux, avec le concours des plus imposés, et sont autorisées dans la forme indiquée par l'art. 40 *infrà*.

2. *Du prix des biens aliénés*, meubles et immeubles. Lorsque les meubles des communes sont dans le cas d'être vendus, la vente en est proposée par les conseils municipaux, dont les délibérations à ce sujet sont approuvées par le préfet si la valeur des objets mobiliers n'excède pas 3,000 fr. pour les communes dont le revenu est au-dessous de 100,000 fr., et 20,000 pour les autres ; dans le cas contraire, l'approbation du roi est nécessaire : quant aux ventes d'immeubles, elles ne peuvent être faites, quelle qu'en soit la valeur, qu'après avoir été autorisées par une ordonnance du roi, ou dans les règles tracées par la loi d'expropriation publique du 7 juillet 1833, ou par celle du 21 mai 1836 sur les chemins vicinaux (L. 2 prairial an V, arr. 7 germinal an IX. O. 31 oct. 1821, inst. min. février 1823, sept.-oct. 1824). Nous ne parlerons ici que de la vente *volontaire* des biens meubles et immeubles. V. *infrà*, art. 46, dans quelle forme sont vendus les mêmes biens à la requête d'un créancier porteur d'un titre exécutoire.

3. *Des dons et legs*. (V. *infrà*, art. 48.)

4. *Du remboursement des capitaux exigibles et des rentes rachetées*. Il peut être fait aux communes, quand les débiteurs le proposent ; mais ceux-ci doivent avertir les maires un mois d'avance, pour que ces fonctionnaires avisent pendant ce temps aux moyens de placement, et demandent les autorisations nécessaires (avis du conseil d'état, approuvé le 21 décembre 1808, C. civil, 1911, circ. min., 24 septembre 1833).

5. *Du produit des coupes extraordinaires de bois*. Le quart des bois de chaque commune est réservé pour croître en futaie ; les trois autres quarts sont réglés en coupes ordinaires, dont le produit est classé parmi les revenus ordinaires sous le n° 1, § 1er ci-dessus : aucune coupe ne peut être faite sur le *quart de réserve* que pour cause de nécessité constatée. Les demandes des communes, à cet effet, sont adressées par les préfets aux ministres de l'intérieur et des finances ; et ce dernier, s'il y a lieu, soumet à l'approbation du roi l'ordonnance nécessaire pour autoriser la coupe. (O. 1669. L. 29 septembre 1791, O. 7 mars 1817 ; circ. de la dir. des forêts, 18 juillet 1825, 10 août 1826 ; inst. min. des fin. 26 février 1826 ; C. forest, art. 17, 28 : — ord. 1827, art. 82 à 91.)

Les délibérations, ayant pour objet la demande d'une coupe extraordinaire, doivent être adressées à la préfecture avant le 15 juin de chaque année et dans les sous-préfectures le 31 mai, au plus tard, pour qu'elles puissent être autorisées dans le courant de cette même année. (Circ. min. fin., 4 février 1837.)

6. *Du produits des emprunts.* Les emprunts se contractent en vertu des dispositions des lois des 10 décemb. 1790, 10 août 1791 et 15 mai 1818, art. 41 et 42.

7. *Et de toutes autres recettes accidentelles.* On peut ranger dans cette catégorie : *l'excédant des recettes sur les dépenses des exercices antérieurs, les dommages-intérêts* prononcés au profit des communes;

Les intérêts des fonds placés au trésor ; le produit de la vente d'inscriptions de rentes sur l'État ; les indemnités pour frais d'enrôlement volontaire. (Décis. min. guerre, 22 décembre 1818 et 25 janvier 1853.) Les *secours et subventions* accordés, dans certains cas, par le gouvernement. (Inst. générale fin., juin 1840, art. 854, 843.)

Art. 33. Le budget de chaque commune , proposé par le maire, et voté par le conseil municipal, est définitivement réglé par arrêté du préfet.

Toutefois, le budget des villes dont le revenu est de 100,000 fr., ou plus, est réglé par une ordonnance du roi.

Le revenu d'une commune est réputé atteindre 100,000 fr., lorsque les recettes ordinaires, constatées dans les comptes, se sont élevées à cette somme pendant les trois dernières années.

Il n'est réputé être descendu au-dessous de 100,000 fr. que lorsque, pendant les trois dernières années, les recettes ordinaires sont restées inférieures à cette somme. (V. O. 31 mai 1838, art. 435.)

La réunion des dépenses projetées et des recettes prévues forme le budget de la commune.

Ainsi, les recettes et les dépenses des communes ne peuvent être faites que conformément au budget de chaque exercice, ou aux autorisations extraordinaires données par qui de droit, et dans les mêmes formes. (O. 31 mai 1838, art. 432.)

Le budget n'est voté que pour un exercice ; l'exercice commence le 1er janvier et finit le 31 décembre. (O. 23 avril 1823, art. 2, O. 31 mai 1838, art. 433.) Le budget de chaque exercice était délibéré par les conseils municipaux, sans exception, dans leur session ordinaire et annuelle du 1er au 15 mai : mais, d'après les nouvelles règles établies par l'ordonnance du 1er mars 1835, sur la clôture des exercices, les budgets des communes dont les revenus excèdent 30,000 fr. ne peuvent être arrêtés que dans la session du mois de juillet (V. *Dictionn. de Droit administ.*, v° *Commune*, chap. VI, sect. Ire, § 1er ; sect. III, § 2). Aussitôt après la clôture de la session, les budgets proposés doivent être adressés aux sous-préfets, qui transmettent sans retard aux préfets, avec leur avis, ceux qui doivent être approuvés par ces derniers ou par ordonnance royale (instr. min. int., septembre 1824, V. O. 31 mai 1838, art. 435, § 2).

Les budgets soumis à l'approbation royale doivent être envoyés au ministre de l'intérieur avant le 1er septembre de l'année qui précède l'ouverture de l'exercice, afin qu'avant la fin de l'année ils puissent être remis aux receveurs communaux chargés de les exécuter.

Ce règlement du budget par l'autorité est une garantie nécessaire et qui s'explique par le principe de la tutelle administrative à laquelle les communes sont soumises.

L'importance de l'administration d'une ville ayant plus de 100,000 fr. de revenus, les nombreux intérêts qu'il s'agit de protéger, ont fait juger convenable de conserver cette précaution introduite d'ailleurs par les lois des 14 décembre 1789 et 28 pluviose an VIII, arr. 4 thermidor an X, D. 14 frimaire 1806, OO. 28 janvier 1815, 8 août 1821, 23 avril 1823. (V. O. 31 mai 1838, art. 432.)

Art. 34. Les crédits qui pourraient être reconnus nécessaires après le règlement du budget, sont délibérés conformément aux articles précédents, et autorisés par le préfet dans les communes dont il est appelé à régler le budget, et par le ministre dans les autres communes.

Toutefois, dans ces dernières communes , les crédits supplémentaires, pour dépenses urgentes, pourront être approuvés par le préfet. (O. 31 mai 1838, art. 436.)

La délibération qui a lieu chaque année au mois de mai soit au mois d'août, pour former les chapitres additionnels des *recettes et des dépenses supplémentaires*, offrant une occasion naturelle de compléter, soit en recettes, soit en dépenses, le budget primitif de l'exercice, il sera bon de réserver autant que possible pour cette époque les demandes de crédits supplémentaires, de manière à rentrer entièrement dans l'exécution de la circulaire du 31 mai 1834, qui recommandait expressément aux administrations locales de ne pas multiplier ces sortes de demandes pendant le cours de l'exercice. Tel est le principe, mais il n'est pas tellement absolu que des exceptions ne soient facilement admises pour assurer la régularité du service. (Inst. 10 avril 1835.)

Art. 35. Dans le cas où, par une cause quelconque, le budget d'une commune n'aurait pas été approuvé avant le commencement de l'exercice, les recettes et dépenses ordinaires continueront, jusqu'à l'approbation de ce budget, à être faites conformément à celui de l'année précédente.

D'où vient que cet article parle de recettes et de dépenses ordinaires, tandis que la loi n'admet que des dépenses obligatoires ou facultatives ? A cette objection de mots qui a été soulevée pendant la discussion, on a répondu que la faculté donnée au maire, dans le cas dont il s'agit, ne s'entend qu'en ce qui concerne les besoins journaliers, les besoins ordinaires de la commune ; elle ne peut s'appliquer aux *dépenses extraordinaires.* En effet, cette dérogation au principe de l'autorisation préalable est fondée sur la nécessité, et cette nécessité ne s'applique qu'aux besoins de chaque jour.

A l'égard des *recettes*, la disposition est éminemment sage; en effet, s'il n'avait pas été dit que les recettes continueraient conformément au budget précédent, des débiteurs de la commune auraient pu refuser de la payer, prétendant qu'ils ne savaient pas si le nouveau budget soutiendrait les mêmes droits. Or, comme les communes n'ont pas de dette flottante, et qu'elles n'ont d'autres moyens de faire face à leurs dépenses que leurs recettes, il faut, quand le nouveau budget est en retard, que les recettes continuent conformément à l'ancien.

Art. 36. Les dépenses proposées au budget d'une commune peuvent être rejetées ou réduites par l'ordonnance du roi, ou par l'arrêté du préfet, qui règle ce budget.

Cet article contient la sanction du droit donné à l'administration supérieure d'examiner *et contrôler* les budgets. (Art. 33 ci-dessus.)

Art. 37. Les conseils municipaux ont le droit de porter au budget un crédit pour dépenses imprévues.

La somme inscrite pour ce crédit ne pourra être réduite ou rejetée qu'autant que les revenus ordinaires, après avoir satisfait à toutes les dépenses obligatoires, ne permettraient pas d'y faire face, ou qu'elle excèderait le dixième des recettes ordinaires.

Le crédit pour dépenses imprévues sera employé par le maire avec l'approbation du préfet ou du sous-préfet.

Dans les communes autres que les chefs-lieux de département ou d'arrondissement, le maire pourra employer le montant de ce crédit aux dépenses urgentes, sans approbation préalable, à la charge d'en informer immédiatement le sous-préfet, et d'en rendre compte au conseil municipal dans la première session ordinaire qui suivra la dépense effectuée. (O. 31 mai 1838, art. 440.)

Le droit accordé aux conseils municipaux de voter un crédit pour dépenses imprévues obvie à tous les inconvénients qui résultent de la nécessité de recourir à des crédits supplémentaires, toutes les fois qu'il se présente des dépenses qui n'ont pas été prévues lors de la formation du budget. De là, en effet, des lenteurs, des difficultés d'autant plus grandes que les circonstances qui les rendent nécessaires, n'admettent quelquefois aucun délai. Cependant il ne fallait pas qu'une commune pût s'obérer par un vote excessif, et la loi y a prévu en donnant soit au préfet, soit au gouvernement central, suivant l'importance du budget, le droit ou de réduire ou de rejeter la somme jugée trop forte; ensuite elle a enchaîné la réduction arbitraire par la fixation d'un maximum dans le § 2, savoir le 10me.

Le § 3, relatif à l'emploi du crédit, a pour objet de donner aux conseils municipaux qui ont voté ce crédit, toute espèce de garantie : du reste, cette garantie existait déjà depuis la circulaire du 20 avril 1834; mais elle existera plus fortement encore, et empêchera que les crédits soient intervertis comme cela se pratiquait dans beaucoup de communes. Qui ne sait, par exemple, que les sommes votées pour la réparation des fontaines, des abreuvoirs, de l'horloge, etc., sont portées à ces articles de dépense et que cependant elles ont servi à d'autres objets? c'est ce que dans la discussion on a appelé les *masses noires* des budgets communaux. Le contrôle, introduit par la loi, formera cette garantie; et il a été introduit de manière à ne pas apporter de retard dans l'exécution des dépenses urgentes.

Ainsi, dans les villes chefs-lieux de département ou d'arrondissement, le maire étant placé auprès du préfet ou du sous-préfet pourra demander immédiatement leur approbation. Dans les autres communes, le maire pourra employer immédiatement le montant du crédit aux cas les plus urgents, sauf à en informer aussitôt le sous-préfet, et sauf à se soumettre au contrôle des conseils municipaux dans la session qui suivra.

Le fonds des dépenses imprévues ne peut être employé à payer des dépenses qui auraient été faites pendant un exercice autre que celui pour lequel le fond a été alloué, non plus que des dépenses proposées au budget et qui auraient été rejetées. (Régl. min. int. 1840, art. 210.)

Art. 38. Les dépenses proposées au budget ne peuvent être augmentées, et il ne peut y en être introduit de nouvelles, par l'arrêté du préfet ou l'ordonnance du roi, qu'autant qu'elles sont obligatoires.

Cette disposition est la conséquence du droit contenu en l'article 35, V. *suprà*, *Dépenses obligatoires*, art. 30.

Art. 39. Si un conseil municipal n'allouait pas les fonds exigés pour une dépense obligatoire, ou n'allouait qu'une somme insuffisante, l'allocation nécessaire serait inscrite au budget par ordonnance du roi, pour les communes dont le revenu est de 100,000 fr. et au-dessus; et par arrêté du préfet, en conseil de préfecture, pour celles dont le revenu est inférieur.

Dans tous les cas, le conseil municipal sera préalablement appelé à en délibérer.

S'il s'agit d'une dépense annuelle et variable, elle sera inscrite pour sa quotité moyenne pendant les trois dernières années. S'il s'agit d'une dépense annuelle, et fixe de sa nature, ou d'une dépense extraordinaire, elle sera inscrite pour sa quotité réelle.

Si les ressources de la commune sont insuffisantes pour subvenir aux dépenses obligatoires, inscrites d'office, en vertu du présent article, il y sera pourvu par le conseil municipal, ou, en cas de refus de sa part, au moyen d'une contribution extraordinaire établie par une ordonnance du roi, *dans les limites du maximum qui sera fixé annuellement par la loi de finances; et par une loi spéciale, si la contribution doit excéder ce maximum.*

Cet article a subi le reproche d'inconstitutionnalité, en ce que toute espèce d'impôt ne peut être voté que par les délégués du pays, et que, dans le cas prévu ici, il y a un droit de coercition exercé par l'autorité supérieure sur les revenus communaux. Mais nous avons développé, dans la section des dépenses obligatoires, la nécessité de cette imposition d'office. L'art. 59 n'est que l'exécution de l'art. 30. Le système qui crée des dépenses obligatoires serait incomplet, évidemment, si l'on n'avait donné à l'administration le droit d'assurer le paiement de ces dépenses. Dans toutes les lois, à côté des dépenses, on crée les voies et moyens nécessaires pour y subvenir ; il eût donc été tout-à-fait irrégulier d'introduire dans la loi une disposition portant que certaines dépenses seraient obligatoires, et de ne pas y joindre les moyens de faire face à ces dépenses. Seulement, pour repousser le reproche d'inconstitutionnalité dont nous avons parlé ci-dessus, la chambre des députés a ajouté que cette imposition d'office ne pourrait dépasser les limites du *maximum qui serait annuellement fixé par la loi de finances*. La chambre des pairs avait repoussé ces limites, qui, dans une foule de circonstances où le *maximum* devrait être dépassé, paralyseraient l'action du gouvernement ; ensuite, disait-elle, des communes non grevées de centimes additionnels pourront être taxées dans une proportion plus forte que les communes déjà soumises à des contributions extraordinaires. Il fallait donc laisser au gouvernement l'appréciation de circonstances qui peuvent tant varier. Mais, dans le second examen qu'elle fit de la loi, la chambre des pairs adopta cette fixation d'un *maximum*. Elle reconnut que, sans cela, l'article ne tendait rien moins qu'à faire établir une contribution par ordonnance sans l'autorisation d'aucun pouvoir électif, et à grever l'impôt direct de charges additionnelles sans le concours de la loi.

Il suffira donc d'établir les *limites* d'une manière très restreinte, pour donner à toutes les communes le moyen de subvenir à leurs dépenses obligatoires ordinaires. Quant à celles de ces dépenses qui seraient accidentelles, et dont la quotité s'élèverait au-delà des centimes autorisés par la loi de finances, une loi spéciale pourvoira à l'insuffisance.

Les lois de finances du 14 juillet 1838 (art. 8), et 1er août 1839 (art. 4), ont fixé le maximum, savoir : à 10 centimes pour les dépenses obligatoires ordinaires, et à 20 centimes pour l'acquittement des condamnations passées en force de chose jugée.

Art. 40. Les délibérations du conseil municipal, concernant une contribution extraordinaire destinée à subvenir aux dépenses obligatoires, ne seront exécutoires qu'en vertu d'un arrêté du préfet s'il s'agit d'une commune ayant moins de 100,000 fr. de revenu, et d'une ordonnance du roi s'il s'agit d'une commune ayant un revenu supérieur.

Dans le cas où la contribution extraordinaire aurait pour but de subvenir à d'autres dépenses que les dépenses obligatoires, elle ne pourra être autorisée que par ordonnance du roi s'il s'agit d'une commune ayant moins de 100,000 fr. de revenu, et par une loi s'il s'agit d'une commune ayant un revenu supérieur.

Dans l'ancien état de la législation, c'est-à-dire en vertu des lois des 15 mai 1818 et 28 juillet 1824, aucune contribution extraordinaire quelconque n'était autorisée par les préfets. L'autorité de la loi ou celle du roi était toujours nécessaire. Aussi l'art. 40 introduit une innovation importante qui s'étendra à la plus grande partie des communes rurales. Un grand nombre sont forcées de recourir aux centimes additionnels, pour subvenir à leurs dépenses ordinaires, généralement classées dans la catégorie des dépenses obligatoires. A l'avenir, l'approbation du préfet régularisera la perception de ces centimes. Il ne sera plus nécessaire d'attendre une ordonnance royale, souvent retardée par les lenteurs de la correspondance et par la multiplicité des travaux du conseil d'état. Mais dans les villes qui ont plus de 100,000 francs de revenu, les contributions extraordinaires prennent une toute autre importance, et la crainte des lenteurs et des retards ne pourra plus être un motif déterminant. Les affaires d'une ville ne se négligent pas comme celle d'un village reculé, et le conseil d'état ne sera plus encombré de toutes les impositions de petites communes (1).

Les impositions extraordinaires ne doivent pas dépasser 20 centimes par chaque nature de contribution, et bien entendu que les centimes affectés aux chemins vicinaux, à l'instruction primaire, etc., etc., doivent rester en dehors du déficit à couvrir par l'imposition. (Circ. min. int., 27 mars 1837.)

Les propositions d'impôts extraordinaires doivent êtes adressées au ministre avant le 1er juin. Ce délai de rigueur est conforme aux dispositions du décret du 28 août 1810, sur le recouvrement général des im-

---

(1) *Pièces à fournir dans une demande en autorisation de contribution extraordinaire.*

1° Délibération du conseil municipal avec l'adjonction des plus imposés au rôle, conformément à l'article 42 ;

2° Etat nominatif des dépenses à faire ;

3° Budget proposé pour l'exercice qu'il s'agit d'imposer ;

4° Certificat du percepteur attestant si la commune est ou non grevée d'autres impositions du même genre, pour l'exercice ou les exercices auxquels cette contribution extraordinaire est applicable ; et, dans le premier cas, le nombre des centimes déjà autorisés ;

5° Plan et devis, s'il s'agit de constructions ou d'acquisitions ;

6° Jugement, autorisation du conseil de préfecture, s'il s'agit de frais de procès ;

7° Budget de la fabrique, s'il s'agit de secours à cet établissement ;

8° Le tableau analytique de toutes les contributions directes sur lesquelles l'imposition extraordinaire doit porter ; si les contributions extraordinaires étaient destinées à la fois au paiement de *dépenses obligatoires* et de *dépenses non obligatoires*, il devrait être rédigé deux délibérations et formé deux dossiers distincts, ce double objet devant, aux termes de l'article 40, être approuvé par deux autorités différentes, le préfet et le roi

pôts (*id.*) ; une circulaire du 21 octobre 1840 invite les préfets à s'abstenir, autant que possible, d'autoriser les dépenses facultatives qui, n'étant pas d'une absolue nécessité, pourraient donner lieu à des impositions extraordinaires ; quant aux dépenses *obligatoires*, on doit également examiner avec soin si les travaux ou réparations qui les motivent ne pourraient pas êtes retardés sans trop d'inconvénients.

Art. 41. Aucun emprunt ne pourra être autorisé que par ordonnance du roi, rendue dans les formes des réglements d'administration publique, pour les communes ayant moins de 100,000 fr. de revenu ; et par une loi, s'il s'agit d'une commune ayant un revenu supérieur.

Néanmoins, en cas d'urgence, et dans l'intervalle des sessions, une ordonnance du roi, rendue dans la forme des réglements d'administration publique, pourra autoriser les communes dont le revenu est de 100,000 fr. et au-dessus à contracter un emprunt jusqu'à concurrence du quart de leurs revenus. (O. 31 mai 1838, art. 444.)

Ce sont les dispositions textuelles de la loi du 15 mai 1818, art. 45, sauf la faculté pour le gouvernement d'autoriser, dans l'intervalle des sessions, les communes dont les revenus sont de 100,000 francs et au-dessus à emprunter jusqu'à concurrence d'un quart de leurs revenus. Ce retranchement a été motivé par des exemples d'emprunts contractés avec légéreté, de cette manière, par de grandes villes, emprunts qui compromettent l'avenir de leurs finances. En outre, sous le rapport de l'urgence, on a démontré que les délais ne différeraient pas beaucoup : car, pour l'autorisation par ordonnance, il fallait une autorisation d'assembler le conseil municipal, communication au préfet, au ministre, au conseil d'état ; et tout cela entraînait des longueurs qui ne seront pas beaucoup plus augmentées.

L'emprunt se contracte 1° par adjudication, 2° avec primes, 3° par la création de bons au porteur, 4° de gré à gré avec la caisse des dépôts et consignations.

L'emprunt *par adjudication*, qui est le plus usité, a lieu d'après un cahier de charges ; l'emprunt *avec primes* doit être autorisé par une loi (Avis, comité int., 11 janvier 1852. Vuillefroy, p. 165) ; l'emprunt *avec création de bons au porteur* doit être autorisé dans la forme ordinaire. Enfin, le ministre de l'intérieur, dans sa circulaire du 12 août 1840, recommande les *traités de gré à gré avec la caisse des dépôts et consignations,* comme simplifiant les formes à tous égards, et procurant aux communes des avantages que ne lui offrirait pas le concours des particuliers. (Monit. p. 1993.)

La *durée* des emprunts doit être limitée autant que possible. Rarement le conseil d'état approuve un terme qui dépasse 12 années. (Instr. du directeur de la caisse des dépôts, art. 7.)

Art. 42. Dans les communes dont les revenus sont inférieurs à 100,000 fr., toutes les fois qu'il s'agira de contributions extraordinaires ou d'emprunts, les plus imposés aux rôles de la commune seront appelés à délibérer avec le conseil municipal, en nombre égal à celui de ses membres en exercice.

« Ces plus imposés seront convoqués individuellement par le maire, au moins dix jours avant celui de la réunion.

« Lorsque les plus imposés appelés seront absents, ils seront remplacés en nombre égal par les plus imposés portés après eux sur le rôle. »

§ 1er. Mêmes dispositions dans la loi du 15 mai 1818 (1).

§ 2. Pour les séances ordinaires du conseil municipal, un intervalle de trois jours entre la convocation et la réunion suffit ; mais la convocation des plus imposés étant une mesure extraordinaire, la loi a prescrit un délai de dix jours pour que les propriétaires forains eussent le temps d'y répondre. Si au jour fixé, tous les imposés ne se sont pas rendus, le maire convoque à la place des manquants ceux qui viennent après eux sur la liste, et en résultat n'y eut-il qu'*un seul* des plus imposés présents, la délibération est valable, pourvu que tous les conseillers municipaux en exercice y aient pris part. (Circ. min., 27 mars 1857.) La loi n'exige pas en effet qu'ils soient *présents;* elle veut qu'ils soient *convoqués.* (Lettre min., 26 juin 1839. Davenne, p. 344.)

Art. 43. « Les tarifs des droits de voirie sont réglés par ordonnance du roi, rendus dans les formes des réglements d'administration publique. »

C'est-à-dire après délibération du conseil d'état. — Ces droits sont d'une origine fort ancienne et ont toujours été considérés comme attachés à la délivrance des permissions de bâtir sur la voie publique. (V. les édits du 16 juin 1693, novembre 1697, la loi du 19-22 juillet 1791 et celle du 21 avril 1832, art. 5.)

Ces tarifs s'appliquent même sur les parties de la voie publique appartenant au domaine de l'état dans l'intérieur des ville. (Davenne, rég. p. 506.)

---

(1) *Pièces à produire pour obtenir l'autorisation d'emprunter.*

1° Délibération motivée du conseil municipal énonçant, outre la demande en autorisation d'emprunter (cette délibération doit être prise avec l'adjonction des plus imposés) le taux de l'intérêt, le mode et les termes du remboursement, ainsi que les ressources à l'aide desquelles la commune se propose d'y parvenir, et qui doivent être régulièrement votées ;

2° Un relevé présentant, dans des colonnes distinctes, le total des recettes et dépenses ordinaires d'après les comptes des trois derniers exercices, afin qu'on puisse juger, par la moyenne des revenus ordinaires, si la commune est en mesure de se libérer dans le temps fixé ;

3° Un état dûment certifié des dettes de la ville (emprunts antérieurs ou autres engagements obligatoires, travaux extraordinaires en cours d'exécution, etc.), en un mot, le passif de la caisse municipale ;

4° Le projet des travaux à exécuter ou l'énoncé des charges auxquelles l'emprunt proposé a pour but de subvenir ;

5° Le budget communal réglé pour l'exercice courant ;

6° L'avis du préfet et celui du sous-préfet en forme d'arrêtés. (Circ. min, 12 août 1840. Monit. 21 septembre 1840, p. 1995.

Art. 44. « Les taxes particulières dues par les habitants ou propriétaires, en vertu des lois ou des usages locaux, sont réparties par délibération du conseil municipal, approuvé par le préfet.

« Ces taxes sont perçues suivant les formes établies par le recouvrement des contributions publiques. »

C'est-à-dire par voie de contrainte et de garnison ; et attendu que les receveurs spéciaux se trouvent placés par la loi sous la surveillance des receveurs des finances, ce sont ces derniers comptables qui décernent les contraintes et autorisent l'emploi des garnisaires et des porteurs de contrainte. (Circ. min. fin., 30 septembre 1837, p. 13.)

Les taxes auxquelles cet article fait allusion sont : les taxes de curage (circ. 10 décembre 1837) ; celles d'affouage et de pâturage ; celles de pavage. Davenne (régime communal, p. 508) ajoute à cette nomenclature 1° les taxes attribuées aux communes à défaut des fabriques pour les convois funèbres et le transport des corps ; 2° les droits de magasinage aux entrepôts de douanes ; 3° les taxes pour travaux de salubrité ou entretien de digues ; 4° le produit des eaux minérales ; 5° les droits de marques sur les étoffes.

Art. 45. « Aucune construction nouvelle ou reconstruction entière ou partielle ne pourra être autorisée que sur la production des projets et devis.

« Ces projets et devis seront soumis à l'approbation préalable du ministre compétent, quand la dépense excédera 30,000 fr. ; et à celle du préfet quand elle sera moindre. »

Cet article paraît au premier abord offrir une contradiction évidente avec les règles suivies pour l'approbation des budgets, puisque l'autorité chargée de donner cette approbation doit examiner toutes les pièces qui fondent et légitiment les crédits, et qu'ainsi l'approbation serait simultanée. Mais une dépense de 50,000 fr. peut être répartie sur quatre ou cinq exercices différents, et affecter non seulement le revenu réel, mais les ressources extraordinaires de la commune, c'est-à-dire, entraîner l'obligation d'un emprunt et le vote de centimes extraordinaires pendant plusieurs années consécutives.

Or une dépense qui peut ainsi affecter plusieurs budgets d'une commune, perd tout-à-fait le caractère de dépense annuelle ; il fallait donc nécessairement établir des dispositions particulières, différentes de celles qui suffiraient pour l'approbation des budgets annuels. Le caractère même de la dépense indiquait la nécessité d'une disposition nouvelle, et aussi la nécessité de déplacer le droit d'approbation et de le transférer aux autorités qui résident dans la capitale, c'est-à-dire au ministre. Le ministre soumet alors les plans, projets et devis au *conseil des bâtiments civils*, institué dans ce but auprès de lui.

La discussion a soulevé vivement, à ce sujet, l'existence de cette institution, dont les plans et les théo-ries sont imposés comme type unique et base exclusive de tous les monuments publics sur tous les points de la France. Dans ses rapports avec les communes, on a cherché à prouver que cette institution avait été la source de beaucoup d'embarras et de mécomptes ; que, par l'uniformité de ses plans, elle avait détruit le génie local, l'invention, l'originalité ; qu'ainsi on remarquait sur tous les bâtiments et sur tous les points l'influence d'un système unique, d'un même caractère d'architecture, qui soumettait tout à son niveau. La discussion a même révélé des faits curieux. (V. Monit., séance du 8 février, discours de M. Prunelle et de M. Guizard.) Mais ces attaques, qui soulevaient une question de budget, ne pouvaient avoir aucune influence dans le vote d'une loi d'attributions municipales.

Les plans des constructions à faire doivent être basés sur des programmes déterminés, indiquant le système général et la destination de ces constructions ; les *devis* doivent être appuyés de sous-détails métriques et estimatifs qui justifient de la fixation des prix et de leurs rapports avec les plans auxquels ils se rattachent ; ils doivent encore contenir toujours l'indication du montant des honoraires de l'architecte et de la somme à valoir pour travaux imprévus. Cette mention est indispensable puisque les frais dont il s'agit font partie de la dépense totale des travaux, qui est à la charge des communes, et que chaque devis doit être approuvé dans les limites d'un chiffre déterminé qui sert de base à l'adjudication et ne peut être dépassé sans une autorisation supplémentaire.

Enfin, il ne faut pas oublier de soumettre à l'examen de l'autorité compétente les *cahiers des charges* qui doivent régler les clauses et conditions des adjudications et le mode d'exécution des travaux.

Il est également urgent de justifier l'utilité ou la nécessité des travaux et de l'existence des ressources disponibles pour faire face aux dépenses. (Circ. min. int., 11 février 1840. V. Ord. 14 novembre 1837, sur les entreprises pour travaux et fournitures aux communes.)

TITRE IV. — *Des acquisitions, aliénations, baux, dons et legs.*

Les communes sont autant de personnes civiles jouissant de tous les droits qui appartiennent aux citoyens, c'est-à-dire ayant la faculté de posséder, de jouir, etc., etc. Leur administration est confiée par la voie de l'élection à des représentants choisis dans le sein même de la communauté. Cette gestion est d'autant plus importante que les intérêts d'un plus grand nombre s'y rattachent ; c'est donc pour assurer des garanties plus certaines, que, par une fiction de la loi, les communes sont constamment assimilées aux *mineurs*, de sorte que la *tutelle administrative* remplace à leur égard la *tutelle civile* et les délibérations du conseil de famille. En effet, la condition des propriétés communales diffère essentiellement de celle des propriétés particulières. C'est une sorte de *fidéi commis*, c'est un legs des générations passées aux générations futures; la génération présente n'en a que l'usufruit. Une administration inepte ou coupable pourrait détériorer, diminuer, détruire les biens qu'il s'agit de conserver; elle pourrait, soit par des emprunts, soit par des entreprises mal calculées, grever l'avenir de la communauté d'un lourd fardeau.

Dans tous les engagements que la commune va prendre, l'administration doit donc exercer ce pouvoir de contrôle et de surveillance qui constitue la *tutelle administrative*. Tel est le but de l'article suivant.

Art. 46. « Les délibérations des conseils municipaux ayant pour objets des *acquisitions*, des *ventes* ou *échanges* d'immeubles, le *partage* des biens indivis, sont exécutoires sur arrêté du préfet, en conseil de préfecture, quand il s'agit d'une valeur n'excédant pas 3,000 fr. pour les communes dont le revenu est au-dessous de 100,000 fr., et 20,000 fr. pour les autres communes.

« S'il s'agit d'une valeur supérieure, il est statué par une ordonnance du roi.

« La vente des biens mobiliers et immobiliers des communes, autres que ceux qui servent à un usage public, pourra, sur la demande de tout créancier porteur de titres exécutoires, être autorisée par une ordonnance du roi, qui déterminera les formes de la vente. »

Le § 1er a apporté une innovation à ce qui se pratiquait sous l'empire de l'ancienne législation, et cette innovation a eu pour but d'accélérer la marche de l'administration, en déléguant au préfet le droit de rendre exécutoires les délibérations des conseils municipaux concernant les aliénations et acquisitions, lorsque leur valeur ne dépasse pas certaines limites. Ensuite cette disposition a régularisé des modifications apportées par l'usage et non par la loi. Les lois de 1791 et 1797 avaient établi en principe que les communes ne pourraient faire ni aliénation ni échange de leurs biens sans une loi particulière. Mais en 1810 le pouvoir impérial, disposé à s'affranchir de toutes les formes constitutionnelles, statua en pareille matière par de simples décrets; aucunes réclamations ne s'élevèrent, et depuis, le roi avait continué à statuer par ordonnance. Aujourd'hui la loi ne soumet à l'approbation royale que les acquisitions, ventes ou échanges qui excèdent 3,000 francs pour les communes dont le revenu est au-dessous de 100,000 francs, et 20,000 francs pour les autres communes.

Il peut arriver fréquemment que des biens communaux vendus d'après l'autorisation du préfet, parce que l'estimation n'en excédait pas 3,000 francs, at-

teignent une valeur supérieure par l'effet des enchères. Dans ce cas l'autorisation déjà donnée ne saurait plus suffire pour valider l'aliénation, la compétence des préfets en cette matière étant rigoureusement limitée par le chiffre de 3,000 francs; ces magistrats doivent donc alors s'abstenir d'approuver le procès-verbal d'adjudication, adresser au ministre les pièces de l'affaire avec leur avis motivé, pour mettre le ministre à même de l'examiner, et de provoquer, s'il y a lieu, la confirmation nécessaire pour rendre le contrat définitif.

En autorisant la vente d'un bien communal, le préfet doit donc subordonner expressément l'effet de cette autorisation à l'approbation ultérieure des procès-verbaux d'adjudication, soit par lui, soit par l'administration supérieure, suivant que le prix de vente n'excédera pas ou qu'il dépassera la somme de 3,000 francs. (Circ. min. int., 31 juillet 1839.)

Les *partages* dont il est question ici sont ceux des biens indivis entre habitants. L'article 17 règle le partage des fruits communaux, et l'art. 19, n° 4, règle celui des biens indivis entre plusieurs communes. La loi du 10 juin 1793 portait que les partages devaient être faits par *tête*; mais elle a été implicitement abrogée par les avis du conseil d'état de 1807, 1808 et 1811, qui déclarent que le partage des biens doit s'effectuer par *feux*.

Depuis 1833, les ordonnances d'autorisation ne considèrent plus les partages que comme des aliénations amiables ordinaires faites, non pas à des habitants co-partageants, mais à des acquéreurs déterminés. (V. *Vuillefroy* et *Mounier*, p. 33.)

La disposition comprise dans le paragraphe 3 de l'article, est également d'une importance majeure; elle introduit une innovation dont les effets peuvent être immenses. En ce moment, a-t-on dit pour la motiver, les créanciers des communes n'ont aucune action sur leurs biens : cependant les communes ne peuvent être placées hors du droit commun; et la loi qui déclare obligatoires les dettes exigibles, doit donner en même temps les moyens de les acquitter. Ces moyens consistent dans la demande d'ordonnance royale que tout créancier porteur de titres exécutoires a dorénavant le droit de faire. C'est alors à l'ordonnance royale à discerner si le mode d'impositions extraordinaires est moins onéreux pour la commune que l'aliénation. Cette aliénation ne devra être consentie qu'à la dernière extrémité, et il ne faudra jamais perdre de vue que les communes ne sont qu'usufruitières et doivent compte pour ainsi dire de leurs propriétés aux générations futures (1).

---

(1) *Pièces d'un dossier relatif à une* ACQUISITION.

1° Procès-verbal descriptif et estimatif de l'immeuble à acquérir, dressé contradictoirement par deux experts nommés, l'un par la commune, l'autre par le vendeur (à double expédition, dont l'une sur papier timbré);

Lorsque l'affaire est mixte, que par exemple l'acquisition s'élève à une somme moindre de 3,000 fr. et peut être autorisée par le préfet, mais que pour faire cette somme, il est nécessaire d'avoir recours à une imposition extraordinaire, laquelle ne peut être autorisée que par une ordonnance royale, il a été reconnu que cette même ordonnance devait statuer sur l'ensemble de l'affaire et que c'était à l'autorité souveraine à décider même du mérite de l'acquisition même inférieure à 3,000 francs. (Circ. min. int., 2 juillet 1839.)

Les maires ne peuvent passer, pour leur compte, avec les communes qu'ils administrent, un contrat soit d'acquisition soit d'échange. (C. civ. 1596.)

Art. 47. Les délibérations des conseils municipaux, ayant pour objet des baux dont la durée devra excéder dix-huit ans, ne sont exécutoires qu'en vertu d'une ordonnance royale.

Quelle que soit la durée du bail, l'acte passé par le maire n'est exécutoire qu'après l'approbation du préfet.

Les baux des biens des communes comprennent les immeubles, les droits de chasse sur lesdits biens, l'octroi et les fournitures des différents services, les banalités d'usines, les droits des halles et marchés, les théâtres et salles de spectacle, les droits de mesurage, pesage et jaugeage ; l'éclairage et l'entretien du pavé des villes, l'enlèvement des boues, etc., etc.

2° Plan figuré et détaillé des lieux ;

3° Consentement du vendeur. Ce consentement, qui doit être également sur timbre, peut être écrit au bas du procès-verbal d'estimation et doit contenir en termes précis la désignation de l'immeuble, son étendue en mètres carrés et son prix ;

4° Procès-verbal d'enquête du *commodo et incommodo*, dressé par un commissaire désigné par le sous-préfet ;

5° Le budget ou l'état de situation financière de la commune (circ. min. int. 21 nov. 1837) ;

6° Délibération motivée du conseil municipal, dans laquelle toutes les pièces ci-dessus doivent être visées et approuvées ;

7° Avis du sous-préfet ;

8° Avis de l'évêque, s'il s'agit d'une fabrique ou d'un établissement religieux ;

9° Avis du préfet ;

Pièces d'un dossier relatif à une ALIÉNATION.

1° Procès-verbal d'estimation dressé par un expert nommé par le maire ;

2° Plan figuré et détaillé des lieux ;

3° Extrait de la matière cadastrale ;

4° Procès-verbal d'information de *commodo et incommodo* ;

5° État de l'actif et du passif de la commune ;

6° Délibération motivée du conseil municipal ;

7° Avis du sous-préfet ;

8° Avis de l'évêque, s'il s'agit d'une fabrique ou d'un établissement religieux ;

9° Arrêté en forme d'avis du préfet.

*Pièces d'un dossier relatif à l'*ÉCHANGE.

1° La soumission de l'échangiste ;

2° La délibération par laquelle le conseil municipal a voté l'échange et nommé des experts pour estimer les biens à échanger ;

3° Le procès-verbal d'expertise contradictoire, constatant la position, la contenance, la valeur de ces biens, et accompagné d'un plan ;

4° Une enquête de *commodo et incommodo* ;

5° La délibération du conseil municipal sur l'enquête et l'expertise ;

6° Avis du sous-préfet et du préfet.

A la différence des baux dont il est parlé au Code civil, ceux auxquels s'applique l'article 712 du même Code, c'est-à-dire les baux communaux, ne peuvent être faits que par adjudication et aux enchères. Cette forme, indiquée par chaque règlement particulier, semble en effet être inhérente à la nature de la possession des biens dont il s'agit, et d'ailleurs paraît la plus favorable aux intérêts des communes et à la responsabilité des administrateurs (quant aux formalités de l'adjudication, v. *Dictionn. de Dr. administ.* v° *Baux administratifs*, section Iʳᵉ, § 2).

Le § 1ᵉʳ de l'article 47, qui s'applique aux baux qui excèdent 18 ans, consacre le principe contenu déjà dans la loi du 25 mars 1835.

Le § 2 exige l'approbation du préfet préalablement à l'exécution de l'acte. En effet cet acte est important, puisqu'il constitue le contrat synallagmatique entre la commune et le fermier. Il est donc à désirer que dans sa rédaction, aucune clause ne soit omise ou dénaturée. La surveillance et l'inspection attribuées au premier magistrat du département doit pouvoir s'exercer de manière à prévenir ce dommage.

Art. 48. Les délibérations ayant pour objet l'acceptation des dons et legs d'objets mobiliers ou de sommes d'argent, faits à la commune et aux établissements communaux, sont exécutoires en vertu d'un arrêté du préfet, lorsque leur valeur n'excède pas 3,000 fr. et en vertu d'une ordonnance du roi lorsque leur valeur est supérieure ou qu'il y a réclamation des prétendant droit à la succession.

Les délibérations qui porteraient refus de dons et legs, et toutes celles qui concerneraient des dons et legs d'objets immobiliers, ne sont exécutoires qu'en vertu d'une ordonnance du roi.

Le maire peut toujours, à titre conservatoire, accepter les dons et legs, en vertu de la délibération du conseil municipal : l'ordonnance du roi qui intervient ensuite, a effet du jour de cette acceptation.

L'article 910 du Code civil porte que les dispositions entre vifs ou par testament, au profit d'une commune, n'auront leur effet qu'autant qu'elles seront autorisées par le roi. Aussi conformément à ces dispositions une ordonnance royale du 2 avril 1817 porte que cette autorisation ne peut être accordée qu'en conseil d'État et sur l'avis des préfets et sous-préfets, si ce n'est cependant lorsque les dons ou legs mobiliers et immobiliers constituent une valeur au-dessous de 300 francs. L'article 48 ci-dessus, respectant le principe du Code civil qui veut que les dons ou legs faits aux communes soient acceptés en vertu d'un *arrêté du gouvernement*, a satisfait à cette disposition, en investissant les préfets du droit d'accepter les *objets mobiliers* lorsque leur valeur n'excède pas 3,000 fr., car le législateur a pensé qu'il importait à la rapidité des affaires, à leur examen approfondi, que celle qui offrent peu d'importance fussent traitées par les autorités locales ; et que les pouvoirs centraux ne fussent appelés à s'occuper que des affaires dont la valeur réclame et justifie leur intervention.

L'article ci-dessus déroge donc à cette disposition précitée de l'ordonnance de 1817 ; mais quant aux formalités à suivre, il faut encore se reporter aux articles de ladite ordonnance. Ainsi certaines obligations sont imposées aux notaires dépositaires de testaments favorables aux communes ; d'autres (art. 3) ont pour but l'intérêt des héritiers directs du testateur, et exigent qu'il leur soit fait communication du testament, etc., etc.

Quant aux dons et legs immobiliers, on voit que le § 2 consacre en entier la disposition de l'art. 910 du Code civil et de l'ordonnance précitée de 1817.

Quant au § 3, il ne fait aucun obstacle à ce que l'ordonnance accepte ou refuse les dons et legs ; mais dans certains cas il aura l'avantage de permettre au maire de faire un acte conservatoire, dans lequel la libéralité dont plus tard une ordonnance aurait autorisé l'acceptation ne pourrait profiter à la commune : par exemple, dans le cas de mort d'un donateur avant l'acceptation ; puisqu'une donation entre vifs devient caduque, si *elle* n'est acceptée du vivant du donateur.

L'article 48 ci-dessus n'est pas applicable aux libéralités faites en faveur des établissements de bienfaisance, si ce n'est dans quelques points explicitement indiqués ; dès lors il convient de continuer à suivre pour l'instruction des affaires qui les concernent, la marche tracée par la législation antérieure.

On devra donc adresser au ministre, comme par le passé, les pièces relatives aux dons et legs, qui dépassant 300 francs, doivent, aux termes de l'instruction du 8 février 1823, faire l'objet d'une décision royale.

Seulement le conseil municipal doit, dans *tous les cas* d'après l'article 21, n° 4, être préalablement consulté. (Circ. min. int., 23 avril 1838.) (1).

---

(1) *Pièces à fournir pour les* LEGS.

1° Extrait du testament sur papier timbré et légalisé par le président du tribunal ;

2° Extrait de l'acte de décès, également légalisé ;

3° Délibération demandant l'autorisation d'accepter ;

4° Les renseignements les plus exacts sur la position de fortune du testateur, le degré de parenté de ses héritiers et les revenus dont ils jouissent ;

5° L'adhésion ou l'opposition de ces héritiers à la délivrance du legs ;

4° Le budget de la commune ;

5° L'avis du sous-préfet ;

6° L'avis du préfet :

S'il s'agit de legs aux *établissements de bienfaisance*, il faut produire en sus :

1° L'avis du conseil municipal, conformément à l'art. 21 de la présente loi ;

2° L'avis du comité consultatif, s'il y a des difficultés.

S'il s'agit de legs aux *établissements religieux*, il faut produire en sus :

1° L'acceptation provisoire faite conformément à l'article 3 de l'ord. du 2 avril 1817 ;

2° L'avis de l'évêque.

Pour les DONATIONS, les pièces à fournir sont les mêmes, sinon qu'il faut produire le certificat de vie du donateur.

TITRE V. — *Des actions judiciaires et des transactions.*

La commune agissant par son corps municipal, devient, si l'on peut s'exprimer ainsi, une personne qui possède et gère sa propriété. De là il résulte qu'elle doit pouvoir recourir à la justice, pour revendiquer ses droits, et plaider devant elle pour repousser les attaques. Elle est représentée par son maire soit en demandant soit en défendant ; mais on a reconnu que les communes pouvaient être facilement entraînées, par des espérances trompeuses ou des apparences mensongères, dans des procès dont les frais devenaient des charges accablantes pour leurs finances. Aussi, la loi du 28 pluviose an VIII, rappelant elle-même d'anciens réglements dont le but avait été d'élever une digue contre l'introduction trop facile des procès, établit que nulle commune ne pourrait introduire une action en justice sans être autorisée par le conseil de préfecture. Cette disposition est conservée de même par l'article suivant :

Art. 49. Nulle commune ou section de commune ne peut introduire une action en justice sans être autorisée par le conseil de préfecture.

Après tout jugement intervenu, la commune ne peut se pourvoir devant un autre degré de juridiction qu'en vertu d'une nouvelle autorisation du conseil de préfecture.

Cependant, tout contribuable inscrit au rôle de la commune a le droit d'exercer, à ses frais et risques, avec l'autorisation du conseil de préfecture, les actions qu'il croirait appartenir à la commune ou section, et que la commune ou section, préalablement appelée à en délibérer, aurait négligé ou refusé d'exercer. La commune ou section sera mise en cause, et la décision qui interviendra aura effet à son égard.

Il serait trop long de développer ici toutes les conséquences de cette nécessité d'autorisation préalable. Nous renvoyons au Dictionnaire de Droit administratif, v° Commune, chap. V des Procès communaux, section III. On y verra, § 1er, dans quel cas l'autorisation n'est pas nécessaire ; § 2, quelles sont les formalités de l'autorisation, et à quelle époque elle doit être demandée ;

§ 3, la distinction de l'autorisation accordée aux sections de communes ;

§ 4, quels sont les effets de l'autorisation, les autorisations nouvelles ;

Donation anonyme. En principe, la donation anonyme doit être repoussée, parce qu'elle ne permettrait pas de connaître la position du donateur et celle des héritiers. Cependant, pour ne pas priver une commune ou un établissement public des avantages de la libéralité d'une personne qui désire garder l'anonyme, on doit faire attester par une personne honorable et connue, qui représentera le donateur, dans une déclaration sous seing privé, à produire, que celui-ci peut faire cette libéralité sans blesser aucune disposition du C. civ. et sans nuire à sa famille. Faite de cette manière, la donation anonyme peut être autorisée par ord. roy. ou par le préfet, suivant les cas.

§ 5, la nullité résultant du défaut d'autorisation : enfin, dans la section IV, même chapitre, toutes les formalités de l'instance.

Le § 2 de l'article ci-dessus, qui exige une nouvelle autorisation à l'effet de se pourvoir devant un autre degré de juridiction, est conforme à la jurispudence de la cour de cassation (arrêtés des 14 novembre 1825 et 11 janvier 1830), mais contraire à celle du conseil d'Etat (avis 26 mars 1825) : à l'avenir plus de doute, plus d'incertitude.

Le § 3 contient une disposition nouvelle, en vertu de laquelle chaque habitant a le droit d'exercer à ses frais et risques, avec l'autorisation du conseil de préfecture, les actions qu'il croirait appartenir à la commune, et que celle-ci, préalablement mise en demeure, aurait refusé ou négligé d'exercer. En effet il est quelquefois des droits qui, bien que communaux, intéressent spécialement un simple habitant de la commune, et pour l'exercice desquels il ne doit pas être entravé par le mauvais vouloir ou l'indifférence du conseil municipal. La nécessité de recourir au conseil de préfecture est une garantie contre les abus.

Mais lorsqu'une commune a succombé en 1re instance et n'a pas reçu l'autorisation de plaider en appel, l'un de ses contribuables ne saurait, en invoquant l'art. 49 ci-dessus, être admis à poursuivre l'instance d'appel à ses frais et risques. (C. Bordeaux. 29 janv. 1839. D. 40. 2. 55.)

Art. 50. La commune, section de commune, ou le contribuable auquel l'autorisation aura été refusée, pourra se pourvoir devant le roi en conseil d'état. Le pourvoi sera introduit et jugé en la forme administrative. Il devra, à peine de déchéance, avoir lieu dans le délai de trois mois, à dater de la notification de l'arrêté du conseil de préfecture.

Ce délai devra être rappelé par le préfet en même temps qu'il notifiera l'arrêté portant refus d'autorisation. Il doit l'avertir en outre d'adresser directement les pièces de pourvoi au ministre de la justice président du conseil d'Etat, afin d'éviter les lenteurs d'une correspondance intermédiaire. (Circ. min. int. 1er juillet 1840.)

Pour la forme du pourvoi, v. *Dictionnaire de Droit administratif*, v° *conseil d'Etat*, section V.

Art. 51. Quiconque voudra intenter une action contre une commune ou section de commune sera tenu d'adresser préalablement au préfet un mémoire exposant les motifs de sa réclamation. Il lui en sera donné récépissé.

La présentation du mémoire interrompra la prescription et toutes déchéances.

Le préfet transmettra le mémoire au maire, avec l'autorisation de convoquer immédiatement le conseil municipal pour en délibérer.

Cette obligation imposée aux créanciers, de de-

mander l'autorisation administrative pour pouvoir poursuivre une commune en justice, était déjà établie par la déclaration du 2 août 1703. L'arrêt du conseil du 8 août 1783, et l'édit d'août 1764, avaient été reproduits depuis la révolution par les lois des 14 décembre 1789, 29 vendémiaire an V, et par l'arrêté du 25 vendémiaire an X. Toutefois il y avait une distinction, celle où les actions étaient purement mobilières ou immobilières. Dans le premier cas, c'était au créancier à solliciter lui-même l'autorisation ; dans le second cas, c'était à la commune à réclamer la faculté d'y défendre. L'article 51 ci-dessus supprime cette distinction, et tout créancier doit préalablement adresser un mémoire au préfet. Le but de cette formalité s'explique facilement ; elle a pour objet d'assurer à l'administration le moyen d'empêcher les communes de soutenir un procès injuste ou onéreux. Un mémoire est communiqué par le créancier au préfet, afin que ce magistrat puisse connaître les moyens invoqués d'une part ; après la communication *sur récépissé* du mémoire, le § 3 oblige le préfet de transmettre le même mémoire au maire avec l'autorisation de convoquer son conseil : le résultat de cette délibération a donc pour objet de faire connaître au préfet les moyens invoqués par la commune, en réponse à ceux de son adversaire. C'est donc seulement après avoir réuni ces éléments de décision, que le préfet doit exécuter l'article 52 ainsi conçu :

Art. 52. La délibération du conseil municipal sera, *dans tous les cas*, transmise au conseil de préfecture, qui décidera si la commune doit être autorisée à rester en jugement.

La décision du conseil de préfecture devra être rendue dans le délai de deux mois, à partir de la date du récépissé énoncé en l'article précédent.

La délibération sera transmise *dans tous les cas*, même en cas de refus de se défendre par le conseil municipal. Car il n'est pas plus souverain pour renoncer à se défendre que pour s'y engager ; à la vérité la décision du conseil de préfecture ne pourra contraindre la commune à prendre un avoué, à intervenir activement dans le procès, mais elle pourra atténuer auprès des juges, si une transaction régulière n'arrête pas l'instance, l'effet que produirait le refus du conseil municipal ; elle fera peser sur celui-ci et sur le maire une responsabilité qui pourra les engager à réfléchir, et les faire revenir de leur première détermination, en leur laissant prévoir qu'un acquittement n'obtiendrait pas l'aveu de l'administration.

Art. 53. Toute décision du conseil de préfecture, portant refus d'autorisation, devra être motivée.

En cas de refus de l'autorisation, le maire pourra, en vertu d'une délibération du conseil municipal, se pourvoir devant le roi en son conseil d'état, conformément à l'art. 50 ci-dessus.

Il devra être statué sur le pourvoi dans le délai de deux mois,

à partir du jour de son enregistrement au secrétariat général
du conseil d'état.

On a vivement attaqué ce droit concédé au conseil
de préfecture de refuser à la commune s'il y avait lieu
le droit d'ester en justice, et l'on disait que ce refus
n'était plus seulement un acte de tutelle, mais réellement un acte judiciaire statuant sur le fonds même
de la difficulté.

Cependant ne voit-on pas que le but de la loi était
méconnu sans le droit donné au conseil de préfecture
d'émettre un refus? si l'on veut empêcher la commune de se lancer avec témérité dans des contestations, il faut aussi lui accorder une garantie contre
les suites d'une résistance aveugle, opiniâtre, qui
pourrait gravement compromettre ses intérêts. Il
s'agira toujours pour les communes d'une question
de dépens; c'est un procès entre l'entrepreneur de
travaux communaux, qui ne peut être éclairci que
par une expertise; c'est une revendication de propriété appuyée sur une longue possession, et par
suite des enquêtes, des vues de lieux, des levées de
plans : ce peut être un objet de minime valeur qui
donnera naissance à des frais immenses. Il est donc
important que le conseil de préfecture exerce alors
une tutelle bienfaisante et puisse en connaissance de
cause refuser l'autorisation, et prononcer que la
commune doit céder à l'action ; d'ailleurs ce système
existe depuis 1789, et n'a produit que de bons résultats. Ensuite cette décision du conseil de préfecture
n'est pas irrévocable ; le pourvoi est ouvert devant le
conseil d'Etat, au terme du § 2 de l'article 53 ci-
après, et dans la forme et les délais prévus à
l'article 50.

Enfin il résulte du § 3 que l'expiration des délais
indiqués dans les articles 52 et 53 autorise l'adversaire de la commune à poursuivre l'instance, et les
tribunaux à prononcer leur décision ; mais tant que
la commune n'a pas été expressément autorisée, les
jugements et arrêts sont pris contre elle par *défaut*,
car il lui est interdit de se défendre.

Art. 54. L'action ne pourra être intentée qu'après la décision
du conseil de préfecture, et, à défaut de décision dans le délai
fixé par l'art. 52, qu'après l'expiration de ce délai.

En cas de pourvoi contre la décision du conseil de préfecture,
l'instance sera suspendue jusqu'à ce qu'il ait été statué sur le
pourvoi, et, à défaut de décision dans le délai fixé par l'article
précédent, jusqu'à l'expiration de ce délai.

En aucun cas, la commune ne pourra défendre à l'action qu'autant qu'elle y aura été expressément autorisée.

Art. 55. Le maire peut toutefois, sans autorisation préalable,
intenter toute action possessoire ou y défendre, et faire tous
autres actes conservatoires ou interruptifs des déchéances.

Les actes conservatoires dont parle l'article 55,
sont par exemple des actes d'appel principal ou inci-

dent, sauf à réclamer ensuite l'autorisation avant de
plaider au fond ; une citation en justice, etc., etc.

Art. 56. « Lorsqu'une section est dans le cas d'intenter ou de
soutenir une action judiciaire contre la commune elle-même, il
est formé pour cette section une commission syndicale de trois
ou cinq membres que le préfet choisit parmi les électeurs municipaux, et, à leur défaut, parmi les citoyens les plus imposés.

« Les membres du corps municipal, qui seraient intéressés à
la jouissance des biens ou droits revendiqués par la section, ne
devront pas participer aux délibérations du conseil municipal
relatives au litige.

« Ils seront remplacés dans toutes ces délibérations par un
nombre égal d'électeurs municipaux de la commune, que le préfet
choisira parmi les habitants ou propriétaires étrangers à la
section.

« L'action est suivie par celui de ses membres que la commission syndicale désigne à cet effet. »

Le préfet ne peut se refuser à nommer une commission syndicale, lorsque la demande lui en est faite
par les habitants d'une section. En effet, ce refus semblerait impliquer l'appréciation des prétentions des
parties et serait contraire à l'esprit de la loi, qui
veut que les sections aient un organe d'action dans
les cas prévus par le § 1er. (Avis min. int. C. d'Etat
5 décembre 1839. D. 40. 3. 70.)

La voie de l'élection employée par l'article 5 de la
loi pour former la commission qui doit représenter
une section, lorsqu'il s'agit de la distraire d'une
commune, n'a pas été admise dans le cas d'une simple action judiciaire. Cette forme serait trop longue
et trop compliquée ; et la différence des objets dont
l'une ou l'autre commission doit s'occuper, explique
la diversité des procédés établis pour leur composition.

Art. 57. Lorsqu'une section est dans le cas d'intenter ou de
soutenir une action judiciaire contre une autre section de la
même commune, il sera formé, pour chacune des sections intéressées, une commission syndicale, conformément à l'article
précédent.

On comprendra facilement le but de cette nomination de commission. En effet, quand le litige s'élève
entre une commune et une section, et entre deux
sections de la même commune, il serait assez difficile
de se procurer les autorisations nécessaires à l'une
pour défendre, à l'autre pour attaquer, puisque le
le conseil de préfecture ne pourrait donner ces autorisations que sur le vu d'une délibération municipale. Or, le corps municipal qui représente également
le demandeur et le défendeur ne pourrait valable-
ment se prononcer. Ce cas avait déjà été prévu par
un arrêté du 24 germinal an XI, lequel portait que
« le sous-préfet doit choisir cinq personnes des plus
imposées dans chaque section, les rassembler chez
lui sous sa présidence et écouter leurs motifs respec-

tifs ; en cas de non conciliation, le procès-verbal est adressé au conseil de préfecture qui prononce. »

Les articles ci-dessus 56 et 57 ne parlent, ni de la tentative de conciliation, ni de l'autorisation ; mais, évidemment, ils n'ont changé les dispositions de l'arrêté de l'an XI, qu'en ce qui concerne la nomination de la commission syndicale : d'après ces articles, elle appartient au préfet.

Art. 58. La section qui aura obtenu une condamnation contre la commune ou contre une autre section ne sera point passible des charges ou contributions imposées pour l'acquittement des frais et dommages-intérêts qui résulteraient du fait du procès.

Il en sera de même à l'égard de toute partie qui aurait plaidé contre une commune ou une section de commune.

On a prétendu que cette disposition entraînerait une dérogation aux règles du droit commun. La section et l'habitant qui plaident contre la commune, réunissent deux qualités : ils sont adversaires privés, et en même temps membres de la commune ; ils plaident contre eux-mêmes : s'ils gagnent leur procès comme individus, ils le perdent comme communistes. Le conseil d'état, après avoir suivi la règle contraire (arrêts 22-31 mai 1815, 1er septembre 1819), le décide actuellement ainsi (arrêt 1er mars 1833). D'ailleurs la règle consacrée par la première jurisprudence et par l'art. 58 de la loi, est simple, facile, intelligible, conforme au *bon sens* qui ne veut pas qu'on soit contraint de fournir des armes à l'ennemi qui nous attaque ; à l'*équité*, qui ne souffre pas que celui qui gagne soit exposé à perdre plus qu'il ne gagne ; aux maximes du *droit civil*, qui veulent que les frais et dépens d'un procès soient personnels à celui qui succombe ; enfin à l'autorité de la *chose jugée*, qui ne peut rester sans exécution (CORMENIN, *Questions*, t. I, p 188).

Art. 59. Toute transaction consentie par un conseil municipal ne peut être exécutée qu'après l'homologation par ordonnance royale s'il s'agit d'objets immobiliers ou d'objets mobiliers d'une valeur supérieure à 3,000 fr., et par arrêté du préfet en conseil de préfecture dans les autres cas.

Tel est également le principe consacré par l'art. 2045 du Code civil. L'autorisation s'obtient dans les formes déterminées par l'arrêté du 24 frimaire an XII. Il porte que dans tous les procès, nés ou à naître, qui pourraient intervenir entre deux communes ou des particuliers sur des droits de propriété, les communes ne pourront transiger qu'après une délibération du conseil municipal, avoir pris l'avis de trois jurisconsultes désignés par le préfet du département, et sur l'autorisation de ce même préfet, donnée d'après l'avis du conseil de préfecture ; enfin, que cette même transaction devra être homologuée par le gouvernement.

Cette disposition permettra aux communes de terminer amiablement des contestations sur des objets de peu d'importance ; car pour ces contestations minimes, on n'ose pas recourir à la voie de l'ordonnance royale. D'ailleurs, c'était une conséquence de l'art. 46 sur la vente des biens communaux, par lequel on permet aux préfets d'autoriser cette vente jusqu'à concurrence d'une somme de 3,000 fr. ; cependant cette fixation d'un maximum a trouvé des adversaires qui la repoussaient, en se fondant sur ce que l'art. 2045 du Code civil exigeait l'autorisation royale pour les transactions (1).

TITRE VI. — *Comptabilité des communes.*

Les titres qui précèdent ont établi des règles pour l'administration des recettes et dépenses des communes, et pour la gestion de leurs intérêts. Il fallait ensuite, en soumettant cette administration à un contrôle supérieur, garantir aux membres de la communauté que les dépenses ne seraient faites que conformément à des décisions régulières, que toutes les recettes autorisées seraient effectuées, et que les deniers ne seraient point détournés de leur destination.

Tel est le but que doivent atteindre les règles de la comptabilité communale ; tel est le principe qui est en vigueur depuis le XVIe siècle ; que des ordonnances ou édits subséquents, que les lois postérieures ont consacré de tout temps, et que la présente loi sanctionne encore sauf quelques légères modifications.

Et d'abord il faut distinguer dans la gestion des revenus communaux, deux *responsabilités* différentes dont chacune a son caractère propre :

1° Celle du maire comme *ordonnateur* ;

2° Celle du receveur municipal comme *comptable*.

Art. 60. Les comptes du maire pour l'exercice clos sont présentés au conseil municipal avant la délibération du budget. Ils sont définitivement approuvés par les préfets pour les communes dont le revenu est inférieur à 100,000 fr., et par le ministre compétent pour les autres communes (O. 31 mai 1838, art. 459.)

C'est ce qu'on appelle le *compte moral* ou d'*administration*. (L. 15 mai 1818.)

1° Il faut d'abord que le fait sur lequel on demande à transiger puisse donner matière à procès, et qu'il y ait question litigieuse.

2° La transaction ne saurait avoir pour effet de déroger aux principes d'ordre public et de bonne administration (Avis com. int. 29 juin 1831) ;

3° Il est nécessaire que la commune s'enquière de la capacité de celui avec qui elle contracte, et si elle ne produit pas cette justification, l'approbation ne saurait être donnée ;

4° Le projet de transaction ne saurait être admis s'il cachait un *compromis*, un pareil acte étant formellement interdit aux communes. (Avis com. int. 18 nov. 1831.)

3

On ne doit pas oublier que le budget de chaque exercice était délibéré par les conseils municipaux sans exception dans leur session ordinaire et annuelle du 1er au 15 mai ; mais que, d'après les nouvelles règles établies par l'ordonnance du 1er mars 1855 sur la clôture des exercices, les budgets des communes justiciables de la cour des comptes, c'est-à-dire celles dont les revenus excèdent 50,000 fr., ne peuvent être arrêtés que dans le mois de juillet. (V. pour la clôture des exercices et l'application de la loi du 23 mai 1854 et de l'ordonnance du 1er mars 1855, *Dictionn. de Droit admin.*, v° *Commune*, chap. VI, sect. III, § 3.)

L'attribution du réglement aux préfets ou aux ministres, suivant les cas, résultait déjà des lois du 14 décembre 1789 et 28 pluviose an VIII, des arrêtés des 4 thermidor an X, 8 août 1824, 23 avril 1825, etc. (V. l'ordonnance du 23 mai 1838, art. 455 à 460.) (V. aussi la circulaire ministérielle du 1er juillet 1857, n° 51, qui résume les principales règles à observer par les maires pour la reddition de leurs comptes.)

Art. 61. Le maire peut seul délivrer des mandats ; s'il refusait d'ordonnancer une dépense régulièrement autorisée et liquide, il serait prononcé par le préfet en conseil de préfecture.

L'arrêté du préfet tiendra lieu du mandat du maire.

(O. 31 mai 1838, art. 449, inst. gén. , juin 1840, n° 850 et suiv.)

Jusqu'à présent les préfets n'avaient eu aucune qualité pour ordonnancer directement les dépenses des communes. On aurait dit, en se fondant sur une instruction du 17 février 1822 que, « tout mandat délivré par eux sur un receveur communal, eût contenu une substitution de pouvoir et déplacé la responsabilité ; c'eût été remplir des fonctions dont ils sont les surveillants sans devenir comptables envers les conseils municipaux, qui leur sont subordonnés, et un tel mandat eût dû être refusé par le comptable. » Mais la faculté d'ordonnancer sur le refus du maire était indispensable pour donner quelque force au système des dépenses obligatoires, d'après lequel l'administration a même la faculté de les imposer d'office. Cette faculté eût été sans résultats et eût échoué contre le mauvais vouloir d'un maire sans cette prévision de l'art. 61.

Art. 62. Les recettes et dépenses communales s'effectuent par un comptable chargé seul, et sous sa responsabilité, de poursuivre la rentrée de tous revenus de la commune, et de toutes sommes qui lui seraient dues, ainsi que d'acquitter les dépenses ordonnancées par le maire , jusqu'à concurrence des crédits régulièrement accordés.

Tous les rôles de taxe, de sous-répartitions et de prestations locales devront être remis à ce comptable. (O. 31 mai 1838, art. 461.)

§ 1er. *Sous sa responsabilité*, mais d'après l'art. 67 ci-après et l'ordonnance du 17 septembre 1857, il n'est plus responsable que vis à vis du receveur d'arrondissement chargé de le surveiller, et c'est ce dernier qui doit compte directement à la commune de tous les déficits.

§ 2. Les rôles dont il s'agit sont ceux de la *rétribution mensuelle* des élèves de l'école primaire ; ceux des *prestations* pour chemins vicinaux ; enfin, ceux qui sont dressés pour *frais de perception*. (Circ. 7 février 1838.)

D'après une mesure arrêtée par les ministres de l'intérieur et des finances, tous les budgets, autorisation de dépense , baux, actes et autres titres de recettes sont également soumis aux receveurs des communes par l'intermédiaire des receveurs généraux et particuliers.

Art. 63. Toutes les recettes municipales pour lesquelles les lois ou réglements n'ont pas prescrit un mode spécial de recouvrement, s'effectuent sur des états dressés par le maire ; ces états sont exécutoires après qu'ils ont été visés par le sous-préfet. Les oppositions , lorsque la matière est de la compétence des tribunaux ordinaires, sont jugées comme affaires sommaires , et la commune peut y défendre sans autorisation du conseil de préfecture.

En général, aucun titre de créance ne peut être mis en recouvrement s'il n'est en la forme exécutoire, et autrefois, en cas de refus du débiteur, le receveur n'avait contre lui aucun moyen de poursuite immédiat ; il fallait recourir aux voies extrêmes d'un jugement de condamnation. A l'avenir, un simple visa du sous-préfet rendra *exécutoires* tous les titres de recouvrement, et il n'y aura plus de non-valeurs au préjudice des communes. (Circ. 30 septembre 1857.)

Les poursuites que les receveurs doivent exercer contre les débiteurs en retard ont deux degrés :

Le *commandement* par huissier à la requête du maire ;

La *saisie exécution* qui comprend la vente des meubles. (Tit. VIII, c. pr. civ.).

C'est donc à tort qu'on regarderait la saisie exécution comme la limite des poursuites dont les receveurs sont responsables.

(Ainsi décidé par arrêt de la cour des comptes des 6-11 août 1857 ; 1re chambre, M. de Gascq, président, M. Jard-Panvillier , rapporteur.)

Art. 64. Toute personne, autre que le receveur municipal, qui, sans autorisation légale, se serait ingérée dans le maniement des deniers de la commune, sera , par ce seul fait, constituée comptable ; elle *pourra en outre* être poursuivie en vertu de l'art. 258 du Code pénal, comme s'étant immiscée sans titre dans des fonctions publiques. (O. 31 mai 1838, art. 464.)

Si donc le maire excédait son droit de simple ordonnateur, toutes ces dispositions de lois qui règlent les obligations spéciales des receveurs lui seraient virtuellement applicables. (C. d'état 5 mai 1831, 25 octobre 1833, C. des comptes 20 décembre 1835.)

Elle *pourra en outre.* ..... La loi a voulu ici que la condamnation fût facultative, et que les tribunaux pussent, en raison des circonstances, appliquer ou non cet article.

Art. 65. Le percepteur remplit les fonctions de receveur municipal.

Néanmoins, dans les communes dont le revenu excède 30,000 fr., ces fonctions sont confiées, si le conseil municipal le demande, à un receveur municipal spécial. Il est nommé par le roi, sur trois candidats que le conseil municipal présente.

Les dispositions du premier paragraphe ci-dessus ne seront applicables aux communes ayant actuellement un receveur municipal que sur la demande du conseil municipal, ou en cas de vacance. (O. 31 mai 1838, art. 465.)

L'attribution des fonctions de receveur municipal au percepteur des contributions directes, s'explique facilement : car le plus grand nombre des communes ne peuvent avoir un receveur municipal qui présente des garanties suffisantes de solvabilité et des connaissances spéciales ; elles ne seraient pas en état de lui assurer un traitement convenable. Cette disposition résultait déjà de la loi du 11 frimaire an VII, art. 55, et des arrêtés des 4 thermidor an X, art. 52 ; 30 frimaire an XIII, art. 1. Seulement un receveur spécial n'était nommé que dans les villes ayant plus de 20,000 fr. de revenus ; le § 2 de l'article ci-dessus a élevé le chiffre à 30,000 fr.

La nomination du receveur par le roi est une innovation à la loi du 11 frimaire an VII, art. 55, d'après laquelle le conseil municipal nommait directement son receveur au scrutin secret.

Assimilés pour tout ce qui concerne la responsabilité de leur gestion aux comptables des deniers publics, les receveurs doivent : 1° fournir un cautionnement que le décret du 30 frimaire an XIII avait fixé au douzième de leurs recettes, et que la loi du 28 avril 1816 a porté au dixième (V. ci-après l'art. 9 de l'ord. du 17 septembre 1837) ; 2° prêter serment devant les autorités locales ou devant la cour des comptes, s'ils sont justiciables de cette cour. (O. 29 juillet 1816.)

Conformément au décret du 24 avril 1812, les receveurs et les percepteurs qui cumulent ces fonctions jouissent d'un traitement fixe et proportionné aux recettes ordinaires qui leur sont confiées.

Outre la perception des revenus, les receveurs sont chargés des fonctions qui se rapportent à l'administration des domaines communaux, l'exécution des baux, les actes conservatoires. (O. 31 mai 1838, art. 462.) (V. *Dictionn. de Droit admin.*, v° *Commune*, chap. VI, sect. III, § 1, et la circulaire du 5 octobre 1837.)

Art. 66. Les comptes du receveur municipal sont définitivement apurés par le conseil de préfecture, pour les communes dont le revenu n'excède pas 30,000 fr., sauf recours à la cour des comptes.

Les comptes des receveurs des communes, dont le revenu excède 30,000 fr., sont réglés et apurés par ladite cour.

Les dispositions ci-dessus, concernant la juridiction des conseils de préfecture et de la cour des comptes sur les comptes des receveurs municipaux, sont applicables aux comptes des trésoriers des hôpitaux et autres établissements de bienfaisance. (O. 31 mai 1838, art. 483.)

D'après les anciennes lois, les comptes des receveurs rendus aux conseils municipaux, étaient arrêtés par les sous-préfets pour les communes dont les recettes ne s'élevaient pas à 100 fr. ; par les conseils de préfecture pour celles dont les recettes ne s'élevaient pas à 10,000 fr., et par la cour des comptes pour celles dont le revenu était supérieur. Les communes et les comptables avaient le droit de recourir des décisions des sous-préfets aux conseils de préfecture, et de celles de ces conseils à la cour des comptes. L'ensemble des dispositions contenues en l'art. 66 ci-dessus, a pour résultat d'accroître notablement les occupations des conseils de préfecture, en diminuant celles de la cour des comptes.

D'après cette modification, 600 comptes au moins de communes et d'établissements de bienfaisance de plus sont dévolus aux conseils de préfecture.

De l'ensemble des dispositions contenues en cet article, il résulte que les conseils de préfecture arrêtent les comptes de toutes les communes dont le revenu n'excède pas 31,000 fr., et que, par conséquent, cette autre disposition de la loi de l'an VII qui chargeait les sous-préfets d'arrêter les comptes des communes d'un revenu au-dessous de 100 fr., est abrogée. L'abrogation de cette attribution est formelle par les termes explicites de cet article, mais elle nous semble peu en harmonie avec l'esprit de la nouvelle loi qui a été au contraire d'augmenter les attributions et l'importance des fonctions des administrateurs. (V. l'ordonnance royale du 7 octobre 1837 et la circulaire ministérielle du 28 août 1838, contenant la solution des questions transitoires auxquelles a donné lieu cet article.)

Art. 67. La responsabilité des receveurs municipaux et les formes de la comptabilité des communes seront déterminées par des règlements d'administration publique. Les receveurs municipaux seront assujétis, pour l'exécution de ces règlements, à la surveillance des receveurs des finances.

Dans les communes où les fonctions de receveur municipal et de percepteur sont réunies, la gestion du comptable est placée sous la responsabilité du receveur des finances de l'arrondissement.

Une ordonnance royale du 17 septembre 1837 a été rendue pour l'exécution de cet article (1). (V. circ. 30 septembre, 5 octobre 1837.)

---

(1) TITRE Ier.

Surveillance des receveurs des finances sur les receveurs spéciaux des communes et des établissements de bienfaisance.

Art. 1er. Les receveurs généraux et particuliers des finances sont chargés

D'après les dispositions du décret du 16 mars 1807, déjà les receveurs municipaux étaient placés sous la surveillance des inspecteurs des finances. Mais on a senti que cette surveillance n'était que momentanée, et conséquemment presque illusoire ; qu'ainsi, l'exécution des réglements de comptabilité n'avait pour surveillants habituels que les maires, assez ordinairement peu instruits dans ces règles. L'art. 67 offre donc une garantie de plus ; d'ailleurs, c'est la conséquence forcée du décret du 28 février 1811, qui a placé la surveillance des caisses municipales dans les attributions du ministre des finances.

Cette surveillance sera continuelle et pourra s'exercer tant par la demande d'envoi des bordereaux de situation, que par les moyens ultérieurement indiqués.

Art. 68. Les comptables qui n'auront pas présenté leurs comptes, dans les délais prescrits par les réglements, pourront être condamnés, par l'autorité chargée de les juger, à une amende de 10 fr. à 100 fr., par chaque mois de retard, pour les receveurs et trésoriers justiciables des conseils de préfecture, et de 50 fr. à 500 fr., également par mois de retard, pour ceux qui sont justiciables de la cour des comptes.

Ces amendes seront attribuées aux communes ou établissements que concernent les comptes en retard.

Elles sont assimilées aux débets de comptables, et le recouvrement pourra en être suivi par corps, conformément aux articles 8 et 9 de la loi du 17 avril 1832.

D'après la loi du 12 septembre 1807, art. 12, la cour des comptes est investie du droit d'infliger aux comptables en retard de présenter leurs comptes, des peines et amendes prononcées par les lois. Aucune disposition semblable n'existait pour les conseils de préfecture ; et, conséquemment, si on s'en fût référé à l'ancienne législation, la loi eût été incomplète sous ce rapport. Il était donc nécessaire d'introduire une disposition du même genre pour les conseils de préfecture, surtout dans une loi où on a étendu la juridiction de ce conseil sur les communes dont le revenu offre une certaine importance.

Le paragraphe premier de l'art. 68 fixe donc d'abord les droits des conseils de préfecture, leur donne le moyen de faire arriver devant eux les comptes qui leur sont déférés ; et, d'une autre part, simplifie et admet, en ce qui concerne les justiciables de la cour des comptes, la législation actuellement existante, savoir, la loi du 28 pluviose an III, qui prononce le séquestre et la vente des biens des comptables en retard de présenter leurs comptes.

Les amendes prononcées comme sanction pénale sont proportionnées au retard : or cette disposition a un double avantage, car elles sont attribuées aux établissements publics, d'où il résulte que l'autorité locale qui en profitera aura les moyens d'assurer l'efficacité de cette disposition.

---

de surveiller, conformément aux instructions de notre ministre des finances, les caisses et la tenue des écritures des receveurs spéciaux des communes et des établissements de bienfaisance situés dans leur arrondissement, et généralement toutes les parties du service confié à ces comptables.

2. Ils devront se renfermer dans les termes des réglements qui déterminent les attributions respectives des ordonnateurs et des comptables.

3. Les receveurs des finances sont autorisés, lorsqu'ils auront constaté dans la gestion d'un receveur spécial des irrégularités graves, à placer un agent spécial près du comptable ; ils pourront requérir du maire sa suspension et son remplacement par un gérant provisoire, ou, en cas d'urgence, y pourvoir d'office sous leur responsabilité, sauf à référer immédiatement de ces mesures au préfet du département.

4. Les inspecteurs des finances auront le droit de vérifier les receveurs spéciaux sans qu'il soit besoin d'autorisation préalable ; ils pourront les suspendre de leurs fonctions, dans le cas de déficit, en donnant immédiatement connaissance de cette mesure à l'autorité compétente et au receveur des finances, afin qu'il soit pourvu, conformément à l'article précédent, au remplacement provisoire du comptable.

TITRE II.

Dispositions applicables à tous les receveurs des communes et des établissements de bienfaisance indistinctement.

5. Tous les receveurs des communes et des établissements de bienfaisance, indistinctement, sont tenus de remettre au receveur des finances de leur arrondissement respectif des copies des budgets et autorisations supplémentaires de dépenses et extraits des baux, actes et titres de perception qu'ils ont entre les mains. Ces copies ou extraits seront certifiés par les maires ou les commissions administratives.

Les rôles d'impositions, taxes et cotisations locales seront directement adressés, par le préfet, après qu'il les aura rendus exécutoires, aux receveurs des finances, qui les transmettront aux receveurs chargés d'en effectuer le recouvrement.

Le préfet en donnera avis aux maires des communes en leur transmettant les extraits du montant desdits rôles.

6. La transmission aux receveurs des finances des comptes des receveurs des communes et établissements charitables devra avoir lieu un mois, au moins, avant l'époque où ils doivent être soumis aux conseils municipaux et aux commissions administratives. Les observations résultant de la vérification du receveur des finances, ainsi que les délibérations des conseils municipaux et des commissions administratives, seront jointes aux comptes lors de leur production à l'autorité chargée de les juger.

Devront être également produits, à l'appui des comptes annuels, des états certifiés par les maires et constatant la situation des inscriptions hypothécaires prises au profit des communes et des établissements.

7. Les préfets transmettront des copies ou extraits des arrêts de la cour des comptes et des arrêtés des conseils de préfecture intervenus sur les comptes des receveurs municipaux et d'établissements, aux receveurs des finances, afin que ces comptables puissent surveiller l'exécution, dans les délais prescrits, des injonctions que ces actes renferment.

TITRE III.

Responsabilité des receveurs des finances à l'égard des percepteurs qui sont en même temps receveurs municipaux et d'établissements de bienfaisance.

8. La gestion des percepteurs des contributions directes, pour tous les services publics dont ils peuvent se trouver cumulativement chargés, est placée sous la responsabilité des receveurs généraux et particuliers des finances.

En conséquence, en cas de déficit ou de débet de la part des comptables réunissant les fonctions de percepteur de l'impôt direct et de receveur des deniers des communes et des établissements de bienfaisance, et constaté, soit par des vérifications de caisse, soit par des arrêtés d'apurement de comptes, le receveur des finances de l'arrondissement sera tenu d'en couvrir immédiatement le montant avec ses fonds personnels, suivant la marche prescrite pour les déficits sur contributions directes. Il demeurera subrogé à tous les droits des communes et des établissements sur les cautionnements, la personne et les biens du comptable reliquataire.

Néanmoins, si le déficit provient de force majeure ou de circonstances indépendantes de sa surveillance, le receveur des finances pourra obtenir la décharge de sa responsabilité : dans ce cas, il aura droit au remboursement, en capital et intérêts, des sommes dont il aura fait l'avance.

Notre ministre des finances prononcera sur les demandes en décharge de responsabilité, après avoir pris l'avis du ministre de l'intérieur et celui du comité des finances, sauf appel par-devant nous en notre conseil d'état.

Enfin, la dernière disposition est le maintien de la contrainte par corps, contrainte qui n'a pas un caractère de durée pour le comptable, puisqu'il dépend de lui de la faire cesser en présentant ses comptes.

Art. 69. « Les budgets et les comptes des communes restent déposés à la mairie où toute personne imposée aux rôles de la commune a droit d'en prendre connaissance. »

Ils sont rendus publics par la voie de l'impression dans les communes dont le revenu est de 100,000 fr. au plus, et dans les autres, quand le conseil municipal a voté la dépense de l'impression.

V. art. 29 ci-dessus et l'article 25 de la loi du 21 mars 1831.

TITRE VII. — *Des intérêts qui concernent plusieurs communes.*

Art. 70. Lorsque plusieurs communes possèdent des biens ou des droits par indivis, une ordonnance du roi instituera, si l'une d'elles le réclame, une commission syndicale composée de délégués des conseils municipaux des communes intéressées.

TITRE IV.

Des cautionnements des percepteurs et des receveurs des communes et d'établissements de bienfaisance.

9. A l'avenir, et sauf les exceptions mentionnées au deuxième paragraphe de l'article 82 de la loi du 28 avril 1816, le cautionnement des percepteurs des contributions directes sera fixé, à chaque mutation, au douzième des rôles généraux et supplémentaires de l'année qui aura précédé la nomination du nouveau titulaire.

10. Dans les localités où les rôles des contributions, les revenus ordinaires des communes ou ceux des établissements de bienfaisance auraient éprouvé, depuis la nomination du receveur, un accroissement considérable et permanent, il pourra être procédé à une nouvelle fixation des cautionnements, d'après les bases de la loi du 28 avril 1816, sur la demande qui en sera faite par le préfet et le receveur général des finances du département.

11. Lorsqu'un déficit existera sur un ou plusieurs des services confiés aux percepteurs ou aux receveurs des communes et établissements charitables, la portion de chaque cautionnement restée disponible sur le service dont il forme la garantie spéciale, sera affectée aux autres services créanciers, pour leur être distribuée au marc le franc des sommes dues à chacun d'eux.

A cet effet, les percepteurs, les receveurs des communes et des établissements de bienfaisance, actuellement en fonctions, devront produire immédiatement leur consentement à cette extension de garantie, ou, s'il y a lieu, celui de leurs bailleurs de fonds, dans les six mois de la publication de la présente ordonnance, et, dans le même délai, la main-levée de toutes oppositions qui pourraient exister sur les cautionnements actuels, ou au moins le consentement desdits opposants à l'application stipulée par le paragraphe précédent.

Les comptables qui n'auront pas satisfait à ces prescriptions dans les délais fixés, seront tenus de verser un nouveau cautionnement.

TITRE V.

Dispositions particulières.

12. La recette des établissements dont les revenus ne dépassent pas trente mille francs sera confiée au receveur municipal de la commune. Les dispositions contraires des ordonnances des 31 octobre 1821 et 4 mai 1825 sont rapportées.

13. Les dispositions de la présente ordonnance ne sont point applicables au receveur municipal et aux receveurs des établissements charitables de la ville de Paris.

14. Toutes dispositions contraires à la présente ordonnance sont et demeurent rapportées.

Chacun des conseils élira dans son sein, au scrutin secret et à la majorité des voix, le nombre de délégués qui aura été déterminé par l'ordonnance du roi.

La commission syndicale sera renouvelée tous les trois ans, après le renouvellement partiel des conseils municipaux.

Les délibérations prises par la commission ne sont exécutoires que sur l'approbation du préfet, et demeurent d'ailleurs soumises à toutes les règles établies pour les délibérations des conseils municipaux.

Plusieurs communes possèdent par indivis, et c'est une circonstance qui se présente assez fréquemment à l'occasion des pâturages communs ou des droits d'usage dans les forêts. De là souvent aussi des contestations à cause de cette diversité d'intérêts, et faute de s'entendre. C'est donc une disposition sage que celle contenue en l'article ci-dessus. Les communes seront représentées chacune dans une assemblée où leurs intérêts pourront être débattus et équitablement gérés. Les partisans du système des municipalités cantonales avaient proposé une réunion annuelle de tous les maires du canton, sous la présidence du sous-préfet, réunion dans laquelle ils auraient été appelés à donner des avis. Mais ces conférences, qui auraient pu avoir quelque utilité sous le point de vue général, n'auraient eu aucune valeur administrativement. Admettre ces réunions, c'eût été poser la base d'un système cantonnal; et comme une réunion de ce genre ne peut avoir lieu sans but certain, sans que ses membres aient des droits reconnus, et même des pouvoirs jusqu'à un certain point fixés, il aurait fallu créer des attributions cantonnales et réformer conséquemment l'organisation départementale. En 1833, lors de la discussion sur la loi d'organisation des conseils généraux et d'arrondissement, pareille tentative fut faite pour rétablir la théorie cantonnale pratiquée en l'an III, et dont on reconnut bientôt tous les inconvénients. On a donc fait justice, en 1837, de cette nouvelle proposition; d'ailleurs, dans une loi d'intérêt communal, on ne pouvait que s'occuper des intérêts communaux. L'article 70 autorise la formation d'une commission syndicale, dont les attributions seront les mêmes que celles des conseils municipaux. Il est important de remarquer que l'autorité supérieure n'aurait pas le droit de refuser cette formation. La loi n'en a pas fait une réunion facultative, et l'autorité devra l'organiser dès que la nécessité de cette institution se sera manifestée par les besoins des localités et les vœux de leurs populations.

Art. 71. La commission syndicale sera présidée par un syndic qui sera nommé par le préfet, et choisi parmi les membres qui la composent.

Les attributions de la commission syndicale et du syndic, en ce qui touche les biens et les droits indivis, seront les mêmes que celles des conseils municipaux et des maires, pour l'administration des propriétés communales.

Cette commission aura donc en elle les éléments d'un véritable *pouvoir municipal.* Or ce pouvoir se divise en deux branches : le conseil et l'action, ou la délibération et l'exécution. Dans aucun ordre d'organisation on ne trouvera une assemblée ou un corps délibérant qui n'ait à côté de lui un agent chargé de l'exécution.

L'article 71 a pourvu à cette règle par la création d'un syndic investi d'un pouvoir exécutif. C'est lui qui convoquera l'assemblée, présidera à ses travaux, et proposera les affaires à délibérer ; c'est lui qui correspondra avec l'administration supérieure, pour demander et recevoir les autorisations prescrites par la loi ; qui proposera les budgets et ordonnancera les dépenses ; qui représentera en justice soit en demandant, soit en défendant.

Quant à l'intervention du préfet dans le choix du syndic, elle est motivée par l'intérêt même des communes, et pour s'assurer que leur agent réunit toutes les conditions de probité, d'intelligence et de considération que suppose la direction d'intérêts aussi importants.

Art. 72. Lorsqu'un même travail intéressera plusieurs communes, les conseils municipaux seront spécialement appelés à délibérer sur leurs intérêts respectifs et sur la part de la dépense que chacune d'elles devra supporter. Ces délibérations seront soumises à l'approbation du préfet.

En cas de désaccord entre les conseils municipaux, le préfet prononcera après avoir entendu les conseils d'arrondissement et le conseil général. Si les conseils municipaux appartiennent à des départements différents, il sera statué par ordonnance royale.

La part de la dépense définitivement assignée à chaque commune sera portée d'office aux budgets respectifs, conformément à l'art. 39 de la présente loi.

Art. 73. En cas d'urgence, un arrêté du préfet suffira pour ordonner les travaux, et pourvoira à la dépense à l'aide d'un rôle provisoire. Il sera procédé ultérieurement à sa répartition définitive dans la forme déterminée par l'article précédent.

TITRE VIII. — *Disposition spéciale.*

Art. 74. Il sera statué, par une loi spéciale, sur l'administration municipale de la ville de Paris.

Paris est placé sous un régime exceptionnel ; cette loi ne pourrait donc lui être applicable. Déjà cette ville a été soumise à une loi spéciale pour son organisation municipale. (V. *Dict. de Droit administ.*, v° *Organisation municipale de Paris.*)

ALBIN LE RAT DE MAGNITOT,

Sous-Préfet de l'arrond^t de Sens (Yonne), ancien Avocat à la cour royale de Paris.

ATTRIBUTIONS

DÉPARTEMENTALES.

LOI DU 10 MAI 1838, Bulletin n° 570.

Supplément au Dictionnaire de Droit public et administratif. Vᵒ Organisation départementale, tom. II, chap. I, sect. IV, § 2, p. **270**.

L'origine de toutes nos lois administratives ne remonte pas au-delà de l'assemblée constituante ; les législateurs de cette époque avaient puisé les principes qui en font la base, dans les traditions de nos pays d'état, mais surtout dans l'édit du mois de juin 1787, portant création d'assemblées provinciales, et dans les réglements sur la formation et la composition de ces assemblées.

Aux termes de cet édit, les assemblées provinciales et au-dessous d'elles les assemblées d'élection, et les assemblées municipales, devaient être chargées de la répartition et de l'assiette des impositions foncières et personnelles, tant générales que locales, et elles pouvaient soumettre au roi les représentations et les projets qu'elles jugeaient utiles au pays.

Ces principes, consacrés par l'opinion publique, par le vœu des notables, et la part que le ministre Turgot y avait prise, furent consacrés dans la loi du 22 décembre 1789, qui organisait les administrations départementales. Elle fit plus : elle établit, elle proclama le grand principe de la séparation du pouvoir consultatif et du pouvoir exécutif, qui a servi de base à toutes nos lois administratives, et sans lequel tout n'est que confusion et que désordre. Cette loi crée des corps administratifs de département et de district. (*Exp. du min., chambres des Pairs*, 10 *janvier* 1837. *Moniteur*, 11, *p.* 65.)

L'autorité conférée à ces corps administratifs était considérée comme une délégation de l'administration générale. L'instruction du 8 janvier 1790, porte que « le principe constitutionnel sur la distribution des pouvoirs administratifs, est que l'autorité descende du roi aux administrations de département. » Les administrations de département ne doivent donc agir que sous l'autorité royale ; mais ce principe était à chaque instant violé dans la pratique. En effet les membres des directoires des départements et des districts de même que ceux des conseils étaient élus par les *assemblées primaires*, où se réunissaient tous les citoyens payant une contribution de la valeur de trois journées de travail. Un procureur syndic, chargé de suivre l'exécution de toutes les mesures délibérées, était placé auprès de chaque administration de département ou de district : ces procureurs étaient eux-mêmes élus. (*Rapport de M. Mounier, chambre des Pairs*, 4 *mars* 1837. *Moniteur*, 6 *mars, p.* 476.)

Ces conseils départementaux créés en vertu de la loi du 22 décembre 1789, s'assemblèrent à peine deux fois ; l'autorité resta entre les mains des directoires de district et de département. La convention nationale, par suite de sa souveraineté absolue, se saisit du droit de destituer ceux de leurs membres qui s'écartaient de sa politique, et ses commissaires dans les départements les remplacèrent par de simples arrêtés.

C'est dans cet état que la constitution de l'an III, trouva l'organisation départementale. Elle se hâta de supprimer les conseils des départements, réduisit le nombre des membres des administrations qui succédaient aux directoires, à cinq, renouvelés par cinquième, concentra en eux les attributions déléguées aux corps administratifs de 1789, plaça auprès d'eux un commissaire du gouvernement à sa nomination, attribua au directoire exécutif de la république le droit d'annuler les actes des administrations, de destituer leurs membres, et de pourvoir à leur remplacement jusqu'à la prochaine élection.

Les administrations de district furent supprimées et remplacées par les *municipalités de canton*.

Ces dispositions mirent complétement l'autorité dans les mains du pouvoir central; mais on s'aperçut bientôt qu'il lui manquait un modérateur, et qu'on devait regretter l'institution du pouvoir consultatif arrivant à des époques fixes, pour rappeler les besoins locaux et procéder avec plus de calme à la répartition des charges départementales.

Ce fut alors qu'intervint la loi du 28 pluviose an VIII (17 février 1800), qui organisa l'administration sur les bases où elle reposa jusqu'à ce jour.

Napoléon avait voulu rétablir l'ordre et la paix si violemment troublés pendant tant d'années, et pour cela il avait compris qu'il fallait rechercher toutes les traditions salutaires pour fonder sur des principes conservateurs le nouveau gouvernement de la France.

Les administrations collectives avaient le défaut de n'offrir aucune responsabilité individuelle; il y substitua l'action d'un fonctionnaire unique dans chaque département et dans chaque district, qui prit alors le nom d'arrondissement.

Mais en même temps il se hâta de rétablir auprès de ces fonctionnaires des conseils de département et des conseils d'arrondissements.

C'est ainsi qu'à la renaissance de l'ordre, on se hâtait de revenir aux vrais principes posés par l'assemblée constituante. On y revenait en perfectionnant et complétant l'œuvre qu'elle avait eu la gloire de commencer.

Ce système d'administration a pour lui l'autorité d'une expérience de 40 ans et la sanction de l'opinion publique; il a résisté au choc des révolutions et traversé heureusement l'épreuve des différents régimes.

Sans jamais attaquer le principe, le système de composition de ces conseils fut seul sujet à quelques modifications de formes.

Or il suffit de considérer le but de l'institution de ces conseils, pour reconnaître que l'intervention des citoyens dans leur composition est aussi juste que naturelle. (L. 22 juin 1833.)

La loi de 1800 dans son silence, supposait que leurs membres seraient choisis sur les listes de notables.

En 1802, un sénatus-consulte remplaça ce mode illusoire, par l'élection des colléges de département et d'arrondissement, qui durent présenter deux candidats pour chaque place à remplir dans les conseils; mais le système de l'empire tendait à substituer partout l'action du gouvernement à celle des citoyens. Les colléges électoraux cessèrent de se réunir, et l'empereur nomma sans condition les membres des conseils administratifs.

La charte de 1814 conféra au roi le droit de nommer à tous les emplois d'administration publique; mais dans un gouvernement dont la liberté politique était le but, les conditions naturelles de la formation des conseils appelés à répartir équitablement les charges, à avertir des besoins des citoyens, ne pouvaient manquer de reprendre leur force. Une loi qui rétablissait la présentation des candidats fut proposée en 1821; et en 1829 le roi cédant au vœu public, fit présenter à la chambre des députés un projet de loi libéralement conçu, qui confiait à l'élection directe la composition des conseils des départements et des arrondissements, comme celle des conseils municipaux.

Ce projet comprenant en même temps les attributions de ces conseils ne fut pas discuté; mais il devint la base des lois proposées en 1831 et 1832.

On voulut avec raison diviser une matière si vaste.

La formation des conseils municipaux fondée sur un système électif, résulte de la loi du 21 mars 1831.

Les attributions des mêmes conseils ont été déterminées par la loi du 18 juillet 1837.

La formation des conseils généraux et d'arrondissement, a été l'objet d'une loi séparée, rendue le 22 juin 1833. — Complétée par celle du 20 avril 1834, qui concerne spécialement le département de la Seine, elle n'a rien laissé à faire à cet égard. (V. *Dictionnaire de Droit administratif*, vᵒ Organisation départementale.)

Les conseils élus par les citoyens étaient en exercice, et concouraient à l'administration du pays avec l'ardeur et l'énergie qu'ils puisaient dans leur origine. Il ne restait donc qu'à régulariser et déterminer leur action.

Un projet de loi présenté à la chambre des députés en 1833, fut examiné seulement dans une commission sur le rapport lumineux de M. de la Pinsonnière.

Jusqu'en 1837 il fut l'objet de nouvelles études, et ne fut représenté à la chambre des pairs que le 11 mars. Là il subit l'examen et la discussion publique.

Reporté enfin le 16 janvier 1838 à la chambre des députés, et le 21 mars à la chambre des pairs, ce ne fut qu'après ces diverses épreuves qu'il fut adopté par la législature, et qu'il vint compléter, le 10 mai

1838, un des réglements les plus précieux de notre administration départementale.

Cette loi, avons-nous dit, n'a pour but que de mieux déterminer les attributions des conseils généraux et des conseils d'arrondissement, qui représentent les intérêts locaux, donnent à l'administration les secours de leurs lumières, et répartissent les charges imposées pour fournir aux besoins de la société; elle a respecté les principes fondamentaux posés par la loi de l'an VIII, qui, établissant l'administration avec des rouages tout nouveaux, ne pouvait, pour ainsi dire, assigner à chacun de ses organes que son rôle général : on ne pouvait régler *à priori* le détail de leurs attributions, lorsque tous les services publics étaient à réorganiser, mais de nombreuses dispositions éparses dans les décrets impériaux, dans les ordonnances, dans les lois de finances, les interprétations même de la jurisprudence, les ont étendues. D'un autre côté, depuis que la liberté politique garantie par la charte constitutionnelle a pénétré dans les mœurs de la nation, le cercle de l'action des conseils s'est agrandi, en même temps que l'élection leur a donné une plus grande autorité.

Il importait donc de rappeler toutes ces attributions et d'en former un ensemble. En effet, nous le répétons, c'est peu à peu par des actes individuels de l'autorité publique, que le département est parvenu à se constituer une existence civile, à se créer des intérêts spéciaux. Or, aux règles éparses dans la législation et la jurisprudence relativement à cette existence civile, et à la gestion de ces intérêts, il était indispensable de donner le lien de l'unité et la force législative.

Tel est le but de la loi du 10 mai 1838.

Nous ne terminerons pas cet exposé sans répondre aux reproches de *centralisation* et à ces réclamations de *libertés provinciales* dont les esprits avaient paru un instant émus.

1°. Quant à la *centralisation*, la monarchie perdrait l'avantage de constituer une nation unie et homogène, sans un gouvernement fort et obéi, si chaque division de territoire présentait un foyer de résistance et d'opposition. Reconnaître au départements le droit de s'administrer par leurs assemblées électives, serait constituer, sinon immédiatement, du moins pour un avenir peu éloigné, autant de petits Etats dont la réunion formerait une sorte de fédération, ou reproduirait le tableau de l'anarchie qui se déploya si rapidement dans le régime introduit en 1790.

2°. Les *libertés provinciales* signifient-elles cette indépendance accordée aux administrations des départements? alors elles devaient être repoussées. Entend-on seulement au contraire, que les administrations doivent être autorisées à agir dans une certaine sphère; qu'elles doivent avoir la faculté de représenter et de protéger les intérêts locaux? alors la question change de face; elle sort du domaine de la théorie et rentre dans celui de l'application. C'est pourquoi le législateur a dû examiner une à une les restrictions établies ou proposées de manière à ne conserver que celles qui étaient conseillées par l'intérêt général, ou qu'exigeait la garantie des intérêts privés. (Rapport de M. *Mounier*, 4 mars 1837. Moniteur du 6 mars, p. 477.)

TITRE Ier. — *Des attributions des conseils généraux* (1).

Art. 1er. Le conseil général répartit chaque année les contributions directes entre les arrondissements, conformément aux règles établies par les lois.

---

(1) *N. B.* Les attributions réglées par la présente loi ne peuvent être exercées par les conseils généraux, qu'autant qu'ils ont été convoqués par le préfet, en vertu d'une ordonnance du roi, qui détermine l'époque et la durée de la session (L. 22 juin 1833, art. 12, § Ier), et qu'autant que chacun de leurs membres ont prêté serment entre les mains, soit du préfet, soit du président, suivant le cas (idem, § 2, 3). Les articles suivants de ladite loi contiennent les règles prescrites pour la session, et ne s'occupent de la tenue des séances que pour poser en principe leur *non-publicité*, la forme *de leurs délibérations* (art. 15), mais aucune loi ou règlement n'a, jusqu'à ce jour, posé de règles fixes pour la tenue de ces assemblées.

Tenue des assemblées. — Il n'est donc pas sans intérêt de rappeler ici les réglements particuliers adoptés par plusieurs conseils généraux, afin de mettre de l'ordre et de la régularité dans leurs travaux, et d'en assurer la prompte et complète exécution.

A cet effet, ils se divisent en commissions, composées ainsi qu'il suit :

1° *Une commission des finances* qui s'occupe spécialement de la comptabilité, des budgets du département, de la répartition des contributions et de toutes les mesures financières.

2° *Une commission des travaux publics*, qui a dans ses attributions les routes départementales, les chemins de grande communication et autres, et les édifices publics du département;

3° *Une commission administrative* chargée de tout ce qui a rapport à l'administration des établissements publics, tels que les prisons, les hospices, les écoles normales, ainsi que de la surveillance desdits établissements départementaux situés au chef-lieu;

4° *Une commission des vœux généraux et propositions* relatives à l'État et aux besoins du département; réponses aux communications de l'autorité supérieure; examen des réclamations des conseils d'arrondissement, à l'exception de celles relatives aux contributions, qui rentrent dans les attributions de la commission des finances.

Le président et le secrétaire du conseil général ont ordinairement entrée dans toutes les commissions, avec voix délibérative.

Ces commissions désignent leurs présidents et secrétaires, et nomment un ou plusieurs rapporteurs, suivant l'importance et le nombre des affaires qu'elles ont à examiner. Les rapports sont discutés d'abord dans le sein des commissions et soumis ensuite à la délibération du conseil général, qui, par son vote, rejette ou sanctionne les propositions qui lui sont faites.

Cette distribution en commissions est fort utile; elle prépare tous les éléments de la discussion et en abrège la durée; elle a d'ailleurs l'avantage de répartir le travail sur un plus grand nombre de membres.

Dans l'assemblée générale, le président a la police de l'assemblée, règle l'ordre du jour, fixe l'ouverture et prononce la clôture des séances; il dirige la discussion, accorde, maintient, retire et refuse la parole; il a le droit de rappeler à l'ordre les membres qui s'écarteraient du respect dû à la charte, aux lois et aux grands pouvoirs de l'État, des égards dûs aux préfets et à leurs collègues, et des formes imposées par les convenances parlementaires. (*Dumesnil*, des attributions des conseils généraux, p. 496.) Quant à la nomination et aux fonctions de *secrétaire*, 'V. loi du 22 juin 1833, art. 12, § 3, et ci-après art. 26.)

Frais de la session, d'après le décret du 16 juin 1806, ces frais doivent être à la charge de l'abonnement du préfet. Celui-ci doit donc mettre à la disposition du conseil un ou deux employés de la préfecture et fournir les objets matériels nécessaires pour l'expédition des actes du conseil. (Circ. min. int., n° 27, 30 avril 1832, idem, 16 juillet 1838.

Avant d'effectuer cette répartition, il statue sur les demandes délibérées par les conseils d'arrondissement, en réduction du contingent assigné à l'arrondissement.

§ I. Ce pouvoir est *quasi législatif*. Du reste, l'article 1er n'a innové en rien. Le conseil général prend pour base tous les renseignements qui peuvent lui être prescrits, soit par le préfet, soit par le directeur des contributions directes. Aux termes de la loi du 21 avril 1832, le directeur des contributions est tenu de former chaque année trois tableaux, l'un destiné à la contribution foncière, l'autre présentant par arrondissement et par commune le nombre des individus passibles de la *taxe personnelle*, et le *montant* de leurs valeurs locatives d'habitation ; le troisième présentant pour l'impôt des portes et fenêtres : 1° le nombre des ouvertures imposables de différentes classes ; 2° le produit des taxes d'après le tarif ; 3° le projet de la répartition ; tels sont les renseignements qui doivent servir à la répartition.

Lorsque le conseil général a terminé sa répartition, il en porte aussi le résultat sur trois tableaux, qui sont remis au préfet, adressés au ministre des finances, au directeur des contributions, au sous-préfet, avec trois mandements d'exécution. (LL. 5 frim., an VII, art. 23-26, 3 niv. an VII, art. 1, 2, 3, instruction min., 18 mai 1818.)

La loi ne parle que de la répartition des contributions *directes* ; cependant, on ne doit pas oublier que les conseils généraux n'ont aucune attribution à exercer relativement aux contributions directes, qui sont des impôts de *quotité* (les *patentes*) ; à *fortiori* relativement aux *contributions indirectes*, dont les droits et tarifs sont déterminés exclusivement par la puissance législative et perçus directement par les agents du fisc.

Quant à la *redevance des mines*, qui est également un impôt de quotité, elle ne peut être établie sans la participation, non du conseil général en corps, mais d'une commission dont doivent nécessairement faire partie deux membres du conseil. (D. 16 mars 1811, art. 23, 24.)

§ II. Le conseil général est donc juge souverain des réclamations élevées par les arrondissements et les communes (voy. ci-après, art. 2). Craignant que, à son insu, son impartialité ne s'égarât dans ces questions où se trouvent en jeu des intérêts de localité, on avait songé à ouvrir pour l'arrondissement une voie de recours devant l'autorité centrale, soit législative, soit royale en conseil d'état. Mais un plus mûr examen a prouvé que la législation ne pouvait guère intervenir en connaissance de cause, dans de semblables débats qui pouvaient d'ailleurs devenir très fréquents. D'autre part, on a reconnu que le si le conseil d'état prononce sur les réclamations des contribuables en matière de contributions directes, cette attribution rentre dans le contentieux administratif ;

que la répartition individuelle repose sur des bases précises, rigoureusement déterminées par la loi et les règlements, mais qu'il n'en est pas ainsi de la répartition entre arrondissements ni même de la répartition entre les communes : le caractère des mesures était différent, la décision a dû être laissée à une autre autorité. (Expos. des motifs, 15 janvier 1838.) D'ailleurs, dans la répartition des contributions, le conseil général ne fonctionne pas sous l'autorité du gouvernement ; il est le délégué du pouvoir législatif ; il procède à des opérations que la charte a exclusivement confiées à des assemblées électives, et il ne peut relever d'un corps dont les membres ont pour mission d'assister dans l'exercice de ses attributions le gouvernement qui les nomme. Enfin la jurisprudence du conseil d'état s'était déjà opposée à l'introduction de ce principe par deux arrêts du 29 avril 1834. — 14 juin 1837 ; J. des C. municipaux, t. 5, p. 202, D. 38, 3, 127. Bien entendu que le conseil général ne peut statuer sur des réclamations *individuelles*, puisque, d'après l'article ci-dessus, son pouvoir ne doit s'exercer que sur ce qui a rapport à la répartition par *masses*.

Quant aux difficultés que peuvent faire naître la fixation, la décharge ou la modification des cotes individuelles, elles sont jugées d'après les lois précitées par le conseil de préfecture, le préfet, le ministre des finances ou le conseil d'état, suivant les cas, soit en premier, soit en dernier ressort.

Art. 2. Le conseil général prononce définitivement sur les demandes en réduction de contingent, formées par les communes, et préalablement soumises au conseil d'arrondissement.

Il était naturel, en effet, que le conseil d'arrondissement, plus rapproché des communes, délibérât préalablement ; il est à même de prendre des renseignements, d'examiner la justesse des réclamations, et d'éclairer la décision du conseil général, qui sera définitive. Quant à la *souveraineté* de cette décision, v. les commentaires du § II de l'art. 1er ci-dessus. (Voy. art. 40 ci-après.)

Art. 3. Le conseil général vote les centimes additionnels dont la perception est autorisée par les lois. (O. 31 mai 1838, art. 398.)

Chaque année la loi des finances détermine une quotité de centimes additionnels au principal des contributions directes, que les départements peuvent s'imposer, et qui ont reçu, en conséquence, le nom de *centimes facultatifs* : d'autres peuvent être établis, soit en vertu des lois générales qui les ont affectés à diverses parties du service public, soit en vertu de lois spéciales qui les autorisent dans des cas et pour des objets extraordinaires. C'est au conseil général qu'il appartient de voter ces divers centimes : ce vote est absolu, et le gouvernement ne peut y suppléer que dans des cas tout à fait spéciaux en vertu de lois formelles, comme par exemple la loi sur l'instruction primaire, qui autorise à imposer d'office les centimes destinés à pourvoir à cette dépense. En règle générale, le vote du conseil général est nécessaire et cette disposition de l'art. 3 n'est que la consécration de la législation précédente, qui depuis longtemps avait acquis l'autorité de la chose jugée.

Il est donc nécessaire de rappeler les dispositions de lois qui régissent les dépenses et les recettes départementales.

La base en est posée dans la loi du 22 septembre 1789; celle du 18 juillet 1796 (28 messidor an IV) détermina les dépenses d'administration qui seraient à la charge des départements, et qui seraient payées au moyen de centimes additionnels.

La loi du 1er septembre 1798 (11 frim. an VII) développa celle de 1796; elle donna une classification générale des dépenses à la charge de l'état, des dépenses à la charge des communes et des dépenses à la charge des départements, et établit un fonds commun pour aider les départements qui avaient le moins de ressources. Le système des dépenses départementales fut complété par la loi du 21 février 1805 (2 vent. an XIII), qui distingua les dépenses variables, et se trouva ainsi la base de la comptabilité de cette branche de nos finances.

Enfin, en 1817, la loi de finances du 25 mars, votée à la suite d'une discussion approfondie, sanctionna l'état des choses, en en complétant et précisant les règles.

Depuis lors, le budget de l'Etat a compris les dépenses départementales, ainsi que les centimes *additionnels* perçus pour y subvenir.

Les *dépenses fixes*, c'est-à-dire les traitements des fontionnaires de l'administration et les frais d'administration des préfectures et sous-préfectures, ainsi que les *dépenses communes*, c'est-à-dire celles qui concernent des établissements communs à plusieurs départements, savoir : les cours royales et les maisons centrales de force et de correction, sont payées au moyen du produit de certain nombre de centimes additionnels, que la loi annuelle de finances détermine, et qui sont centralisés au trésor.

Ces dépenses sont réglées comme toutes les autres dépenses de l'état. Les conseils généraux ne sont pas appelés à les voter. On pourrait même dire que cette imputation sur des centimes spéciaux, n'a maintenant plus d'objet, du moins sous le rapport de l'administration des départements. Si elle a encore un intérêt sous le rapport de l'ordre des finances, c'est ce que nous n'avons pas à examiner. Il nous suffit de faire observer que les conseils généraux restent étrangers au vote des dépenses fixes et communes, aujourd'hui *ordinaires* des départements qui sont ac-

quittées au moyen des centimes additionnels centralisés au trésor.

Sous le titre de *dépenses variables*, on a compris, au contraire, les dépenses des établissements propres à chaque département, ainsi que celles de différents services qui se font dans leur intérieur, et dont la comptabilité est spécialisée par département. Il est certaines de ces dépenses qui ont un intérêt local, un caractère, si l'on peut s'exprimer ainsi, *départemental*, tandis que d'autres ont un caractère plus général, et se rangeraient facilement et aussi naturellement parmi les dépenses de l'Etat; mais toutes ces dépenses, qualifiées jusqu'à ce jour de *dépenses variables des départements*, ont un rapport commun, et ont été assujetties à une condition commune. On a reconnu que les conseils généraux, par leur connaissance des lieux et des choses, par la mission qui leur était donnée de protéger les intérêts du pays, pouvaient éclairer l'administration supérieure, sur la nécessité ou l'avantage des dépenses proposées, et de cette conviction est résulté que les conseils généraux doivent voter les dépenses, et contrôler l'emploi des fonds qui s'y trouvent affectés.

Cependant, il ne faut pas perdre de vue que, comme nous le rappellions à l'instant, la plupart de ces dépenses qualifiées de départementales, touchent essentiellement à l'administration générale du royaume. On peut dire que c'est un fractionnement du budget de l'état, opéré dans le but de soumettre à un contrôle plus rapproché, plus exact, certaines de ses parties. D'un autre côté, il ne faut pas non plus perdre de vue qu'il n'en est pas des départements comme des communes. Ils n'ont pas des ressources qui leur soient propres; du moins celles qu'ils possèdent sont trop peu importantes pour entrer en ligne de compte; c'est par des centimes additionnels, c'est-à-dire en augmentant les contributions directes, qu'il est pourvu à leurs dépenses; de cette double considération découle la nécessité de soumettre les dépenses et les recettes des départements au contrôle de la législature. Elles figurent en effet dans le budget général de l'état. Les *dépenses variables* ont jusqu'ici formé un chapitre spécial du budget du ministère de l'intérieur; et c'est en réunissant la totalité de celles des 86 départements, que l'on fixe le nombre des centimes additionnels, dont la loi de finances ordonne tous les ans la perception.

Mais les centimes ainsi imposés, donnent dans les divers départements des résultats bien différents. Dans les départements étendus et riches, quelques centimes suffiraient pour faire face aux besoins. Dans les départements d'un territoire pauvre et resserré, le même nombre de centimes serait tout-à-fait insuffisant, et on ne pourrait égaler la recette à la dépense, qu'en surchargeant la contribution foncière. Pour remédier à cet inconvénient, la loi de finances divise les centimes imposés en deux parts; l'une reste affectée au service direct du département, l'autre est réunie sous le titre de *fonds commun*, et doit servir à aider les départements les moins riches, à acquitter leurs charges.

La répartition de ce fonds de réserve appartient au gouvernement. Les conseils généraux ne doivent pas s'en occuper. C'est lorsque les budgets de tous les départements sont réglés, que le ministre répartit le fonds commun, de manière à mettre pour chacun les dépenses et les recettes en équilibre.

Par l'ensemble de ces dispositions, on est parvenu à satisfaire aux considérations qu'il fallait concilier.

Tous les ans, la loi établit pour la masse des dépenses départementales, des limites qu'on ne peut transgresser; mais en dedans de ces limites, les conseils généraux votent les dépenses qu'ils jugent utiles au département. (V. ci-après, art. 13, *Rapport de M. Mounier.*)

Art. 4. Le conseil général délibère :

1° Sur les contributions extraordinaires à établir, et les emprunts à contracter dans l'intérêt du département ;

Les communes ont le droit de s'imposer extraordinairement en se soumettant aux formalités déterminées par la loi ; on ne pouvait refuser ce même droit au département qui a les intérêts généraux d'une agglomération de communes à soutenir. D'ailleurs cette faculté est nécessaire au développement des grandes améliorations ; mais il en résulte que s'il n'existait aucun pouvoir modérateur de dispositions souvent trop faciles, le contribuable, pressé de toutes parts, pourrait succomber sous le poids d'un fardeau déjà trop lourd. Aussi l'art. 40 de la Charte, qui porte : « qu'aucun impôt ne peut être établi et perçu, s'il n'a été consenti par les deux chambres, et sanctionné par le roi » a tranché la question. La sanction législative est indispensable, et à cet égard encore, le pouvoir du conseil général ne va pas au-delà d'un vote additionnel. (Art. 35 ci-après.)

L'examen des votes des conseils généraux dans le sein des comités du conseil d'état ou des chambres législatives, a donné lieu de remarquer que les demandes des départements n'étaient pas toujours renfermées dans de justes limites, attendu soit le trop grand nombre de centimes qu'il s'agissait d'imposer, soit la trop longue durée des impositions, soit enfin l'énormité des emprunts, qui engageaient l'avenir pour un temps trop prolongé.

Aussi une circ. min. int. 1er août 1858, n° 48, rappelle que quelle que puisse être l'utilité des travaux à entreprendre pour les départements, et dont ils ne redoutent pas les charges souvent considérables, il est à propos qu'une certaine mesure préside à leur

exécution, et que l'appareil ne s'en développe pas trop rapidement, sous peine de voir les prix de matériaux et de main-d'œuvre subir une hausse fâcheuse.

2° Sur les acquisitions, aliénations et échanges de propriétés départementales ;

L'expérience a prouvé que le département pouvait exercer utilement le droit de propriété, et par suite certains droits civils ; et sous ce rapport il se rapproche aujourd'hui de la commune. Jusqu'à ce jour, ce droit n'avait été consacré que par un décret du 9 avril 1811, lequel concède aux départements, les édifices destinés à l'administration et aux tribunaux, concession alors onéreuse, mais qui reconnaît un principe dont les développements ont porté des fruits avantageux. La loi, par le § 2 ci-dessus, a donc fixé le caractère indécis du département.

Mais tout en reconnaissant que les départements sont devenus propriétaires, et par le décret de 1811, et par les travaux mêmes auxquels ils se sont livrés depuis leur création, il est bien important d'établir que leur propriété n'existe que *dans le seul intérêt du service public.* Les départements peuvent posséder des routes, des casernes, des prisons, des hôtels de préfecture ; mais un département ne saurait posséder une ferme. C'eût été entrer dans une voie dangereuse, que d'admettre la propriété utile pour ces élus collectifs, qui ne sont pas seulement impropres à une bonne gestion, mais qui, soit qu'on les considère comme représentant une fraction des intérêts généraux, soit qu'on voie en eux la personnification des intérêts publics de la localité, repoussent essentiellement le rôle de propriétaires à titre privé, d'acquéreurs de domaines et de percepteurs de revenus. (Exposé des motifs à la chambre des pairs, 11 janvier 1837, V. les commentaires sur le § 4 ci-après.)

3° Sur le changement de destination ou d'affectation des édifices départementaux ;

4° Sur le mode de gestion des propriétés départementales ;

Le conseil général ne peut en effet avoir de délibération à prendre que sur le *mode*, et non pas sur la gestion elle-même, qui est entièrement confiée à l'administration. Il peut arriver cependant que l'autorité supérieure qui doit approuver la délibération, ne soit pas du même avis, et il convenait de déterminer le sort des biens pendant le dissentiment qui pourrait s'élever entre le préfet et le conseil général. L'art. 50 y a pourvu. Quant à la décision définitive, elle n'a été attribuée à aucune autorité, dans la prévision d'un accord qui ne doit pas manquer de s'établir entre le conseil général et le ministre.

Les propriétés départementales consistent, 1° dans les bâtiments et terrains attribués par le décret du 9 avril 1811, pour les différents services publics, 2° dans tous les immeubles acquis à titre gratuit ou onéreux, ainsi que dans le mobilier qui garnit les hôtels de préfecture, les bureaux, etc.

Généralement ces biens sont *improductifs*, à moins que parmi les terrains ou bâtiments susdits, il n'y en ait quelques-uns susceptibles de location ; or, une grave discussion a été soulevée à ce sujet, dans la séance du 2 mars 1838, à la chambre des députés. La commission voulant changer ce qui existe depuis 1811, avait proposé de reconnaître aux départements le droit de posséder des propriétés, autrement que pour assurer l'exécution des services publics ; à cet effet on voulait reconnaître au conseil général, le droit de régler la gestion des propriétés *productives de revenu*, et pour cela on se fondait sur ce qui se pratique pour les communes.

A cette occasion nous tâcherons d'établir : 1° les relations qui existent entre la propriété communale et la propriété départementale ; 2° la nature de ces deux propriétés ; 3° l'action des conseils départementaux et municipaux sur ces propriétés.

Pour résoudre les deux premières questions, il faut remonter à l'origine de la commune et du département. Or, qui ne sait que le département est seulement une division territoriale, représentant une série d'intérêts politiques qui existent dans cette circonscription ? La commune, au contraire, c'est la famille primitive ; elle a toujours existé en conservant ses besoins et ses intérêts particuliers, nés du voisinage et des relations habituelles. La commune est la base de toute société ; il y a une sorte de transition entre elle et l'individu, car elle est *propriétaire* dans toute la signification du mot, et la plupart de ses biens sont susceptibles d'une jouissance privée, que ses membres peuvent exercer indivisément. Ainsi, les biens communaux, dont l'origine remonte d'ailleurs aux temps les plus reculés, ont pour but l'intérêt matériel et direct de chaque individu, membre de la communauté.

L'origine des propriétés départementales, au contraire, ne remonte qu'à 1811, et le décret impérial qui les leur attribua, n'eût pour but que d'assurer dans les circonscriptions administratives représentées par les départements, l'exécution des différents services publics. Cependant il peut arriver que ces services n'aient pas besoin de la propriété toute entière, concédée par le décret de 1811 ; dans ce cas, il est d'une bonne administration de tirer parti par location ou autrement, de cette portion de propriété ; mais il n'en est pas moins vrai que, dans ce cas, cette propriété n'est qu'accidentellement et provisoirement *productive de revenus*, et toujours renfermée entre son origine du domaine public, et le moment possible où elle reviendra à un service public.

Il eût donc été dangereux d'admettre dans la loi un principe sur lequel chaque département aurait voulu s'appuyer pour devenir propriétaire, à titre privé comme la commune.

Vainement voudrait-on se fonder pour la revendication de ce droit, sur ce que le département exerce des actions en justice, et se trouve ainsi dans la position d'une personne civile. (Art. 36.) Mais il est facile de comprendre que par cela seul, que le département possède pour des services publics, il doit avoir le moyen de se faire représenter, alors que pour cette portion de propriété, son intérêt se trouverait lésé.

Maintenant, en supposant même que le principe de propriétaire à titre privé fut admis, quel serait le gérant qui centraliserait les pouvoirs du département à cet égard ? Sans doute, on mettrait en avant le conseil général, corps délibérant composé des élus de chaque canton, et qui exerceraient les mêmes pouvoirs que le corps municipal de la commune.

Mais ne comprend-on pas aussi que, pour la gestion des propriétés, il est nécessaire de rassembler souvent les conseils qui doivent en décider. C'est ce qui a lieu pour les propriétés communales. Les conseils municipaux sont composés, en grande partie, d'individus demeurant dans la commune ; ils ont *quatre* sessions ordinaires par an, et dans des circonstances importantes, des réunions extraordinaires peuvent être autorisées.

Les conseils généraux, au contraire, n'ont qu'une seule session de 15 jours par an, pendant laquelle leur temps est absorbé par la répartition des contributions, et non-seulement par l'examen des questions prévues et énumérées dans la loi, mais en outre par les plus grandes questions sociales, que l'autorité supérieure se réserve toujours le droit de leur soumettre.

Pourraient-ils donc s'occuper utilement de la gestion de leurs biens ? évidemment non. En outre, il serait rare de tout prévoir pour l'année, dans une seule session, et d'autres réunions deviendraient nécessaire, pour que le sort desdites propriétés ne fût pas compromis. Serait-ce donc possible vis-à-vis de corps qui ne sont pas resserrés dans l'enceinte d'une ville, et dont les membres sont souvent non-seulement éparpillés sur la surface du département, mais encore sur celle de tout le royaume ?

En résumé, le département ne doit posséder que pour assurer l'exécution des services publics, et si, comme nous l'avons dit, certaines portions des propriétés de ce genre ne pouvaient servir momentanément à l'administration, le conseil général est appelé d'après le § 4 ci-dessus à délibérer : « *sur le mode de gestion.* » Or il y a nécessité d'en tirer parti en les louant provisoirement, jusqu'à ce qu'on puisse les rendre à leur destination primitive. Dans ce cas, la seule gestion admissible est celle qui résulte d'un bail à ferme, moyennaut une redevance fixe, annuelle et consigne sur un cahier des charges, proposé par le préfet et soumis au conseil général. Cette circonstance exceptionnelle ne porte aucune atteinte au principe posé dans nos commentaires *in fine*, du § 5 ci-dessus, V. art. 30 ci-après.

Consulter *Macarel* et *Boulatignier*, de la Fortune publique, II, nᵒˢ 446-470.

5º Sur les actions à intenter ou à soutenir, au nom du département, sauf les cas d'urgence, prévus par l'article 36 ci-après;

6º Sur les transactions qui concernent les droits du département;

Le droit de propriétaire étant concédé au département, les dispositions contenues dans les § 5 et 6 en sont les conséquences forcées. Il faut nécessairement qu'il ait le pouvoir de faire tous les actes conservatoires, comme le fait un propriétaire ordinaire, et toutes les transactions propres à l'amélioration des ressources départementales. (V. d'ailleurs ci-après l'art. 38.)

7º Sur l'acceptation des legs et dons faits au département;

L'acceptation des legs est une faculté laissée à tout citoyen jouissant de ses droits civils; le département amené à l'état de corps civil, rentre dans le droit commun; toutefois, en sa qualité de mineur, il ne peut que *délibérer* sur l'utilité de l'acceptation ou de la renonciation : par respect pour les droits des familles, la loi ne devait pas lui donner à cet égard un pouvoir absolu.

8º Sur le classement et la direction des routes départementales;

Pour les *routes départementales*, le décret du 16 décembre 1811 appelait déjà les conseils généraux à délibérer 1º sur l'utilité des travaux ; 2º sur la part contributive dans les dépenses des départements, arrondissements et communes intéressés; 3º sur les offres des entrepreneurs et les conditions de ces offres.

La délibération est communiquée aux conseils d'arrondissements, aux conseils municipaux, aux entrepreneurs, lesquels sont tenus de fournir leurs observations dans un délai fixé par le préfet.

En outre, une loi du 25 mars 1855, bulletin nº 305, déclare qu'à l'avenir aucune route départementale ne pourra être classée, sans que le vote du conseil général ait été précédé de l'enquête prescrite par l'art. 3 de la loi du 7 juillet 1833, sur l'expropriation pour cause d'utilité publique, et l'ordonnance du 18 février 1834. Cette enquête doit être faite par l'administration, ou d'office, ou sur la demande du conseil géné-

ral. (V. Dictionnaire de Droit administratif, vº Voirie, tom. II, p. 591.)

Si la route intéresse plusieurs départements, l'art. 20 du décret de 1811 a tracé la marche à suivre en pareil cas. (V. *loc. cit.*) Aux termes des art. 18 et 22 du même décret, le conseil général a le droit de proposer de lui-même l'établissement de la route, et il n'est pas soumis à l'initiative de l'administration; cette proposition est approuvée ou rejetée par ordonnance du roi, en conseil d'état, d'après l'avis du directeur général des ponts et chaussées; le ministre serait incompétent à cet égard.

Lorsque, au contraire, c'est l'administration qui propose le classement, le conseil général peut à son tour rejeter ou appuyer le classement proposé. Dans la première hypothèse, le vote de rejet met un obstacle absolu au classement de la route, par le motif que le décret du 16 décembre exige le consentement du conseil général, pour l'établissement des routes départementales.

Ce consentement est d'autant plus nécessaire, que la création d'une route est, pour le département, la cause obligée de dépenses considérables ; il a donc paru naturel qu'on ne pût lui imposer cette charge nouvelle, qu'avec l'assentiment de ses représentants. (Dumesnil, p. 267.)

Il n'est pas besoin de dire que, dans le premier cas, le conseil général peut faire valoir de nouvelles considérations en faveur de sa proposition, et présenter une seconde fois le classement demandé ; enfin que, dans l'autre cas, le même conseil peut revenir sur son vote de rejet, et approuver la création de la route. Mais alors l'instruction doit être entièrement recommencée, en observant toutes les formalités prescrites d'enquêtes, en vertu des lois et ordonnances précitées.

La rédaction primitive du § 8 contenait de plus ces mots : « *et des chemins vicinaux de grande communication.* » Mais cette disposition a été rejetée en ce qu'elle changeait complétement le sens de la loi du 21 mai 1856, sur les chemins vicinaux. En effet, l'art. 7 de ladite loi, donnant déjà aux conseils généraux, le droit de *déclarer* quels sont les chemins de grande communication, et de déterminer leur *direction*, c'eût été le leur retirer en déclarant ici qu'ils ne pouvaient plus que *délibérer*, sauf l'approbation de l'autorité supérieure, sur la formation et la direction de ces chemins.

9º Sur les projets, plans et devis de tous les autres travaux exécutés sur les fonds du département;

Il était déjà de règle stricte que tout projet de travaux de quelque importance fût préalablement soumis au conseil général (Circ. 15 juillet 1855); c'était là d'ailleurs une conséquence naturelle du droit de voter toutes les dépenses du budget départemental.

Si les prévisions du projet primitif devaient être dépassées par l'effet de modifications ou de travaux additionnels, il y aurait également nécessité d'en référer de nouveau au conseil général pour qu'il en délibérât. Cette règle, qu'avaient établi l'usage et les instructions, ressort aujourd'hui des termes exprès de la loi. (Circ. min. int. 26 décembre 1838, n° 77.)

Une circulaire du ministre de l'intérieur, du 13 vendémiaire an VIII, indique de quelle manière les projets, plans et devis ci-dessus, doivent être rédigés. Ils sont signés par l'architecte du département, puis visés ou signés par le préfet.

Le conseil général, après avoir examiné toutes les pièces justificatives, entendu les explications du préfet, et s'être entouré de tous les renseignements qu'il juge convenables, approuve, rejette ou modifie le projet présenté.

Indépendamment de ce contrôle du conseil général, on ne doit pas oublier que le conseil des bâtiments civils est appelé par la loi de son institution à réviser les devis, cahiers des charges, comptes et mémoires relatifs aux travaux, en même temps qu'il examine toutes les questions d'art, sous le rapport de la solidité et des convenances. (Arr. min. 18 juin 1812. V. Dictionn. de Droit adm., v° Bâtiments civils, § 4, tom. I, p. 97.)

L'exécution des travaux est ensuite confiée à un architecte, ordinairement nommé par le préfet, quelquefois par le ministre. Il doit rigoureusement suivre dans l'exécution des travaux, toutes les prescriptions des plans et devis, et ce, sous sa responsabilité personnelle. (Arr. min. 18 juin 1812.)

Une expédition du devis est délivrée à l'entrepreneur, mais il ne doit avoir aucune connaissance du détail estimatif, lequel reste en dépôt à la préfecture, et sert de comparaison avec le compte final présenté par l'architecte. (Circ. 17 vendémiaire an VIII.)

C'est ici le lieu de rappeler que les *honoraires* des architectes, ordinairement du vingtième du montant de l'adjudication, sont fixés par le conseil général, et sauf l'approbation du ministre; mais que, d'après l'art. 20 de la loi du 27 juin 1833, il ne doit être accordé aucun honoraire, ni indemnité pour les dépenses qui excèdent le devis.

10° Sur les offres faites par des communes, par des associations ou des particuliers, pour concourir à la dépense des routes départementales, ou d'autres travaux à la charge du département ;

Ce §, combiné avec le § 13 et l'art. 35 ci-après, est la reproduction de la loi du 16 septembre 1807, qui déjà donnait aux conseils généraux le droit d'indiquer la somme qu'ils pensent que les communes ou établissements devraient fournir ; on retrouve encore ces dispositions dans le décret du 16 décembre 1811.

11° Sur la concession à des associations, à des compagnies ou à des particuliers, de travaux d'intérêt départemental ;

12° Sur la part contributive à imposer au département dans la dépense des travaux exécutés par l'État, et qui intéressent le département ;

Une lacune semble exister dans la rédaction de ce paragraphe, car ses dispositions ne s'appliquent qu'au cas où les travaux sont exécutés par l'État. Mais il arrive souvent qu'un département peut contribuer à l'exécution de travaux, sur le territoire d'un département voisin ; or, doit-il s'en suivre qu'un conseil général qui aurait reconnu l'avantage qu'aurait un département à contribuer aux travaux proposés sur le territoire d'un autre département, ne pourrait pas évidemment y appliquer de fonds.

Une discussion s'est élevée sur cette question, et il a été expliqué : 1° quant à l'ensemble de l'art. 4, que la nomenclature qu'il contient n'a rien de *limitatif ;* que les conseils généraux sont naturellement et nécessairement appelés à délibérer sur un certain nombre d'objets non compris dans l'article ; 2° quant à l'objection ci-dessus, que lorsque le cas dont il s'agit se présentera, c'est à dire lorsqu'un département devra concourir à des travaux faits sur un département voisin, ce sera la base d'une transaction entre les deux départements ; et le département qui pourra être appelé à contribuer sera maître de déterminer d'une manière absolue la somme pour laquelle il pourra contribuer dans les travaux qu'il s'agira d'effectuer.

13° Sur la part contributive du département aux dépenses des travaux qui intéressent à la fois le département et les communes ;

(Sect. II, chap. XXII du budget.)

Cette disposition, très simple en apparence, a cependant une très grande portée, et elle a donné lieu à des discussions fort graves ; car il ne s'agissait rien moins que de savoir si les arrondissements auraient le droit de voter des impositions, le projet étant ainsi rédigé : « le département, les *arrondissements* et les communes. »

Nous devons dire que ce droit leur avait été expressément attribué par la loi du 16 septembre 1807 et le décret du 16 décembre 1811, pour l'amélioration des routes, l'ouverture des canaux de navigation, le perfectionnement des cours des rivières navigables et la construction des ponts. En outre, des lois spéciales avaient, dans ces dernières années, autorisé quelques arrondissements à s'imposer pour des dépenses du genre de celles qui viennent d'être énoncées et même d'une autre nature.

Mais il n'a pas été difficile de prouver que les impositions spéciales, en créant des dépenses particulières à l'arrondissement, en lui donnant des travaux, et, par suite, des intérêts qui lui seraient propres, ne tendraient à rien moins qu'à relâcher les liens qui l'unissent au département, qu'à diminuer les forces de l'aggrégation départementale, qu'à atténuer ses ressources en les divisant.

Quant à l'arrondissement lui-même et à l'isolement dans lequel il eût été placé à l'occasion d'une dépense utile, il n'aurait pu en sortir à l'occasion d'autres dépenses peut être plus nécessaires, et qu'il eût été hors d'état de supporter. Le moyen qu'il aurait employé une fois, il eût été bientôt forcé de l'employer toujours; enfin, l'on n'eût pas tardé à voir un grand nombre d'impositions de ce genre, et chaque arrondissement qui n'aurait pas dû profiter directement de la dépense, se serait laissé aller naturellement à la faire peser tout entière sur l'arrondissement au profit duquel elle eût été faite.

Ces inconvénients, fort graves sans doute, n'avaient cependant pas arrêté certains esprits, et l'on avait pensé que le seul moyen d'avoir des améliorations, de dominer des résistances ou de paralyser le mauvais vouloir des localités, c'était de donner au conseil général le droit de délibérer également sur la part contributive de l'arrondissement, et d'attacher à cette délibération un certain effet coercitif.

Toutefois, des considérations non moins puissantes et plus légales ont prévalu; elles ont démontré que ce qu'on voulait obtenir du concours des arrondissements, on pouvait l'obtenir tout aussi facilement, et plus équitablement et avec moins de danger pour l'avenir, du concours régulier des départements et des communes. Le § 13 ci-dessus donne : 1° aux conseils généraux le droit de délibérer sur une imposition départementale, et légère pour chaque contribuable, parce qu'elle portera sur un grand nombre; 2° aux conseils municipaux, le pouvoir de s'imposer des sacrifices d'autant plus grands, que les communes seront immédiatement intéressées à la confection des travaux.

Rappelons encore ici que, dans notre organisation politique, il n'y a d'existences collectives propres, que celles des communes; et que, si l'existence civile des départements a été reconnue, c'est que les nécessités de l'administration et la force des choses l'avaient créée; la présente loi, avons-nous déjà dit, avait dû respecter l'œuvre du temps et accepter les faits accomplis, mais elle ne devait pas étendre leur empire et augmenter leurs dangers.

L'arrondissement n'est qu'une division administrative et territoriale; il n'a ni propriétés ni revenus; comment d'ailleurs eût-il pourvu à la part contributive que lui eût imposée le conseil général? par des centimes additionnels? Eh bien, qui ne sait que les centimes additionnels autorisés par la législation sont déjà assez multipliés, pour qu'on ait rejeté les dispositions qui tendaient à les augmenter encore. En effet, l'État a des centimes, les départements et les communes ont les leurs; des lois spéciales sont venues, qui ont ajouté leurs contingents de centimes spéciaux à la liste déjà si complète des centimes fixes, variables, facultatifs, extraordinaires; on voit donc qu'il y aurait danger à faire supporter un nouveau sacrifice pour l'arrondissement à la propriété foncière déjà chargée d'un fonds aussi énorme.

C'est peut-être à l'occasion du § 13 ci-dessus le lieu de rappeler les attributions des conseils généraux en matière de *chemins vicinaux de grande communication*. Elles se résument en un petit nombre d'actes bien précisés dans la loi elle-même : 1° classement des chemins vicinaux de grande communication; 2° fixation de la direction de ces chemins; 3° désignation des communes qui doivent être appelées à concourir à la dépense; 4° cote des fonds qui pourront être répartis en subdivisions; 5° fixation du traitement des agents-voyers. (Circ. min. int. 18 février 1859)

14° Sur l'établissement et l'organisation des caisses de retraite, ou autre mode de rémunération, en faveur des employés des préfectures et des sous-préfectures;

Le mode rémunératif des anciens services est sans contredit, en France, une des grandes calamités de notre système.

Cependant, tout en pesant les conséquences de l'abandon complet de l'avenir des employés à leur propre sollicitude, avenir qu'ils pourraient, il est vrai, fixer par l'ordre et l'économie en opérant eux-mêmes ces retenues volontaires sans charger l'administration du soin de leur gestion, on a dû penser qu'il y avait des droits acquis sur lesquels il n'y avait pas à transiger : que la loi ne peut avoir d'effet rétroactif, et de plus qu'il n'est pas généreux d'accepter les services des gens dans la vigueur de l'âge, pour les abandonner ensuite dans leur vieillesse aux conséquences nécessaires d'un défaut de prévoyance si général chez les hommes, surtout quand cette prévoyance exige une action continuelle pendant de longues années, et lorsque d'ailleurs elle ne pourrait s'exercer utilement sur les modiques traitements des employés d'une préfecture.

Comment capitaliser une retenue mensuelle de 5 p. 0/0 sur un traitement de 1,000 fr. par exemple? Il faudrait donc placer 4 fr. par mois; mais les besoins urgents sont là pour prêter main-forte à la difficulté d'exécution; la petite économie disparaît devant la nécessité du moment, et l'avenir avec elle. Il était donc juste de pourvoir à cet avenir. Tel est le but du § 14 ci-dessus.

Les dispositions du § 14 sont-elles limitatives, et en résulte-t-il l'exclusion des veuves des employés? Il est résulté de la discussion que les termes du paragraphe n'excluaient pas les mesures que pourraient prendre certains conseils généraux, s'ils entendent comprendre les veuves des employés.

Le réglement particulier, relatif à l'établissement d'une caisse des retraites, sur lequel le conseil général est appelé à délibérer en vertu de ce § 14, doit être soumis ensuite à la sanction royale. L'approbation du roi ne saurait suffire. (Avis com. int. 4 février 1855. *Vuillefroy*, p. 232.)

Du reste, on devra s'en rapporter aux principes posés par le décret du 4 juillet 1806, qui n'eut d'abord en vue que le réglement des pensions des employés du ministère de l'intérieur, et fut, par l'avis du conseil d'état du 17 septembre 1811, rendu applicable a toutes les administrations dépendantes de ce ce minstère.

15° Sur la part de la dépense des aliénés et des enfants trouvés et abandonnés, qui sera mise à la charge des communes, et sur les bases et la répartition à faire entre elles.

La dépense des enfants trouvés est, par sa nature, purement municipale ; mais elle a pris malheureusement un si grand développement, il est tellement impossible de faire constater à quelles communes appartiennent les enfants reçus dans un dépôt central, qu'il faut bien lui reconnaître aujourd'hui le caractère départemental. C'est une véritable taxe des pauvres, et il y avait un motif d'équité à charger le conseil général de répartir ce lourd fardeau sur les communes, dans les proportions pour lesquelles il est à présumer que chacune d'elles alimente les dépôts.

Les documents à consulter en pareil cas sont : le décret du 19 juillet 1811, l'arrêté consulaire du 25 floréal an VIII et les lois des 25 mars 1817, art. 55 ; 19 juillet 1816, art. 23 et celle du 31 juillet 1821, qui se sont prononcées en appelant à cette occasion les communes et les hospices au secours des départements.

Du reste, il ne faut pas se dissimuler les difficultés de semblables répartitions, et les communes ne peuvent pas toujours supporter la véritable part inhérente à leur localité. On a des exemples nombreux qui prouvent que les enfants sont déposés de préférence dans les tours éloignés du lieu de leur naissance ; il y a des communes qui en reçoivent non-seulement des communes voisines, mais des départements voisins, et même des pays étrangers voisins.

La répartition à faire est donc une opération délicate. Elle se compose de deux choses, le principe en vertu duquel elle s'opère, et l'opération matérielle. Le conseil général fixera donc le principe, déterminera la base ; puis l'administration, rentrant dans son rôle, et remplissant les attributions qui lui appartiennent, fera la répartition conformément à ces bases.

Afin que les conseils généraux ne pussent abuser de l'attribution qui leur est conférée par le § 15 précité, le ministre de l'intérieur a pensé qu'il devait fixer une limite à l'obligation départementale. A cet effet, il a posé ce principe dans une circulaire du 21 août 1859, que le concours des communes ne pourrait en aucun cas excéder *le cinquième* de la dépense. Il ne faut pas perdre de vue, en effet, que la dépense des enfants trouvés, avant tout, est départementale, de telle sorte qu'en en faisant supporter au budget départemental les 4/5ᵉ au moins, c'est exécuter la loi dans son véritable esprit.

Leur concours pourrait s'exercer dans une proportion moindre encore, et même elles pourraient en être dispensées. Cependant, ce droit de dégrever en entier les communes ne doit être exercé qu'avec une certaine réserve : il faut éviter qu'elles restent sans aucun intérêt dans la dépense des enfants trouvés. Il est utile qu'elles soient intéressées, au contraire, à surveiller les expositions et à en restreindre le nombre.

Quant à la répartition à opérer entre les communes de la somme totale à fournir par elles. (V. la circulaire précitée J. C. m. VII, p. 80.)

Enfin, le traitement des ALIÉNÉS indigents appartient au caractère municipal, en tant qu'il est une assistance donnée à l'indigence ; et à la classe des secours publics, en tant qu'il se rattache à des mesures d'ordre public ; c'est donc également une charge mixte, mais comme il existe un moyen positif d'apprécier le contingent des malheureux de cette nature que chaque commune peut fournir, que l'état financier de ces communes est connu, et que telle serait assez riche pour entretenir plusieurs aliénés, et n'en aurait qu'un petit nombre, tandis que telle autre serait trop pauvre pour subvenir à la dépense d'un seul et en aurait cependant un grand nombre, la loi pouvait laisser au conseil général la faculté de fixer arbitrairement la part pour laquelle chaque commune devra concourir avec lui à cette dépense. (V. L. fin. 1856, art. 6 ; L. 1858, art. 28.)

16° Sur tous les autres objets sur lesquels il est appelé à délibérer par les lois et réglements.

Art. 5. Les délibérations du conseil général sont soumises à l'approbation du roi, du ministre compétent ou du préfet, selon les cas déterminés par les lois ou par les réglements d'administration publique. (V. ci-après les art. 26, 29 et 30.)

L'énonciation de cette règle est nouvelle ; mais la règle ne l'est pas. Jusqu'alors toutes les délibérations s'étaient trouvées soumises à l'approbation du gouvernement ou de ses délégués, soit explicitement, soit implicitement, par le réglement du budget. La nécessité de cette condition sort clairement de la loi de l'an VIII, qui confie l'administration au préfet seul, et qui n'appelle le conseil général qu'à répartir les contributions et à délibérer ou donner des avis. Si le préfet n'approuvait pas la délibération, elle restait sans exécution. Différents décrets avaient ensuite successivement établi l'obligation de soumettre à l'approbation du souverain diverses délibérations des conseils généraux, et notamment toutes celles qui concernaient les propriétés publiques.

Il n'y avait donc rien à ajouter en fait à l'action du gouvernement ; mais aujourd'hui que les conseils généraux sont animés de cette force expansive qui est une suite de leur origine élective, il était utile de proclamer la règle avant qu'on eût essayé de l'enfreindre ou du moins avant qu'on eût élevé des prétentions qui, pour être mal fondées, n'en auraient pas moins pu devenir une source de difficultés et de collisions.

L'approbation du *ministre compétent* est nécessaire, savoir : 1° du ministre *de l'intérieur*, pour tous les actes d'administration proprement dite ; 2° du ministre *des finances*, pour l'exécution des mesures relatives à la répartition des contributions et à la confection du cadastre, dont il approuve le budget et les comptes ; 3° du ministre *de l'instruction publique*, lorsqu'il s'agit d'approuver le budget et les comptes de l'instruction primaire, et de régler l'exécution de toutes les mesures qui se rapportent à l'établissement et à l'entretien des écoles normales primaires, et aux compléments obligatoires, secours et encouragements accordés aux communes.

C'est ici le lieu de rappeler l'art. 14 de la loi du 22 juin 1833, ainsi conçu ; « Tout acte ou toute délibération d'un conseil général, relatif à des objets qui ne sont pas légalement compris dans ses attributions, sont nuls et de nul effet. La nullité en sera prononcée par ordonnance du roi (1). »

On conçoit, en effet, que sans ce pouvoir donné au chef du gouvernement, il y aurait bientôt destruction de la régularité du mouvement général, partant la plus fâcheuse anarchie.

Observons à cette occasion qu'il n'y a de nul dans une délibération que la partie seule de cette délibération qui porterait sur des objets hors de la compétence du conseil ; tandis qu'au contraire, il y a nullité radicale et absolue de la délibération entière qui aurait été prise dans une réunion illégale. (L. 1833, art. 15.)

Si deux ou plusieurs départements ne pouvaient s'entendre sur la direction des chemins de grande communication, par exemple, faudrait-il, pour faire cesser le conflit, s'en référer aux dispositions de l'article ci-dessus ? Nous ne le croyons pas ; car la discussion doit s'ouvrir entre les préfets (L. 22 juin 1833, art. 16). Il s'agit d'une transaction entre les départements, dans laquelle l'intervention de l'autorité supérieure n'est pas indispensable, puisqu'il ne s'agit pas ici d'intérêts généraux.

Art. 6. Le conseil général donne son avis :

1° Sur les changements proposés à la circonscription du territoire du département, des arrondissements, des cantons et des communes, et à la désignation des chefs-lieux (L. 18 juillet 1837, art 2, § 2) ;

La circonscription territoriale est un des premiers intérêts de localité ; elle se rattache à la répartition de l'impôt, à des droits électoraux, à la justice civile et criminelle, au système hypothécaire, à une foule de transactions d'ordre public sur lesquelles les conseils locaux peuvent seuls prononcer en connaissance de cause.

L'avis du conseil général doit être donné, en pareil cas, sur le vu de ceux des conseils d'arrondissement ou municipaux intéressés.

Soit qu'il adopte ou repousse les changements de limite proposés, son avis doit être envoyé avec un rapport du préfet au ministre de l'intérieur, qui soumet, s'il y a lieu, à la sanction du pouvoir législatif ou du droit, suivant les cas, la rectification des limites. V. *Dictionnaire de droit adm.*, v° *Division territoriale.*

2° Sur les difficultés élevées relativement à la répartition de la dépense des travaux qui intéressent plusieurs communes ;

Ce paragraphe a eu pour but de mettre d'accord la loi départementale avec la loi municipale dont l'art. 72 porte, § 2 : « Qu'en cas de désaccord entre les conseils municipaux, le préfet prononcera après avoir entendu les conseils d'arrondissement et le conseil général. »

3° Sur l'établissement, la suppression ou le changement des foires et marchés. (Arr. 7 thermidor an VIII ; circ. min. 11 mai 1827.)

Le résultat de cet avis, joint à ceux du conseil d'arrondissement et des communes voisines, est envoyé au ministre du commerce, sur le rapport duquel intervient, s'il y a lieu, l'ordonnance royale qui établit les foires ou marchés. (V. *Dictionn. de Droit adm.*, v° *Foire.*)

L'indépendance et les notions exactes que possèdent les conseils généraux des vrais besoins de toutes les localités du département, les mettent à même d'éclairer l'autorité supérieure sur les décisions à prendre dans l'intérêt public.

4° Et généralement sur tous les objets sur lesquels il est appelé à donner son avis, en vertu des lois et règlements, ou sur lesquels il est consulté par l'administration.

---

(1) En vertu de cet article et de l'article 6 de la loi du 28 pluviôse an VIII, une ordonnance royale du 3 octobre 1835 annule une délibération du conseil général du département des Côtes-du-Nord, du 26 septembre 1835, qui exprimait un vote sur diverses mesures uniquement relatives à la politique générale et qui blâmait le vote de la majorité des chambres. V. au Moniteur du 20 octobre 1838, une ordonnance semblable. V. ci-après, art. 7, une ordonnance du 17 mai 1839, qui annule comme illégale une délibération du conseil général du Jura.

La dernière partie de ce paragraphe donne une grande latitude à l'administration, quant aux avis qu'elle peut demander aux conseils généraux ; on avait proposé de ne lui laisser ce droit que dans les circonstances prévues par les lois et réglements, et on prétendait qu'il y avait quelques inconvénients dans une série de dispositions de lois qui limitent d'une manière si étroite les obligations et les pouvoirs des conseils généraux, à mettre à côté d'une condition, une latitude aussi vague et aussi générale que celle-ci.

Mais ces objections ne pouvaient subsister devant la preuve journalière de l'avantage que retire l'administration de ces avis demandés aux conseils généraux. Nous citerons quelques exemples :

S'occupe-t-on d'une loi sur les concessions de lais et relais de la mer? Eh bien! il est nécessaire de consulter les conseils généraux des départements situés sur le littoral, et leurs observations apportent des lumières dans la question.

S'occupe-t-on d'un code rural, d'une loi sur le parcours ou de toute autre question de même nature, d'un intérêt matériel, qu'il est encore convenable de consulter les conseils généraux.

Le gouvernement, en ne les consultant pas, se priverait d'un concours extrêmement utile; bien plus même, nous dirons que lorsque le gouvernement veut faire des lois d'amélioration, il est très bon que les conseils généraux soient entendus. En examinant les avis qu'ils donnent, on y trouve une multitude d'objections qui doivent être prises en considération, ou de remarques qui peuvent servir à l'amélioration des projets du gouvernement. Il était donc dans l'intérêt du pays de conserver à l'administration la faculté de consulter les conseils généraux.

C'est ainsi qu'ils sont consultés sur l'établissement des tribunaux de commerce. (C. comm. 615; D. 11 juin 1809, art. 2, et sur celui des conseils de prud'hommes. L. 18 mars 1806, art. 34.)

Art. 7. Le conseil général peut adresser directement au ministre chargé de l'administration départementale, par l'intermédiaire de son président, les réclamations qu'il aurait à présenter dans l'intérêt spécial du département, ainsi que son opinion sur l'état et les besoins des différents services publics, en ce qui touche le département.

Cet article contient un droit d'initiative qui ne s'exprime, il est vrai, que par des réclamations et des vœux, mais dont le résultat, plus important qu'on ne saurait le penser tout d'abord, amène toujours les améliorations justifiées.

« Ce droit a été accordé aux conseils généraux, parce qu'il importe à un gouvernement, ami de la liberté et de la justice, de connaître le vœu public, et surtout de le puiser à sa véritable source ; car l'ignorance est à cet égard moins funeste que les méprises. Où peut être cette source, si ce n'est dans des réunions de propriétaires choisis sur toute la surface du territoire?... C'est là, sans doute, qu'est l'opinion publique, et non dans des pétitions dont on ne connaît ni les auteurs, ni les provocateurs, ni les véritables motifs. » (Exposé de la loi du 28 pluviose an VIII.)

Plus tard, M. Chaptal, ministre de l'intérieur, dans son instruction du 16 ventose an IX, disait : « Les mémoires des conseils généraux doivent présenter à l'administration, non-seulement les maux à réparer ou le bien à faire dans chaque département, mais des vues étendues, des idées d'utilité publique, des éléments d'amélioration et de prospérité générale. »

Néanmoins, en se conformant à l'esprit de l'art. 7 ci-dessus et des instructions précitées, les conseils généraux ne doivent pas perdre de vue que dans le cas où leurs délibérations porteraient sur des objets étrangers à leurs attributions, le roi peut en prononcer la nullité, aux termes de l'art. 14 de la loi du 22 juin 1833.

C'est ainsi que, sur le rapport du ministre de l'intérieur, une ordonnance royale du 18 octobre 1838 casse et annule les délibérations des 23 et 31 août précédent, dans lesquelles le conseil général de la Loire-Inférieure avait déclaré qu'il n'y avait plus d'accord possible entre lui et le préfet, et que la direction des intérêts du département devait être confié à d'autres mains. (V. *Monit.* 20 octobre et *Bull.*, n° 606. V. *Suprà*, la note et l'art. 5.)

De même, une ordonnance royale du 5 novembre 1840, annulle une délibération du conseil général de la Vienne, qui avait déclaré qu'aucun rapport ni officieux, ni officiel, ne pouvant exister entre le conseil et l'ingénieur des ponts et chaussées, il y avait lieu de procéder à son remplacement.

Art. 8. Le conseil général vérifie l'état des archives, et celui du mobilier appartenant au département.

Le droit de propriété étant reconnu au département, il fallait assurer à ses représentants l'exercice d'un contrôle sur cette même propriété. Il est inutile d'insister sur l'utilité d'archives bien tenues sous le rapport des affaires administratives, des droits de propriété, etc. Une circulaire ministérielle du 11 décembre 1820 charge le secrétaire général de la surveillance spéciale des archives. Celui-ci doit donc s'en faire dresser l'état par son prédécesseur, et devient alors gérant de tous les livres et pièces qui sont inscrits. L'art. 8 ci-dessus ajoute à l'utilité de cette garantie par le droit de vérification donné au conseil général. (V. *Dictionn. de Droit admin.*, v° *Archives*.)

Quant à la vérification du *mobilier*, elle avait été déjà conférée à une commission du conseil général par une ordonnance du 17 décembre 1818. L'art. 2 prescrit chaque année la formation d'un inventaire estimatif et le récolement du mobilier départemental, contradictoirement avec le préfet.

En outre, ce récolement doit avoir lieu en cas de décès ou de mutation, et les meubles qui ne s'y trouvent pas doivent être remplacés par le préfet sortant ou les héritiers du préfet décédé.

Art. 9. Les dépenses à inscrire au budget départemental sont :

1° Les dépenses *ordinaires* pour lesquelles il est créé des ressources annuelles au budget de l'État ;

2° Les dépenses *facultatives* d'utilité départementale ;

3° Les dépenses *extraordinaires* autorisées par des lois spéciales ;

4° Les dépenses mises à la charge des départements, ou autorisées par des lois spéciales.

La première rédaction, conformément à ce que la loi municipale du 18 juillet 1837, art. 30, a adopté, avait divisé les dépenses départementales en deux catégories : les dépenses *obligatoires* et les dépenses *facultatives*. Mais si l'on se reporte au caractère réel des dépenses inscrites au budget départemental, on verra que les unes intéressent l'État autant que le département : elles sont, à vrai dire, des dépenses générales du royaume, et si elles n'étaient pas imputées sur le budget du département, elles devraient l'être sur celui de l'État. Le but de la présente loi n'ayant pas été de changer l'ordre des choses, qui ne contenait d'ailleurs aucune mesure coërcitive, on a substitué la qualification « *ordinaire* » à la qualification « *obligatoire*, » car, d'après ce terme, le département aurait eu une obligation à remplir, et plus tard, on aurait pu vouloir en tirer de grandes conséquences. En effet, ce sont les chambres qui apprécient, dans leur ensemble, les dépenses qualifiées départementales ; puis, les conseils généraux ayant donné leur avis sur le meilleur emploi à faire des fonds votés par les chambres, le ministre arrête définitivement le budget départemental. Or, l'expression « *obligatoire* » aurait pu faire concevoir la pensée de reporter sur les départements une charge qui est générale.

Néanmoins, ces dépenses sont tout à fait *obligatoires*, et il faut y faire face, avant tout, par les moyens que la loi accorde ; il est pourvu aux autres dépenses, dans la proportion des ressources départementales provenant des centimes facultatifs, d'une part, s'il y a lieu, dans un fonds de secours spécial, enfin des centimes extraordinaires ou des centimes spéciaux.

Ce principe diffère de celui qui régissait précédemment la comptabilité départementale et qui avait pour objet de ramener les départements par le partage d'un seul fonds commun, à une égalité proportionnelle de ressources, afin de subvenir, non-seulement aux dépenses ordinaires, mais encore aux dépenses facultatives. La nouvelle loi a donc pour conséquence naturelle de produire, quant aux dépenses *ordinaires*, des différences, soit en plus, soit en moins, avec l'ancienne répartition du fonds commun. (V. circ. min. int. 24 juillet 1838, n° 41.)

Art. 10. Les recettes du département se composent :

1° Du produit des *centimes additionnels* aux contributions directes, affectés par la loi de finances aux dépenses ordinaires des départements, et de la part allouée au département, dans le *fonds commun* établi par la même loi.

« *Centimes additionnels.* » Lors de leur formation, les départements n'avaient pas été considérés comme ayant une existence à part ; ils n'étaient aux yeux de la loi qu'une division administrative. L'assemblée constituante avait remis aux assemblées administratives le soin d'ordonner les dépenses et de percevoir les contributions publiques dans chaque département (L. 22 décembre 1789). Mais ce n'était qu'un mandat dont elle les investissait, et ces dispositions ne donnaient pas lieu à un budget départemental proprement dit. La loi du 28 messidor an IV a mis certaines dépenses à la charge des départements, en affectant à leur acquittement un nombre déterminé de *centimes additionnels*, au principal de la contribution directe. Telle est l'origine de ces centimes, qui diminuent en apparence le poids des charges publiques, mais n'en sont pas moins une augmentation des impôts généraux.

Ces centimes sont imposés en nombre égal pour tous les départements, parce qu'ils ont pour objet de subvenir à des services permanents et obligatoires. Les conseils généraux n'ont donc pas à s'immiscer dans le vote de ces centimes, qui sont directement fixés par le pouvoir législatif.

Quant au *fonds commun*, nous avons déjà parlé du principe de sa constitution annuelle dans les commentaires sur l'art. 3 ; il ne sera pas sans utilité de remonter à son origine et au but réel de son institution.

Dès l'an IV, on avait prévu qu'il y aurait des dépenses d'administration et des dépenses départementales, puis vint plus tard la loi du 11 frimaire an VII, d'après laquelle trois sortes de ressources étaient mises à la disposition des départements : 1° des centimes ordinaires ; 2° un certain nombre de centimes qui avaient pour but de suppléer à l'insuffisance des premières ressources ; 3° des centimes centralisés au trésor et formant une espèce de *fonds commun* dans la main de l'administration. Telle est l'origine du fonds commun ; c'est la loi de l'an VII qui l'a créé, mais non pas tel qu'il existe aujourd'hui. Elle avait en vue de mettre entre les mains du gouvernement des ressources qu'il répandrait inégalement sur les départements, de telle sorte que les plus pauvres comme les plus riches fussent en état de subvenir aux mêmes dépenses. Mais cette loi eut le sort de tant d'autres, elle ne fut plus exécutée, et depuis l'an X jusqu'à la fin de l'empire, ces fonds, dont une partie devait être départementale et une partie centralisée, furent centralisés en entier dans les mains du gouvernement, qui faisait ensuite de lui-même et de son propre mouvement toutes les dépenses générales. En 1814, et 1815, la restauration maintint cet état de choses pour ces deux exercices. 50 cent. furent centralisés, et de cette manière on fit face à toutes les dépenses départementales. Enfin, les lois de 1816 et 1817 rendirent au fonds commun son existence et son origine. La loi du 31 juillet 1821 porte, art. 21 et 28 : « Les 5 cent. « restant seront versés au trésor royal pour, à titre « de *fonds commun*, être tenus à la disposition du « ministre de l'intérieur et venir au secours des dé- « partements dont les dépenses variables excède- « raient le produit des 5 cent. 6/10°. »

On voit donc que le fonds commun a pour objet de subvenir à l'insuffisance des centimes affectés au paiement des dépenses d'un intérêt général, qualifiées *départementales*, et qui ont été soumises à l'examen des conseils généraux pour y trouver les lumières et la surveillance qu'on ne pouvait pas espérer trouver au point central. (V. pour la répartition des fonds communs l'art. 17.)

2° Du produit des centimes additionnels *facultatifs*, votés annuellement par le conseil général, dans les limites déterminées par la loi de finances.

L'origine des centimes *facultatifs* remonte à la loi du 28 ventose an XIII, art. 34. (V. aussi celle du 24 avril 1806, art. 68. — Celle du 15 septembre 1807, art. 12. — D. 7 octobre 1809, art. 2, 3, 4. — D. 11 juin 1810, art. 24.)

Employés d'abord aux besoins du département, ils ne tardèrent pas, dans les dernières années du gouvernement impérial, à recevoir une autre destination ; ils ne furent rendus à celle de leur origine que par la loi du 28 avril 1816, art. 55, 56.

Depuis cette époque, les dispositions de ces articles sont répétées chaque année par la loi de finances.

Les centimes facultatifs forment le revenu *éventuel*; le conseil général les vote en entier, en partie, ou même ne les vote pas du tout, selon son bon plaisir. Cette création de ressources dépend de son libre arbitre : il doit en conserver la disposition ; c'est d'ailleurs aux intéressés, c'est au conseil général qui les représente, qu'il appartient, selon les règles de l'équité, de tirer le meilleur parti possible du droit que la loi leur confère.

Le § 2 ci-dessus ne fait au surplus que consacrer le principe établi par l'art. 34 de la loi du 25 juillet 1820, qui statue que l'emploi des centimes facultatifs sera toujours conforme au vœu du conseil général, sans que le vote spécial d'une affectation de centimes puisse être transporté à d'autres dépenses.

3° Du produit des centimes additionnels extraordinaires imposés en vertu des lois spéciales ;

Les centimes additionnels dont il est question dans les différents paragraphes de cet article, sont communs à tous les départements ; leur base légale se trouve dans la loi annuelle des finances ou dans des lois générales ; mais alors même que les conseils généraux auraient usé de toutes les ressources que ces lois leur accordent, il peut rester à pourvoir à la dépense des travaux que l'intérêt du département commanderait de ne pas différer. Dans ce cas le conseil général peut voter une contribution extraordinaire à percevoir par voie de centimes additionnels aux contributions directes. Cette contribution doit être autorisée par une loi spéciale. (Voyez ci-après, article 53.)

4° Du produit des centimes additionnels affectés par les lois générales à diverses branches du service public ;

C'est-à-dire au paiement du traitement des fonctionnaires de l'administration, aux frais d'administration de préfecture et sous-préfectures, etc. (V. nos commentaires sur l'art. 3 ci-dessus.)

5° Du revenu et du produit des propriétés du département non affectées à un service départemental ; (V. les commentaires sur les §§ 2 et 4 de l'art. 4.)

6° Du revenu et du produit des autres propriétés du département tant mobilières qu'immobilières ;

On peut comprendre dans ce paragraphe, le produit de la vente d'arbres abattus et de terrains sur les routes départementales, de matériaux de démolition, effets mobiliers ou autres, provenant d'un établissement public départemental.

7° Du produit des expéditions d'anciennes pièces, ou d'actes de la préfecture déposés aux archives ;

Ces droits sont fixés d'après l'art. 57 de la loi du 7 messidor an 11, à 75 centimes par rôle. (Circ. du 16 avril 1816.)

8° Du produit des droits de péage autorisés par le gouvernement au profit du département, ainsi que des autres droits et perceptions concédés au département par les lois.

La dernière partie du § 8 peut s'appliquer à différents genres de produits, tels que 1° la part afférente au département dans le prix de fermage des travaux des détenus, la location d'objets mobiliers dits de pistoles ; les pensions des jeunes détenus à la charge des parents, etc., etc. (V. Dict. de droit admin. v° *prisons*). 2° Les revenus de même nature des dépôts de mendicité. 3° L'excédant du produit des droits d'examen, et de réception des candidats officiers de santé qui se présentent devant le jury de médecine. (Circ. min. int., 21 mai 1812, et 5 mars 1829.) 4° Les rétributions payées par les pharmaciens et droguistes pour la visite de leurs établissements.

Le produit de toutes ces ressources éventuelles doit être versé dans la caisse du receveur général pour être déposé au trésor public, au compte des produits divers appartenant aux départements. Il est ensuite mis à la disposition des préfets par des ordonnances de délégation, après que le ministre s'est assuré que le trésor en a fait le recouvrement. (Instr. 1852.)

Art. 11. Le budget du département est présenté par le préfet, délibéré par le conseil général, et réglé définitivement par ordonnance royale. Il est divisé en sections.

Dans l'ancien état de la législation, les budgets et les comptes étaient approuvés par le ministre, mais l'art. 33 de la loi du 18 juillet 1837, sur les attributions municipales, portant que les budgets des communes qui dépassent 100,000 francs seraient réglés par le roi, il y aurait eu quelque chose d'anormal à ce que les budgets des départements, qui sont beaucoup plus considérables, fussent réglés par le ministre.

L'existence d'un seul budget et sa division en sections, ont besoin d'être expliquées. Cette disposition a pour but de simplifier les rouages. Dans le système de la loi, les *dépenses* sont ordinaires, facultatives et spéciales ; le budget se divise en sections, en raison de ces natures de dépenses.

D'un autre côté, les *recettes* sont obligatoires et facultatives, et le but de la loi est d'appliquer les recettes obligatoires aux dépenses ordinaires, les recettes facultatives aux dépenses facultatives, et enfin les recettes spéciales aux dépenses spéciales.

Enfin le fonds commun devant être appliqué seulement aux dépenses d'utilité générale, on a vu dans cette division le moyen d'empêcher que ce fonds commun ne s'appliquât à des dépenses d'utilité départementale. Du reste, la division en sections ne changera rien à la marche administrative pour l'approbation du budget. Jusqu'à présent, lorsque le ministre avait reçu le budget variable, il l'approuvait provisoirement, se réservant l'examen particulier de certaines questions ; de cette manière, la marche générale des affaires n'était pas prolongée. Ainsi le budget revenait dans le département pres-

que aussitôt, et cependant le ministre conservait le bénéfice d'un examen prolongé. Or ce qu'on faisait pour le budget variable, on peut le faire pour un budget unique divisé en sections (1).

(Voyez au Moniteur, 12 août 1839, p. 1623, la circulaire ministérielle du 10 août 1839, contenant d'utiles explications relatives à fa formation du budget départemental.)

Perception des revenus. — Les receveurs généraux des finances sont chargés de recouvrer :

1° La portion des centimes additionnels imposés dans les rôles des contributions directes pour dépenses départementales ;

2° Et les divers produits accidentels et extraordinaires qui sont destinés aux mêmes dépenses et qui appartiennent aux budgets des départements. (Instr. gén., 15 décembre 1826. O. 31 mai 1838, art. 417.) Le comptable chargé du recouvrement des ressources éventuelles est tenu de faire sous sa responsabilité, toutes les diligences nécessaires pour la rentrée de ces produits, etc. V. ci-après art. 22.

Les receveurs délivrent aux parties versantes des récépissés à talon. (O. 31 mai, art. 419.) (2)

Art. 12. La première section comprend les dépenses ordinaires suivantes : (O. 31 mai 1838, art. 407.)

---

(1) *N. B* Jusqu'à l'exercice 1838 inclusivement, les services départementaux à la charge de l'État, exécutés sur le produit des *centimes fixes*, avaient été l'objet de deux chapitres seulement ; l'un, sous le titre de *dépenses fixes*, comprenait toutes celles qui avaient rapport au personnel et aux abonnements de préfectures et sous-préfectures ; l'autre, sous la désignation de *dépenses des maisons centrales, de direction et des bâtiments des cours royales*, etc..... était chargé, non-seulement de toutes celles de ces établissements, mais encore de quelques autres services à la charge de ces centimes.

La loi de finances du 14 juillet 1838 a supprimé la spécialité de ces centimes, et les a fait passer dans les centimes généraux, sans affectation spéciale, et ils sont à l'avenir l'objet des chap. 28, 29, 31 et 32 qui comprennent, savoir :

Le chap. 28, les traitements et indemnités aux fonctionnaires administratifs.

Le chap. 29, les abonnements pour frais d'administration ;

Le chap. 31, les dépenses ordinaires des maisons centrales de force, de correction.

Et le chap. 32, les dépenses pour le transport des condamnés aux travaux forcés, les indemnités pour leur séjour, etc...

Quant aux dépenses départementales qui s'effectuent : 1° sur les centimes variables ; 2° sur le produit des ressources éventuelles ; 3° et sur les centimes facultatifs, elles se divisaient en trois chapitres dont la désignation était prise dans la nature des produits indiqués.

A l'avenir elles seront ordonnancées suivant les chapitres et articles suivants :

Chap. 35. — Centimes ordinaires et fonds communs ; produits éventuels.

Chap. 36. — Centimes facultatifs et fonds commun ; produits particuliers ; subvention communale pour parcours de route.

Chap. 37. — Centimes d'impositions extraordinaires ; fonds d'emprunt.

Chap. 38. — Centimes spéciaux pour les chemins vicinaux ; subventions communales pour chemins vicinaux ; produits non indiqués par la loi. (Circ. min. 17 novembre 1838, n° 66.)

(2) Les dépenses auxquelles ces impositions sont destinées sont acquittées par les payeurs des départements, en vertu des ordonnances du ministre chargé de l'administration départementale. (O. 31 mai 1838, art. 421. Instruction générale des finances du 15 mai 1826. V. ci-après l'art. 23.

Les dix-neuf articles de dépenses ordinaires, composant, d'après la loi, la 1re section, forment seulement 15 chapitres d'après le nouveau modèle envoyé aux préfets avec la circulaire du 24 juillet 1838, no 41. Or, si ce modèle s'écarte sous le rapport du chiffre des paragraphes, et de l'ordre qu'ils occupent, de la nomenclature établie par le présent article, c'est que plusieurs ont paru d'une trop faible importance ou susceptibles de trop d'éventualités pour motiver des votes distinctifs.

1° Les grosses réparations et l'entretien des édifices et bâtiments départementaux ; (Chap. I, sect. I du budget.)

De tout temps, le département a supporté ce genre de dépenses, puisqu'il serait impossible de les supprimer sans entraver, sans arrêter même la marche de l'administration.

C'était d'ailleurs une des conditions essentielles de la donation faite par le décret du 9 avril 1811 ; et il ajoutait que ces réparations devraient être supportées suivant les règles et dans les proportions établies pour chaque local, par la loi du 11 frimaire an VII, sur les dépenses départementales et communales, et par l'arrêté du 27 floréal an VIII, pour le paiement des dépenses judiciaires.

Les demandes de fonds pour cet objet, doivent être appuyées de détails propres à faire connaître la situation annuelle des travaux entrepris. (V. art. 51.)

Ce chapitre n'a rapport qu'aux grosses réparations et à l'entretien, et ne doit pas comprendre de constructions neuves, lesquelles appartiennent aux sections II et III du budget.

Les dépenses du personnel des travaux devront être proportionnelles aux allocations pour entretiens ou grosses réparations. (Circ. min. int., 24 juillet 1838, no 41, fol. 2.)

Les dépenses du personnel des travaux de ce chapitre devant être proportionnelles aux allocations pour entretien ou grosses réparations, il convient si l'architecte du département a un traitement fixe, et si le traitement tient lieu d'honoraires pour travaux de constructions neuves, de partager le traitement en deux, dans la proportion des dépenses réelles, et de porter ces deux parties distinctement aux deux chapitres I et XVI. (Circ. min., 10 août 1839.)

2° Les contributions dues par les propriétés du département ;

Cette charge avait été imposée par le décret du 9 avril 1811.

3° Le loyer, s'il y a lieu, des hôtels de préfecture et de sous-préfecture ; (Sect. I, chap. III du budget.)

Jusqu'à ce jour, les départements ont été tenus d'établir la préfecture dans un hôtel convenable, de le meubler et d'en entretenir l'ameublement ; mais les sous-préfets se sont toujours logés à leurs frais dans les localités où le département ne possédait pas le local convenable.

On comprend facilement les motifs de haute convenance qui ont amené un changement à cet ordre de choses.

Il en résultait, en effet, que la sous-préfecture changeait de local selon les convenances de chaque titulaire ; que les bureaux et que les archives étaient sans cesse déplacés au détriment de l'administration ; que souvent, dans de petites villes sans ressources, on abusait de la situation du sous-préfet, obligé alors de se soumettre à des exigences exorbitantes ou d'établir ses bureaux d'une manière incommode au public.

Les dispositions du § 3 n'ont pas pour but de faire accorder une *indemnité de logement*. La loi n'a pas voulu que les sous-préfets pussent avoir des logements à leur guise, mais bien qu'il existât un logement déterminé, public, officiel, indépendant de toute mutation qui pourrait se faire dans le personnel des sous-préfets. Quant aux hôtels de préfecture, ce n'est ici qu'une question de théorie ; car la discussion a prouvé qu'il n'y avait que quatre préfectures qui n'appartinssent pas aux départements ; encore n'y en a-t-il que deux auxquels incombe cette charge de loyer.

Il est bien important de remarquer que l'expression « *s'il y a lieu*, » énoncée dans le § 3 ci-dessus, ne porte que sur l'alternative du logement existant dans un bâtiment appartenant au département, ou du logement pris à bail aux frais du département ; cette expression n'imprime donc aucun caractère facultatif à cette dépense, qui au contraire est tout à fait obligatoire.

Mesures d'exécution. — Dans le cas où un projet de construction ou d'acquisition d'un hôtel de sous-préfecture n'excéderait pas les ressources du département, le préfet doit le communiquer, en vertu de l'art. 42 de la présente loi, au conseil d'arrondissement lors de sa plus prochaine session, afin qu'il donne son avis ; puis au conseil général, qui devra en délibérer en vertu de l'art. 4. Si au contraire, le préfet ne croit pas devoir proposer d'acquisition ou de construction d'hôtels de sous-préfecture, ou dans le cas contraire, en attendant qu'un bâtiment départemental puisse recevoir le sous-préfet, le no 3 du présent article 12 devient applicable ; et l'administration doit chercher une maison propre à cette destination, et traiter avec le propriétaire. Il est à désirer alors que le préfet puisse passer un bail, dont le projet doit être communiqué préalablement au conseil général, en lui soumettant également l'allocation nécessaire pour le paiement du loyer convenu par bail ou autrement. (Cette allocation est portée au chap. III de la 1re section du budget (*dépenses ordinaires.*) Tandis que celle qui aurait pour but la construction ou l'acquisition devrait être portée au chap. 1er de la 2e section (*dépenses facultatives*).

S'il n'y a pas possibilité de loger les sous-préfets dans les bâtiments départementaux, il faut chercher à passer des baux d'une durée de neuf ans.

Enfin, aux termes de la décision royale du 16 octobre 1825 (circ. 22 du même mois), les baux peuvent être approuvés par le préfet, quand le prix du bail, dans tout l'ensemble de sa durée, n'excède pas 20,000 francs. (Circ. 25 juillet 1838, n° 42.)

4° L'ameublement et l'entretien du mobilier de l'hôtel de préfecture et des bureaux de sous-préfecture ; (Sect. I, chap. IV du budget.)

Il n'y a d'innovation que pour les bureaux de sous-préfecture. Le mobilier dont il s'agit ici ne doit comprendre ni des meubles d'un usage personnel et domestique, ni des meubles de représentation. Il n'y faut faire entrer que les tables, chaises des employés, les armoires et les rayons destinés à recevoir les cartons (qui doivent être payés sur les fonds d'abonnement) et papiers, et l'ameublement du cabinet de travail du sous-préfet. La dépense consacrée à ces objets mobiliers paraît devoir être comprise entre les limites de 600 et de 1,200 fr., suivant l'importance des localités, le nombre des employés, et la grandeur des appartements qu'il s'agit de garnir de meubles.

Aux termes de l'art. 42 ci-après, le conseil d'arrondissement est appelé à donner son avis, et ensuite le conseil général en délibère. (Circ. min. int., 26 juillet 1838, n° 43.)

Le projet de loi avait également proposé d'ajouter à ce paragraphe l'ameublement des *sous-préfectures ;* cette proposition fut repoussée, dans la crainte que la fourniture simultanée du mobilier des 277 sous-préfectures ne causât une dépense considérable, et que l'entretien ou le renouvellement de cet ameublement ne devînt une source de discussions, de tracasseries, et même d'abus.

On aurait dû réfléchir, cependant, que les sous-préfets ne peuvent exercer une influence utile sur les administrés, que si on les met à même de les voir et de les recevoir chez eux. Leurs traitements sont très-faibles, et en les chargeant de payer leur mobilier on les met dans l'impossibilité de recevoir convenablement pendant les premières années de leur établissement où souvent leur influence peut être nécessaire. Ensuite appelés souvent d'un bout de la France à l'autre dans une autre résidence, on conçoit la difficulté du transport de leur mobilier, et s'ils veulent les vendre, le peu de parti qu'ils en tirent. (V. Monit. 10 mars 1857, p. 525, discours de M. de Morogues et du min. de l'intérieur M. de *Gasparin*

V. en outre Monit. 11 mars, p. 536.) Le même ministre, en finissant par se ranger à l'avis de la commission, ajoute qu'il « espère que cette discussion ne sera pas perdue et que les chambres y auront égard quand les circonstances permettront d'améliorer le sort des sous-préfets. » (Opposition à cette réserve, Monit. 6 mars 1858, p. 490.) Quant au *mobilier des préfectures*, on sait que partout il est la propriété des départements, et qu'aux termes d'un décret de 1811, il doit égaler la valeur d'une année de traitement du préfet. Une circulaire du 30 décembre 1850 porte que dans les départements où le mobilier des préfectures n'a pas atteint cette valeur, le conseil général peut proposer des allocations spéciales pour le compléter.

Rappelons ici que la loi de fin. du 26 juillet 1829, art. 8, prescrit le récolement de l'inventaire des objets mobiliers de chaque préfecture, à la fin de chaque année et à chaque mutation de fonctionnaire responsable. Ces inventaires sont déposés aux archives du ministère des finances.

Quant à *l'entretien* du mobilier, une circulaire du 1er septembre 1825 porte que la somme y relative ne peut excéder le 20me de la valeur reconnue par récolement d'inventaire estimatif.

Toutes ces règles sont applicables à la fourniture et à l'entretien ainsi qu'au récolement du mobilier des bureaux des sous-préfectures. (Circ. min. int. 26 juillet 1838, n° 43.) V. *Macarel* et *Boulatignier*, de la fortune publique, II, n°s 473-479.

5° Le casernement ordinaire de la gendarmerie ; (sect. I, chap. V du budget.)

C'est-à-dire les indemnités de logement imposées par la loi du 28 germinal an VI, art. 83, et les objets de literie accordés aux gendarmes extraits de la ligne, non admis dans les six mois de leur congé. (V. arrêté 24 vend. an XI, art. 2 ; — 2 vend. an XIV ; — D. 7 oct. 1809. Circ. min. guerre, 11 sept. 1817. — Circ. min. int., 2 mars 1818, 20 oct. 1819. — 31 juillet 1821. — Circ. min. int. 1832.)

La discussion a établi que ce paragraphe devait s'appliquer même aux dépenses des brigades extraordinaires ou provisoires, car du jour où l'on aura intérêt à augmenter la gendarmerie dans un département, et où cette augmentation sera votée, cette gendarmerie deviendra la gendarmerie ordinaire du département. (*Contrà*, avis com. int. 17 avril 1831. Vuill. p. 380.) D'ailleurs, c'est moins une dépense départementale, d'après le système de la loi, qu'une dépense de l'état, puisque les fonds communs et les 8 centimes 1/10e départementaux doivent suffire à ces dépenses.

Maintenant, si on en fait une dépense départementale, c'est qu'on a voulu décentraliser ; il en est de même pour les *objets de literie;* c'est qu'on a pensé que les membres du conseil général, à même de visiter le casernement de la gendarmerie de leur localité, devaient être les premiers juges de cette dépense. On voit donc qu'en aucun cas, ces dépenses ne doivent être supportées par les communes. Toutefois, si par une exception à ce principe, ces dernières demandaient à concourir aux dépenses d'établissement ou d'acquisition d'une caserne destinée à la gendarmerie, elles ne pourraient y être autorisées que dans le cas où il devrait en résulter pour elles un avantage non contesté. (Avis com. int. 20 janv- 1830. Vuill. p. 380.)

Le prix des baux des bâtiments affectés au casernement de la gendarmerie, doit être de 480 fr. pour une brigade à cheval, et de 240 fr. pour une brigade à pied. (Circ. min. int., 20 oct. 1819.)

Une circulaire du 22 octobre 1825, relate une décision royale du 16 octobre 1825, qui exige l'approbation ministérielle pour les baux des bâtiments occupés par la gendarmerie, d'une durée de six ans.

Le remplacement des *drapeaux* placés sur les casernes est une faible dépense accessoire au casernement, et a paru devoir être mise à la charge du budget départemental, sous la rubrique du § 5. (Circ. min. int. 24 juillet 1838, n° 41, f. 3.)

6° Les dépenses ordinaires des prisons départementales ; (sect. 1, chap. VI du budget.)

Cette désignation de *départementales*, a pour but de restreindre les charges du département. Les conseils généraux sont donc étrangers à la dépense des *maisons centrales de force* et de *correction*, qui est prélevée sur les centimes fixes, et réglée par le ministre d'après les crédits ouverts par la loi annuelle des finances. Cependant que doit-on entendre dans l'acception du terme de prisons départementales ?

Ne doit-on y comprendre que les *maisons d'arrêt* et de *justice*, instituées par le code d'instruction criminelle ? ou doit-on y comprendre aussi les prisons *cantonnales*, les *dépôts* ou *chambres de sûreté*, que la nécessité de s'assurer immédiatement des prévenus, les besoins de la police, et l'obligation de recevoir les hommes qui, à divers titres, sont conduits par la force publique, ont fait établir ? (V. arrêté du min. int. du 20 octobre 1810.)

La jurisprudence varie à cet égard selon les départements, et la promesse donnée dans le discours de la couronne (décembre 1837), d'une législation complète sur les prisons, nous fait espérer que ces différentes questions seront tranchées. (V. le rapport au roi, de M. de *Gasparin*, min. de l'int., du 1er février 1837.) V. les explications données à ce sujet par M. le min. de l'int., séance du 30 mai 1838, monit, 31, p. 1472.) V. exposé des motifs et projet de loi. Monit. 10 mai 1840, p. 10001.

Quant à la *dépense*, nous dirons, comme dans le paragraphe précédent, qu'elle est supportée par le département, par forme d'administration seulement, et que c'est en réalité sur les fonds généraux de l'Etat que cette dépense se trouve payée. Il a paru convenable pour le bon ordre des affaires, et pour en *décentraliser* une qui demanderait beaucoup trop de correspondances, de placer cette dépense sous la surveillance du conseil général. (V. D. du 7 mars 1808, sur les traitements des employés, *Duvergier*, année 1830, p. 284. O. 1er mars 1830. — Circ. 22 mars 1816.)

Ce paragraphe ne doit pas comprendre les frais de chauffage et d'éclairage des corps de garde établis près des prisons, ainsi que les frais de translation des prisonniers. Le premier article est transporté au chapitre VIII de la section I, § 9 de l'art. 12, qui embrasse dans sa généralité tous les corps de garde des établissements départementaux. Le deuxième article fait partie dans le chap. XIV (§ 7), de la nomenclature des diverses translations de condamnés, prisonniers, vagabonds et forçats. (Circ. 24 juillet 1838, n° 41, f. 3.)

7° Les frais de translation des détenus, des vagabonds et des forçats libérés ; (Sect. 1, chap. XIV du budget.)

Pourquoi, se demande-t-on, les frais ci-dessus qui se rattachent à la police du royaume sont-ils mis à la charge du département ? Ne devraient-ils pas plutôt conserver le caractère de charge publique. En outre, peut-on, en équité, imposer *obligatoirement* à un département des dépenses qui ne peuvent jamais être restreintes par le contrôle et la volonté de l'autorité, chargée des intérêts du département ? car il est impossible de ne pas transporter les individus condamnés, dans le lieu où ils doivent subir leur peine.

Mais on comprendra sans peine les motifs de cette disposition :

On peut concevoir qu'une commune demande qu'une de ses dépenses soit portée sur le budget général de l'Etat, parce qu'elle serait relative à la police générale ; mais il n'en est pas de même quant aux départements. Elles sont réglées aux chapitres 29, 30 et 31 du budget général. Le chapitre 29 règle les dépenses fixes, le chapitre 30, les dépenses communes à plusieurs départements, le chapitre 31, les dépenses spéciales à chaque département, et le fonds commun. Que fait-on tous les ans ? On fait une répartition du fonds commun, proportionnée aux besoins et aux dépenses variables de chaque département.

Que si on rejetait sur le *fonds centralisé* la dépense de translation des condamnés, la dépense totale du département ne serait pas modifiée ; elle changerait seulement de chapitre, elle serait retirée des dépenses variables, pour entrer dans les centimes centralisés, mais ces départements n'y gagneraient rien ; ce ne serait qu'un virement.

Les motifs qui ont déterminé à classer ici cette dépense, sont : 1° la décentralisation des affaires; 2° l'intérêt d'une meilleure administration, puisque d'une part on évite les lenteurs et la multiplicité d'une correspondance avec le ministère, et que de l'autre, les comptes étant fournis au conseil général, ce conseil, qui a un intérêt marqué à ce que les dépenses ne soient pas trop considérables, porte un œil investigateur sur ses causes.

Il est important de remarquer que le § 7 n'entend parler que des personnes qui auraient été condamnées et qui sont conduites aux prisons départementales.

Si des forçats étaient amenés devant les autorités judiciaires, pour y déposer comme témoins, ou pour y subir un nouveau jugement, les dépenses occasionnées, par leur translation font partie des frais de justice criminelle, et sont remboursées par *le ministère de la justice*. Quant à la translation des forçats échappés et capturés, elle a lieu sur les fonds du *ministère de la marine*.

A cet effet, les entrepreneurs de convois doivent s'adresser directement aux ministres ci-dessus. (Circ. min. int. 17 janvier 1837, n° 6.)

On a réuni dans un seul chapitre (XIV), celles des dépenses ordinaires, qui, quoiqu'énoncées séparément dans les n°s 7, 12, 14, 16, 17 et 18, sont trop éventuelles et dépendent d'un trop grand concours de circonstances pour pouvoir être appréciées avec quelque exactitude.

Toutes ces dépenses ainsi groupées, l'allocation du chapitre peut être considérée comme un fonds général et de prévision, applicable à l'instar de la réserve de l'ancien chap. XI, aux divers cas de l'espèce qui se réaliseront : de cette manière la comptabilité départementale se trouvera affranchie en grande partie des nombreux virements et suppléments des crédits auxquels il fallait souvent recourir dans le système des prévisions spéciales. (Circ. min. int. 24 juillet 1838, n° 41, f. 7, et 23 janvier 1841, n° 1 bis.)

8° Les loyers, mobilier et menues dépenses des cours et tribunaux, et les menues dépenses des justices de paix ; (Sect. 1, chap. VII du budget.)

Ces *menues dépenses* sont souvent le sujet de divergences entre les conseils généraux. Il paraîtrait utile qu'un règlement d'administration publique déterminât avec précision quelles sont les dépenses que la loi a entendu comprendre sous le nom de *menues dépenses*, et servît à la faire appliquer d'une manière uniforme dans tous les départements.

Les achats de meubles doivent être préalablement approuvés par le ministre, lorsque la dépense s'élève à plus de 5,000 fr. (Circ. 22 oct. 1806.)

Bien entendu que le département où siège la cour royale, supporte seul ces dépenses, à raison de l'avantage d'être le chef-lieu, et que les départements du ressort n'ont rien à voter à cet égard.

Il est important de remarquer que si le § 8 ci-dessus, impose aux départements l'obligation de supporter les frais du loyer et du mobilier des cours et tribunaux, cette obligation ne s'étend pas aux *justices de paix*, la loi du 18 juillet 1837, art. 30, § 10, mettant le loyer et le mobilier de la magistrature cantonale à la charge des communes chefs-lieux.

Bien qu'il existe une nouvelle cause de dépenses dans l'accroissement de la compétence des juges de paix, on peut se borner provisoirement à rétablir les crédits dont jouissaient les juges de paix antérieurement à 1815, sauf quelques exceptions peu nombreuses résultant plus particulièrement du vote des conseils généraux. (Circ. min. int. 24 juillet 1838, n° 41, f. 4.)

Les *menues dépenses* dont parle le § 8 ci-dessus consistent en frais de chauffage et d'éclairage de la salle d'audience, impressions, reliure du bulletin des lois, fourniture de papier, plume encre, etc. (Circ. min. int. 31 juillet 1838, n° 44.)

Les propositions du préfet doivent être conformes aux fixations arrêtées par le ministre de la justice, tant pour les cours et tribunaux que pour les justices de paix. Pour les dernières, il est important d'observer le partage proportionnel réglé suivant la classe de chacune d'elles, toute modification à cet égard devant être au préalable l'objet d'une décision spéciale.

Il ne serait pas régulier de s'adresser directement aux conseils généraux pour obtenir des augmentations de crédits, avant que le ministre de la justice ait pu apprécier l'opportunité de cette demande (Circ. min. int. 10 août 1839.)

9° Le chauffage et l'éclairage des corps de gardes des établissements départementaux ; (Circ. du 17 décembre 1815 ; sect. 1, chap. VII du budget.)

10° Les travaux d'entretien des routes départementales et des ouvrages d'art qui en font partie ; (Idem, chap. XI du budget.)

La loi du 23 mars 1817 avait placé lesdits travaux parmi les dépenses variables, avec faculté pour les départements, si ces centimes spécialisés ne suffisaient pas, de se faire autoriser à une imposition extraordinaire.

Bien que l'état ne contribue en rien à ces dépenses, ce sont les ingénieurs des ponts et chaussées qui seuls doivent cependant diriger les travaux. A cet effet, et pour payer leurs frais de tournée et de bureau, ils reçoivent une indemnité fixée à 4 p. 0/0, sur les premiers 40,000 fr., et à 1 p. 0/0 sur le surplus des sommes. (D. 16 déc. 1811. L. 23 mars 1812.)

On doit comprendre dans ce paragraphe la dépense des travaux d'entretien des *routes stratégiques*, pour le tiers que la loi du 1er avril 1837 a mis à la charge des départements.

Le § 10, qui forme le chap. XI de la section 1re du budget, ne doit admettre aucuns travaux neufs. Les indemnités qui seraient proposées par des ingénieurs ou d'autres agents d'exécution, ne doivent concerner que l'*entretien seulement*, et être calculées sur les bases fixées par l'administration générale des ponts et chaussées. Si les propositions du préfet et les votes du conseil général sur l'ensemble de la première section du budget excédaient les ressources qui y sont affectées, il est bon d'observer que c'est sur le présent chap. XI que seraient faites les réductions nécessaires, par l'ordonnance royale de réglement, attendu la limite posée par la loi du budget des dépenses, et les difficultés que rencontreraient probablement des retranchements sur les autres chapitres. (Circ. min. int. 24 juillet 1838, n° 41, f. 5.)

11° Les dépenses des enfants trouvés et abandonnés, ainsi que celles des aliénés, pour la part afférente au département conformément aux lois; (V. ci-dessus, art. 4, § 15; Sect. I, chap. X du budget; chap. XI, spécial pour les aliénés.)

Les dépenses des enfants trouvés se divisent en deux classes, qu'on désigne sous le nom de *dépenses intérieures* et *dépenses extérieures*, suivant qu'elles se composent des frais faits dans les hospices, avant le départ des enfants pour la campagne, ou des mois de nourrice et de leurs pensions chez les cultivateurs ou les manufacturiers.

Depuis la promulgation d'une ordonnance royale du 28 juin 1833, les percepteurs sont chargés du paiement des mois de nourrice; ils doivent envoyer les pièces justificatives de ces paiements, directement aux receveurs des finances, chargés dorénavant par l'art. 67 de la loi du 18 juillet 1837, de la surveillance de ces comptables. (V. dictionnaire de droit admin., v° *Enfants trouvés*.)

Le service des *aliénés* a paru devoir former dans la section 1re du budget un chapitre spécial (XI), attendu son importance, et bien que la loi ait confondu dans le même paragraphe les aliénés avec les enfants trouvés.

Ce chapitre doit comprendre la dépense des aliénés appartenant au département, quel que soit le lieu où ils sont traités. Si un département a un établissement spécial, et si son importance permet de recevoir des malades des autres départements, il devra être remboursé par la liquidation annuelle, des avances de la dépense dont il s'agit, qui doit rester tout-à-fait en dehors des allocations de son budget. Si au contraire, ses aliénés sont placés dans les maisons des autres départements, son budget n'en doit pas moins comprendre leur dépense, puisque la somme qui sera votée servira à les couvrir de leurs avances par cette même liquidation.

La dépense d'entretien des aliénés doit être portée au budget d'après une évaluation fixe et annuelle pour chacun, ainsi qu'on le fait pour les enfants trouvés.

Il n'en résulte pas, cependant, que l'allocation doive être considérée comme une subvention fixe: elle constitue plutôt un fonds à valoir pour l'entretien et le traitement des aliénés du département, sauf à compter en liquidation de fin d'exercice, et sans préjudice du concours des communes et des pensions particulières payées par les familles.

Enfin, dans ce chapitre doivent être compris les frais de transport des *aliénés indigents* appartenant au départemeut; il a paru régulier de les réunir à la dépense d'entretien et de traitement. (Circ. min. int. 24 juillet 1838, n° 41, f. 5, 6.)

12° Les frais de route accordés aux voyageurs indigents. (Sect. I, chap. XIV du budget.)

Toutes les observations soulevées par le § 7, sont applicables à celui-ci. Ces frais sont de 15 centimes par lieue. (L. 13 juin 1790); mais dans ce cas, il faut que les voyageurs justifient d'un passeport ou feuille de route visé du sous-préfet, qui indiquent l'itinéraire et la durée du voyage. Ces secours sont payés de dix lieues en dix lieues, et l'avance en est faite sur les fonds communaux, par ordre du maire, qui insère dans le *visa* du passe port le montant de la somme. V. circ. min. 21 février 1838; — 22 juin 1839 et 18 avril 1840.

Le remboursement est fait aux communes, à l'expiration de chaque trimestre, sur la présentation, en double expédition, d'un état des sommes avancées. Le sous-préfet, après avoir visé le relevé, le transmet au préfet, qui délivre sur le payeur du département un mandat de la somme dont la restitution est réclamée. Les états de ces dépenses sont mis sous les yeux du conseil général du département, dans les comptes que ce conseil est chargé d'examiner. (Circ. min. 23 mars 1810; — 22 janvier 1813; 1816; 22 juin 1819; — 22 nov. 1825; — 3 fév. 1835.)

13° Les frais d'impression et de publication des listes électorales et du jury. (L. 2 mai 1827; L. 19 avril 1831, art. 68, 69, etc.; Sect. I, chap. XII du budget.)

On comprend dans ce chapitre, mais en deux articles séparés, les frais d'impression dont parle le § 13, et ceux des budgets et des comptes départementaux.

La nature de ces dépenses est la même; et les deux évaluations, mises ensemble, facilitent la liquidation qui a lieu pour chaque article. (Circ. min. int. 24 juill. 1838, n° 41, f. 6.

Il faut remarquer qu'on ne peut classer parmi les dépenses ordinaires que les frais d'impression de la publication des listes d'électeurs et de jurés, et non les frais de *révision* et de *confection* de ces listes, et par exemple, les frais des extraits des rôles destinés à préparer ce travail. (Circ. min. int. 7 juillet 1840.)

14° Les frais de tenue des colléges et des assemblées convoquées pour nommer les membres de la chambre des députés, des conseils généraux et des conseils d'arrondissement (L. 19 avril 1831 ; L. 22 juin 1833) ;

15° Les frais d'impression des budgets et des comptes des recettes et dépenses du département ; (Sect. I , chap. XII du budget.)

Aux termes de l'art. 6 de la loi du 17 août 1828, les budgets qui règlent l'emploi des fonds départementaux, et les comptes des recettes et dépenses sont rendus publics annuellement par la voie de l'impression. Afin qu'il n'y ait aucun retard dans cette publication, une circulaire du 19 novembre 1855 avertit les préfets d'y procéder en deux fois ; la première partie devra contenir les budgets départementaux, et les états des fonds mis en réserve, et la seconde, les comptes et les budgets de report. (V. aussi circ. min. int , 4 nov. 1837, n° 55.)

16° La portion à la charge des départements, dans les frais des tables décennales de l'état civil ; (Déc. 20 , 25 septembre 1792, tit. II , art. 15 ; Déc. 20 juillet 1807 ; Sect. I , chap. XIV du budget.)

Ces tables sont dressées en triple expédition dont l'une est déposée à la préfecture. La première table décennale a compris l'espace écoulé du dernier jour complémentaire, an X, au 1er janvier 1813 ; les autres se sont succédé de dix en dix ans.

17° Les frais relatifs aux mesures qui ont pour objet d'arrêter le cours des épidémies et des épizooties ; (Sect. I , chap. XIV du budget.)

La discussion a prouvé qu'on avait donné à ces mots *épidémies* et *épizooties* le sens le plus large, et qu'ainsi sous le prétexte que telle maladie rentrait dans la catégorie des maladies *endémiques*, et qu'il n'y avait pas épidémie, le département ne saurait refuser ses secours. On doit laisser ces divisions au monde savant, mais l'expression *épidémie* a trouvé de tout temps sa signification générale , administrative et historique.

Quant aux frais, ils consistent : dans les indemnités ou traitements acccordés aux médecins dits *des épidémies* qui doivent exister dans chaque arrondissement aux termes de la circulaire du 30 septembre 1813 et de celle du 7 juin 1837, du ministre du commerce, n° 16, qui en rappelle les dispositions ; dans les médicaments, etc.

Pour les mesures à prendre en cas *d'épizootie*, consulter l'ordonnance royale du 15 février 1825. (V.

notre Dictionnaire de droit administratif, v° *épizootie*, tom. 1, p. 517.)

18° Les primes fixées par les réglements d'administration publique, pour la destruction des animaux nuisibles ; (Idem.)

Les primes pour la destruction des animaux nuisibles ont été réglées par deux lois : la loi du 11 ventose an III et celle du 10 messidor an V. La première fixait les primes suivantes : pour une louve pleine, 500 fr.; pour une louve non pleine, 250 fr.; pour un loup, 200 fr.; pour un louveteau, 100 fr. On s'aperçut que les primes étaient trop fortes, et la loi du 10 messidor, abrogeant la loi de ventose, réduisit les primes comme il suit : pour une louve pleine, 50 fr.; pour un loup, 40 fr.; pour un louveteau, 20 francs.

C'est là où en est restée la législation, mais, par une circulaire du 25 septembre 1817, le ministre de l'intérieur régla les primes de cette manière : pour une louve pleine, 18 fr.; pour une louve non pleine, 15 fr.; pour un loup, 12 fr ; pour un louveteau, 3 fr., prix élevé à 6 fr. par une circ. du 9 juillet 1818.

Jusqu'à ce jour, c'est sur ce dernier tarif, qui n'est pas un tarif législatif, mais qui résulte d'une circulaire ministérielle, que se règlent les primes accordées pour la destruction des loups.

La discussion soulevée par le § 18 ci-dessus, a rappelé la multiplication effrayante des loups depuis quelques années, conséquemment la nécessité d'encourager leur destruction ; les primes actuelles réglées par les circulaires de 1817 et 1818, ne sont pas suffisantes ; on a posé en principe que ces primes seraient fixées par un réglement d'administration publique. L'autorité royale aura donc toute latitude à cet égard. La dépense est à la charge des départements. On verra sur l'avis des conseils généraux, comment la prime doit être fixée. Cela peut varier suivant les départements. Il y a tel département où une prime de 20 fr. est quelque chose, et d'autre où elle n'est rien. Le réglement d'administration publique devra combiner un ensemble de mesures, qui ensuite se conciliera avec les besoins des différents départements.

Enfin la même discussion a établi qu'il y aurait des loups aussi long-temps qu'il y aurait des louvetiers, ceux-ci étant moins désireux ordinairement de détruire que de *laisser croître* les portées signalées pour pouvoir les chasser plus tard. (Monit., 11 mars 1837, p. 556, 2me colonne.)

19° Les dépenses de garde et de conservation des archives du département. (Sect. I , chap. XIII du budget.)

Les archives sont, en effet, d'une grande utilité pour aider à faire reconnaître certains droits de propriété ou autres ; mais en outre, elles peuvent avoir une haute importance historique, par suite de tous les documents précieux qu'elles peuvent contenir. C'est le secrétaire général qui a la surveillance spéciale des archives dans chaque préfecture. (Circ. min. 11 déc. 1820.) V. ci-dessus, art. 8.

Les dépenses auxquelles ces impositions sont destinées sont acquittées par les payeurs des départements, en vertu des ordonnances du ministre chargé de l'administration départementale. (Instruc. 15 déc. 1826, art. 527, O. 31 mai 1838, art. 421.

Enfin les règles prescrites par l'ordonnance du 14 septembre 1822 s'appliquent aux dépenses des départements. (Id. art. 424. — V. aussi ci-après les art. 23 et 52 de la présente loi.)

Art. 13. Il est pourvu à ces dépenses au moyen :

1° Des centimes affectés à cet emploi par la loi de finances ;

2° De la part allouée au département dans le fonds commun ;

3° Des produits éventuels énoncés aux nᵒˢ 6, 7 et 8 de l'art. 10. (O. 31 mai 1838, art. 402.)

Il faudra que les ressources ci-dessus suffisent aux charges énumérées dans l'article précédent. Ce sera au gouvernement, dans la proposition de la loi de finances, et aux chambres dans leur vote, à fixer, en conséquence, la quotité des centimes additionnels destinés à cet emploi. La classification de l'article 12, en donnant aux dépenses ordinaires autant de fixité qu'elles en comportaient, a l'avantage d'offrir une base à l'aide de laquelle cette opération sera plus facile que dans l'ancien système.

Nous ajouterons encore qu'elle offre un autre avantage qui ne saurait être passé sous silence.

La question de répartition du fonds commun est une question qui a continuellement préoccupé les chambres. Depuis 1816 jusqu'en 1828 surtout, de continuelles réclamations eurent lieu contre les abus qu'on prétendait exister dans la répartition du fonds commun. Le ministre de 1828, sachant l'utilité qu'il y avait de répondre à ces réclamations ou à ces plaintes, dans une circulaire adressée aux conseils généraux, posa le véritable principe de la distribution du fonds commun, en déclarant que le fonds commun avait pour objet de venir à l'aide des départements, dans le cas seulement où le produit de leurs centimes ne pouvait pas suffire et acquitter les dépenses reconnues être d'un intérêt général. (Circ. min. 17 avril 1832. — 11 juillet 1837.) Ce principe est celui que consacre de nouveau l'art. 13, sauf l'exception posée ci-après dans l'article 17, et de cette manière, l'exercice du droit absolu laissé à l'administration, est soumis à des règles, et dégagé d'arbitraire. On doit espérer, en effet, que par la séparation absolue entre les dépenses ordinaires et les dépenses facultatives, ainsi que par la définition rigoureuse des premières, le fonds commun sera plus facilement réparti dans des proportions équitables.

Si un département conserve un excédant après le paiement de ces dépenses ordinaires, on en pourra conclure que sa part du fonds commun est trop considérable, et elle devra être réduite ; si, au contraire, il ne peut suffire à ces dépenses, la conséquence opposée lui donnera droit à une allocation supérieure. La loi de finances proportionnant les centimes additionnels qu'elle établira, à l'importance générale des dépenses ordinaires, le fonds commun par son jeu devra assurer leur paiement dans tous les départements, et il ne pourra le faire qu'au moyen d'une bonne et juste répartition. (Rapport de M. Vivien, 19 février 1838, V. ci-après, art. 17.)

On doit remarquer que les *produits éventuels* qui sont indiqués dans l'art. 13 sont confondus avec les autres ressources ordinaires du budget, parce qu'ils sont affectés par la loi aux dépenses ordinaires sans distinction.

Le *fonds commun* applicable à cette première section, est réparti à l'avance parce qu'il y a nécessité pour arriver à son règlement, que les conseils généraux en apprécient toutes les ressources. (Circ. min. int. 24 juillet 1838, nº 41, f. 8.) Circ. min. int. 10 août 1839.

Des crédits supplémentaires. C'est à la suite de cet article qu'aurait dû naturellement trouver place une disposition relative aux crédits supplémentaires, dans le cas où certaines dépenses excéderaient les crédits ou dépasseraient les prévisions. Cependant la loi est muette à cet égard. Il n'en est pas de même dans la loi du 18 juillet 1837, sur les attributions municipales. L'art. 34 y décide que les crédits reconnus nécessaires après le règlement du budget seront délibérés et autorisés comme ceux qui existent. Mais il faut observer que les conseils municipaux se réunissent de droit quatre fois dans l'année, et se réunissent en outre toutes les fois que les besoins de l'administration l'exigent ; et qu'ainsi il est toujours facile de leur soumettre la demande de nouvelles allocations ; tandis que les conseils généraux ne se réunissent qu'une fois par an, et ne sont jamais extraordinairement convoqués. On doit sans doute généralement attendre la session suivante pour réclamer les suppléments de crédits devenus nécessaires ; mais si les circonstances ne permettaient pas de différer la dépense ou son paiement, il est évident qu'il serait pourvu au service, dans les formes auxquelles on a eu recours jusqu'à présent. Le préfet, sous l'autorisation du ministre, y emploierait les fonds restés libres, et le conseil général serait appelé à en délibérer, à approuver ou à blâmer lorsqu'il débattrait et arrêterait le compte que le préfet doit lui présenter (Art. 24.) Rapport de M. Mounier, 10 avril 1838.

C'est dans ce sens que l'a décidé l'ordonnance du 31 mars 1838, art. 410. « Les virements de crédit d'un chapitre à un autre, et les augmentations d'allocations qui seraient reconnues nécessaires après le réglement du budget, pour assurer l'exécution des services compris dans la première section, doivent être autorisées par des décisions ministérielles.

Ces décisions sont notifiées aux préfets et aux payeurs qui les produisent à la cour des comptes avec les copies du budget départemental.

Art. 14. Les dépenses ordinaires qui doivent être portées dans la première section, aux termes de l'art. 12, peuvent y être inscrites ou être augmentées d'office, jusqu'à concurrence du montant des recettes destinées à y pourvoir, par l'ordonnanec qui règle le budget (O. 31 mai 1838, art. 408.)

Cette faculté, laissée à la haute administration, d'inscrire d'office les dépenses ordinaires, est une innovation salutaire et qui lui donne le moyen de vaincre les résistances locales ; elle est en harmonie du reste avec la loi municipale du 18 juillet 1837, article 59.

Le droit de régler le budget comprend évidemment celui de redresser les infractions à ces dispositions de la loi ; et le redressement devra avoir lieu dans le cas où le conseil général excéderait les ressources propres à la première section du budget, y porterait des dépenses qui y sont étrangères, on négligerait d'y comprendre celles qui sont légalement classées comme obligatoires. (Circ. min. int., 24 juillet 1838, n° 41, fol. 9.)

Art. 15. Aucune dépense *facultative* ne peut être inscrite dans la première section du budget.

Cette disposition s'explique d'elle-même, puisque la dénomination ci-dessus comprend les dépenses tendant, il est vrai, à une amélioration de la chose départementale, mais qui peuvent être ajournées ou même écartées complétement, sans que la chose publique en souffre. En outre n'est-il pas évident, d'après nos observations sur l'article 13, que les allocations de dépenses facultatives qui auraient lieu à la première section, dénatureraient complétement le système de la loi, qui a eu pour but d'appliquer exclusivement certaines natures de ressources à certaines natures de dépenses.

Art. 16. La seconde section comprend les dépenses facultatives d'utilité départementale.

Le conseil général peut aussi y porter les autres dépenses énoncées en l'art 12.

On s'étonne peut-être que la loi ne contienne pas une nomenclature des dépenses dites *facultatives*. Mais il est évident qu'on doit déclarer telles toutes celles qui ne sont pas dans la catégorie des dépenses ordinaires, ou que des lois spéciales n'ont pas autorisées. L'établissement d'une nomenclature aurait couru le risque d'entraver les délibérations des con-

seils généraux, et d'étouffer ainsi des projets réellement avantageux au bien public.

Toutefois nous indiquerons, comme devant trouver place dans cette catégorie, les allocations accordées pour *secours* ou *encouragement*, 1° aux sociétés d'agriculture (circ. 14 mars 1819), aux *comices agricoles*, aux *pépinières départementales*, sans qu'on doive perdre de vue toutefois les subventions ou revenus particuliers de ces établissements, qui alors seraient indiqués pour ordre dans la récapitulation des produits spéciaux de la 4° section (Circ. min. int., 24 juillet 1838, n° 41, fol. 11) ; 2° aux dépôts de mendicité, maisons de secours ou hospice départemental ; mais dans ce cas les allocations proposées ne seraient approuvées qu'à titre de subvention (*id.*) ; 3° aux artistes vétérinaires ; 4° aux dépenses des cours d'accouchement (circ. min. 5 mars 1829) ; 5° aux indemnités pour la propagation et la conservation de la vaccine (circ. 26 mai 1803 et 31 octobre 1814) ; 6° à l'entretien des sourds-muets dans des institutions spéciales ; 7° à l'entretien de monuments historiques (circ. 12 octobre 1821, 10 août 1837) ; 8° aux courses de chevaux. (V. d'ailleurs la circ. min. de 1832.)

Un chapitre dans la section des dépenses facultatives peut être attribué aux *routes*. Mais l'*entretien* des routes étant au nombre des dépenses de la première section, la conséquence serait que ledit chapitre ne devrait concerner que des *travaux neufs*. Cependant on ne doit pas lui donner cette dénomination, parce qu'on doit prévoir le cas où l'insuffisance des routes de la première section forcerait de mettre le complément de l'entretien des routes départementales à la charge des centimes facultatifs.

Alors, il est nécessaire de porter dans ce chapitre la totalité des ressources particulières applicables aux travaux des routes départementales classées, en mentionnant, pour ordre, en regard de chaque allocation, et pour chaque route, les subventions accordées par les communes, les particuliers ou autres, et dont le montant total doit être compris pour balance aux recettes de la présente section. (Circ. min. int., 24 juillet 1838, n° 41, f. 10.)

On y rangera de même : 1° les frais d'illumination de l'hôtel de la préfecture, les jours de fête publique (ord. 7 mars 1817) ; 2° les gratifications pour belles actions ou actes de dévouement, jusqu'à concurrence de 100 fr. seulement (circ. 31 janvier 1828) ; 3° les dépenses relatives aux planches en cuivre, destinées à recevoir l'empreinte des poinçons des fabricants orfèvres (circulaire 1832) ; 4° les frais d'expertise pour la vérification des voitures publiques (idem) ; 5° les indemnités aux membres du jury de médecine, etc. ; 6° les ateliers de charité, etc.

La loi, quoique en prescrivant la spécialité la plus sévère pour les dépenses ordinaires énoncées en l'article 12, permet expressément d'introduire dans la 2° section, tout ou partie de celles de ces dépenses ordinaires auxquelles on n'aurait pu faire face avec les ressources assignées à la première. Il est important dans ce cas de les distribuer dans les chapitres respectifs, suivant leur nature, et d'inscrire pour chaque article, en ce qui concerne notamment les travaux soit d'édifices départementaux, soit de routes classées, la situation sommaire des dépenses, la date et le prix des adjudications, leur durée, de manière qu'on puisse suivre annuellement la marche progressive de ces travaux, et l'emploi des crédits qui y sont affectés. (Circ. min. int., 24 juillet 1858, n° 41, fol. 10.)

Art 17. Il est pourvu aux dépenses portées dans la seconde section du budget, au moyen des centimes additionnels facultatifs, et des produits énoncés au n° 5 de l'art. 10.

Toutefois, après l'épuisement du maximum des centimes facultatifs employés à des dépenses autres que les dépenses spéciales, et des ressources énoncées au paragraphe précédent, une portion du fonds commun, dont la quotité sera déterminée chaque année par la loi de finances, pourra être distribuée, à titre de secours, aux départements, pour complément de la dépense des travaux de construction des édifices départementaux d'intérêt général, et ouvrages d'art dépendant des routes départementales.

La répartition du fonds commun sera réglée annuellement par ordonnance royale insérée au *Bulletin des lois*.

§ I. V., pour l'explication des *centimes facultatifs*, les commentaires sur le § 2 de l'art. 10, ci-dessus. La loi de finances, on le sait, détermine chaque année le nombre que ces centimes ne peuvent transgresser : il est depuis quelques années constamment fixé à *cinq*.

Quant aux produits dont parle le § 1er ci-dessus *in fine*, ce sont les produits des biens appartenant au département à titre privé, en vertu de legs, donations, acquisitions, et qui ne peuvent provisoirement être appliqués à un service public. Ces dernières valeurs trouvaient dans cette section leur place naturelle, car elles sont propres au département, et elles ne peuvent être employées aux dépenses ordinaires qui intéressent le pays.

§ II. Ce paragraphe contient l'exception que nous avons indiquée à l'article 13, et qui était nécessaire pour assurer aux départements pauvres les moyens de subvenir à leurs besoins, par une allocation sur le fonds commun qui n'est autre qu'un fonds d'association départementale et de secours mutuel ; toutefois, est-il dit, « après l'épuisement du maximum des centimes facultatifs. » Ce qui implique l'obligation pour les départements qui voudront obtenir une part du fonds commun, de voter le maximum des centimes facultatifs.

Sans cette exception, il serait arrivé que dans certains départements où les centimes facultatifs sont de peu d'importance, les édifices départementaux, tels que prisons, casernes, hôtels de préfectures,

dans le cas où ils viendraient à être détruits d'une manière quelconque, n'auraient jamais pu être reconstruits, si on avait mis ces reconstructions à la charge des centimes facultatifs, car il est tel département où ces centimes produisent 100,000 fr., et tel autre où ils n'en produisent que 10,000.

Il était donc raisonnable que le gouvernement fût pourvu des moyens de venir au secours des départements pauvres, en appliquant une portion du fonds commun à des dépenses d'un intérêt aussi général que celles dont il vient d'être parlé.

Les mêmes motifs ont fait ajouter dans le § 2, comme devant profiter du fonds commun, les « *ouvrages d'art* dépendant des routes départementales. »

En effet, beaucoup de départements de montagnes, par exemple, sont les plus pauvres de la France. Or, où donc les dépenses des routes départementales sont-elles plus coûteuses? où donc faut-il jeter des ponceaux, des aqueducs pour passer des torrents et certaines rivières? ce sont là des dépenses énormes. Dans les départements riches, au contraire, les pays de plaine, les travaux d'art sur les routes sont beaucoup moins considérables. Il eût été impossible, on le voit, d'exécuter ces travaux au moyen des centimes facultatifs, et c'eût été condamner une certaine classe de départements à ne jamais profiter des bienfaits de la civilisation et des améliorations générales, que de les abandonner à leurs propres ressources. Or, nous le répétons, les départements qui ont le plus besoin de participer aux avantages du fonds commun, ce sont les plus pauvres ; c'est-à-dire que l'étendue et l'urgence du besoin sont en raison inverse du moyen d'y satisfaire. Du reste, on peut dire que ce principe n'est pas une innovation ; déjà il a été admis pour l'instruction primaire, puisque le trésor subvient par une sorte de fonds commun à l'insuffisance des ressources départementales et communales. Ce qui a été fait par la loi de 1853 pour l'ordre moral, on l'a étendu ici à l'ordre matériel.

§ III. La publicité donnée dans le Bulletin des lois à la répartition faite chaque année du fonds commun, répond aux reproches qu'on serait tenté d'adresser au pouvoir discrétionnaire laissé à l'autorité supérieure pour la répartition. Déjà cependant depuis 1828, la distribution du fonds commun était soumise aux chambres ; mais de cette manière, on obtiendra toutes les garanties désirables.

Par une conséquence de l'art. 17, la loi du budget détermine en masse la quotité du fonds commun qui peut être affectée à des secours pour les causes exprimées au deuxième paragraphe de cet article. Cette portion est tenue en réserve pour être ultérieurement répartie par ordonnance royale. Cette répartition sera calculée d'après la situation financière de chaque département, eu égard, ainsi que le porte le § 2, à l'épuisement préalable et obligé du maximum des centimes facultatifs pour des dépenses autres que celles des chemins vicinaux et de l'instruction primaire : on s'assurera aussi de l'utilité véritable des constructions de bâtiments et des travaux d'art sur les routes départementales, pour lesquels les conseils généraux croiraient pouvoir réclamer ce secours, et de la possibilité de leur exécution dans le cours de l'année suivante. Les conseils généraux ne doivent pas perdre de vue que tous les départements ne seront pas admissibles à recevoir une part dans cette réserve, et qu'elle est principalement destinée aux départements qui n'ont que des ressources insuffisantes dans le produit de leurs centimes facultatifs. (Circ. min. int. 24 juillet 1838, n° 41, f. 13.)

Art. 18. Aucune dépense ne peut être inscrite d'office dans cette seconde section, et les allocations qui y sont portées par le conseil général ne peuvent être changées ni modifiées par l'ordonnance royale qui règle le budget.

Le gouvernement, on le voit, a peu d'action sur les dépenses facultatives ; il peut, aux termes de la loi du 15 mai 1818, refuser son approbation à celles qui lui paraissent mauvaises, mais il n'a le droit ni d'en inscrire d'office aucune, ni de changer celles qu'il maintient, c'est-à-dire de les porter d'un chapitre dans un autre, ni enfin de les modifier, c'est-à-dire de les réduire ou de les augmenter.

On s'est demandé, cependant, si avec le nouveau système adopté par la loi, les centimes facultatifs et les produits des biens possédés à titre privé, pourront, quand le conseil général l'aura décidé, être appliqués à des dépenses ordinaires. Si d'une part, la spécialité rigoureuse de certaines ressources applicables à certaines dépenses, et ce désir de donner une forme simple et claire aux budgets des départements, conseillaient d'interdire cette possibilité ; de l'autre, cependant, il n'a pas paru convenable d'empêcher un département, lorsqu'il en jugeait l'utilité, d'employer des centimes facultatifs à la confection plus rapide d'un travail que les autres centimes ne lui permettraient d'achever qu'en un temps plus long. « Il faut employer cette partie de ses ressources, ajoutait le rapporteur, à des dépenses de pure convenance, d'une utilité seulement locale : pourquoi ne pourrait-il pas l'affecter à des objets d'un intérêt général ? La loi déclare ces ressources et ces dépenses *facultatives ;* la faculté qu'elle laisse ainsi au département ne doit avoir pour limites que l'utilité commune et le bon ordre ; or, l'une et l'autre doivent profiter de semblables allocations. » Il appartient seulement au gouvernement, avons-nous dit, en réglant le budget, de renfermer dans de justes bornes les votes de ce genre qui auraient été émis par le conseil.

Art. 19. Des sections particulières comprennent les dépenses imputées sur des centimes spéciaux ou extraordinaires. Aucune

dépense ne peut y être imputée que sur les centimes destinés par la loi à y pourvoir.

Ces centimes spéciaux sont : 1° les trois centimes additionnels dont la perception est autorisée par la loi du 31 juillet 1821, pour fournir aux frais du cadastre ; 2° les centimes fixés annuellement pour les chemins vicinaux, et ceux de grande communication ; 3° les centimes fixés annuellement pour l'instruction primaire. Quant aux centimes extraordinaires, ils doivent être autorisés par une loi spéciale. D'après l'art. 10 de la loi du 4 mai 1834, les crédits ouverts par la loi annuelle de finances, sur des ressources *spéciales*, sont employés et réglés sans qu'il y ait lieu, en fin d'exercice, d'opérer des accumulations, et d'accorder des suppléments de crédits pour les différences qui existeraient entre les produits réalisés et les crédits approximativement ouverts au budget.

En exécution de l'art. 19 ci-dessus, ces sections particulières sont inscrites au bugdet au nombre de *quatre,* dont une pour les dépenses extraordinaires, et trois pour les dépenses spéciales, ainsi qu'il sera expliqué ci-après.

La première, qui est la section III du budget, est celle des centimes extraordinaires, et ne doit comprendre que les dépenses dotées par les lois particulières d'impositions ou d'emprunts.

Dans le cas où des changements dans les destinations données par les lois d'impositions extraordinaires seraient reconnues nécessaires pour l'emploi du produit de ces impositions, ils ne pourraient avoir lieu qu'en vertu d'une loi nouvelle, et il conviendrait alors que le conseil général rédigeât une délibération spéciale, afin de porter ses nouvelles propositions aux chambres. (Circ. min. int., 24 juillet 1838, n° 41, f. 13.)

La 4° section est affectée aux centimes spéciaux, et aux contingents des communes et souscriptions particulières, applicables à titre de subventions aux travaux des chemins vicinaux. (V. L. 21 mai 1836, art. 12.) C'est également à cette section qu'on doit rapporter les contingents communaux et souscriptions volontaires, rattachés pour ordre depuis le 1°° juillet 1837, à la comptabilité départementale. Les 5° et 6° sections concernent les budgets de l'instruction primaire et du cadastre ; mais elles ne figurent au budget départemental, qu'afin de constater les charges du département pour des branches de service qui ne ressortissent pas au ministère de l'intérieur, et de compléter par ce moyen, l'ensemble des centimes imposés aux départements. (*Id.* f. 17.)

Art. 20. Les dettes départementales, contractées pour des dépenses ordinaires, seront portées à la première section du budget, et soumises à toutes les règles applicables à ces dépenses. Chap. XV de cette section.)

Les dettes contractées pour pourvoir à d'autres dépenses seront inscrites par le conseil général dans la seconde section, et dans le cas où il aurait omis ou refusé de faire cette inscription, il y sera pourvu au moyen d'une contribution extraordinaire, établie par une loi spéciale.

La distinction des dettes départementales, admise par cet article, rentre entièrement dans le système de la loi, qui n'applique que certaines ressources à certaines dépenses. Ainsi les dettes peuvent avoir été contractées ou pour subvenir à des dépenses ordinaires, ou pour subvenir à d'autres dépenses.

Les premières sont imputées sur les centimes correspondant aux dépenses obligatoires, et si le conseil général les omettait, elles y seraient inscrites d'office, aux termes de l'art. 14.—Les autres ne peuvent y être comprises par application des principes déjà exposés, et qui s'opposent à l'imputation des dépenses facultatives, sur des ressources exclusivement destinées aux dépenses obligatoires.

Le département n'en est pas moins tenu d'y faire face ; il y appliquera les ressources destinées aux dépenses facultatives, et en cas de refus ou d'omission, l'administration sollicitera une loi qui autorisera une contribution extraordinaire. Ce recours extrême sera sans doute bien rare dans l'application, mais on a pensé qu'il pourrait se présenter sous prétexte que le préfet, en engageant le département, avait excédé son mandat, et on a pensé que la loi devait intervenir pour faire cesser un pareil conflit.

Le paiement des dettes dont il s'agit, qui, par assimilation à celles de l'État (Ord. R. régl. 31 mai 1838, art. 116), ne devront pas remonter au-delà des cinq ans fixés pour la déchéance par l'art. 9 de la loi du 29 janvier 1831, aura lieu à l'avenir par suite de leur inscription au budget, sans suivre les règles tracées pour les exercices clos, sauf toutefois les restrictions auxquelles pourraient donner lieu certains articles. (Circ. min. int. 24 juillet 1838, n° 41, f. 8 ; Circ. min. int. 10 août 1839.)

Art. 21. Les fonds qui n'auront pu recevoir leur emploi dans le cours de l'exercice, seront portés, après clôture, sur l'exercice en cours d'exécution, avec l'affectation qu'ils avaient au budget voté par le conseil général, et les fonds restés libres seront cumulés avec les ressources du budget nouveau, suivant la nature de leur origine. (O. 31 mai 1838, art. 416.)

« De l'exercice. » On doit entendre par l'exercice d'une année, l'ensemble des actes effectués du 1er janvier au 31 décembre de cette même année, et dont l'effet a été de créer une ressource ou une charge.

« Après clôture. » C'est-à-dire lorsque la liquidation des droits, la perception des produits, l'ordonnancement et l'acquittement des dépenses sont terminés. Or, aux termes de l'ordonnance du 14 septembre 1822, ces opérations doivent l'être à la fin de l'année qui suit celle de l'exercice, et il est clos à cette date. (V. Dictionn. de Droit admin., v° Exercice, et l'ordonnance du 12 octobre 1833 ; la loi de finances du 23 mai 1834, art. 8, 9, 10, et la circ. min. int. du 11 octobre 1837, n° 57, sur la clôture de l'exercice et la situation définitive de l'exercice.)

Ces explications étaient nécessaires pour l'intelligence des dispositions ci-dessus. En effet, dans la comptabilité départementale, il existe un report de l'année antépénultième sur l'année courante ; le conseil général est appelé à donner un nouveau vote sur les fonds restés à sa disposition, et à faire l'emploi des fonds restés libres.

Lorsque le conseil général fait emploi des fonds, c'est pendant sa session ; il faudrait que l'emploi des fonds restés libres eût l'approbation du ministère de l'intérieur, et cette approbation ne peut guère arriver aux départements que dans le mois de novembre ; pour l'ordre de la comptabilité, ces dépenses devaient être épuisées avant le 23 décembre, et l'on n'avait pas le temps de les faire. Par l'article ci-dessus, le conseil général perdra, pendant deux mois, l'emploi de ces sommes, mais pouvant les cumuler avec les ressources qu'il aura votées, l'emploi en sera plus utile. (Les principes sur cette matière ressortent de la discussion qui a eu lieu sur la loi des comptes de l'exercice de 1834. (V. le *Moniteur* du 29 avril 1837.)

Les communes, hospices et établissements publics, reçoivent du trésor l'intérêt des sommes restées momentanément sans emploi dans les caisses du trésor ; il n'en est pas de même des départements auxquels l'instruction de 1832 a refusé ce droit, par la raison, entre autres, que les centimes départementaux ne sont que des fractions des contributions publiques. (Sect. supplém. du budget.)

Art. 22. Le comptable chargé du recouvrement des ressources éventuelles, est tenu de faire, sous sa responsabilité, toutes les diligences nécessaires pour la rentrée de ces produits.

Les rôles et les états des produits sont rendus exécutoires par le préfet, et par lui remis aux comptables.

Les oppositions, lorsque la matière est de la compétence des tribunaux ordinaires, sont jugées comme affaires sommaires. (O. 31 mai 1838, art. 418.)

Les deux premiers paragraphes ne font que consacrer légalement ce qui s'est pratiqué jusqu'à ce jour, en vertu seulement des instructions ministérielles. (Circ. admin., cont. dir., 6 août 1824.) — 10 juillet 1826.—Instruction générale fin. 15 décembre 1826 ; tit. I, art. 36 et suiv., tit. III, 526-527.)

Quant au § 3, il a été emprunté à l'art. 63 de la loi du 18 juillet 1837, sur les attributions municipales. « *Comme affaires sommaires,* » c'est-à-dire à la première audience utile, sur un simple acte de procédure, et sans instruction préalable.

Art. 23. Le comptable chargé du service des dépenses départementales, ne peut payer que sur des mandats délivrés par le préfet dans la limite des crédits ouverts par les budgets du département.

C'est la reproduction des dispositions comprises dans l'ordonnance du 14 septembre 1822. Quant aux *crédits* dont il est parlé, bien entendu que ces crédits ne peuvent suffire qu'à l'acquittement des dépenses de l'année, qui donne son nom à l'exercice ; cependant la période à laquelle les dépenses d'un exercice doivent se rapporter, est indépendante des époques de la liquidation, de l'ordonnancement et du paiement de ces dépenses.

La régularité des services est constamment assurée par le concours et l'action successive de la surveillance des payeurs du trésor et du contrôle de la cour des comptes. En effet, l'autorité d'une longue expérience a prouvé la nécessité de placer un payeur responsable entre l'ordonnateur et le porteur de son mandat, et de confier à ce premier vérificateur la mission importante et souvent difficile de reconnaître l'existence et la quotité de la dette du département, avant d'ouvrir une caisse publique, qui ne doit se dessaisir des fonds que pour consommer la libération du trésor, dans les mains d'un véritable créancier.

Si les comptables ne doivent payer que sur mandats dûment délivrés, ils doivent en outre, suivant le même art. 23, rester dans la limite des crédits affectés à chaque exercice ; c'est donc le lieu de rappeler ici que, conformément aux règles tracées par la loi de finances du 23 mai 1834, sur la clôture des exercices, le délai accordé par l'art. 20 de l'ordonnance royale du 14 septembre 1822, pour liquider et *mandater* les dépenses d'un exercice, expire le 30 septembre de chaque année.

Quant au délai pour le *paiement*, il expire le 31 octobre suivant. Les annulations d'ordonnance ont lieu alors, et les comptes sont clos à mesure qu'on a connaissance des annulations. (O. 14 septembre 1822, art. 12 ; 11 juillet 1833, art. 2 ; L. 29 janvier 1831, art. 9.) Ces annulations donnent lieu à un budget spécial de *report* qui forme pour chacun des budgets variables et facultatifs un supplément à l'exercice suivant. (V. les circ. min. int., 10 septembre 1830, 24 juillet, 11 octobre 1837, n°ˢ 54, 51. L'arrêté ministériel du 9 juillet 1824. Dictionn. de Droit administratif, v° Dépenses.)

Art. 24. Le conseil général entend et débat les comptes d'administration qui lui sont présentés par le préfet :

1° Des recettes et dépenses conformément aux budgets du département ;

2° Du fonds de non-valeur ;

3° Du produit des centimes additionnels, spécialement affectés par les lois générales à diverses branches du service public.

Les observations du conseil général sur les comptes présentés à son examen, sont adressées directement par son président au ministre chargé de l'administration départementale.

Ces comptes, provisoirement arrêtés par le conseil général, sont définitivement réglés par ordonnances royales ; (V. loi du 22 juin 1833, art. 12 ; V. O. 31 mai 1838, art. 425.)

D'après la loi du 29 janv. 1831, art. 11, les comptes doivent présenter la récapitulation exacte par budget, par chapitre et par article, des crédits ouverts pour le paiement des dépenses de toute nature. En combinant cette disposition avec l'art. 17 de l'ordonnance du 14 septembre 1822, on verra que les préfets, qui ne sont qu'*ordonnateurs*, doivent, dans leurs comptes, se borner à présenter la justification de l'emploi des crédits mis à leur disposition d'après des affectations spéciales.

Le contrôle du conseil général s'exerce donc par la comparaison entre les crédits et l'emploi qui en a été fait. Si donc il s'aperçoit que des fonds ont été détournés de leur affectation spéciale, il peut rejeter la dépense faite sans autorisation spéciale, demander qu'elle soit laissée à la charge de l'ordonnateur, et réclamer le rétablissement des fonds, conformément à la spécialité du crédit ouvert.

Cependant le pouvoir du conseil n'est souverain à cet égard qu'en ce qui concerne les dépenses facultatives et extraordinaires ; le ministre est seul compétent pour statuer sur l'irrégularité des dépenses ordinaires.

Quant à la validité des paiements effectués, son appréciation ne regarde que le ministre des finances et la cour des comptes. Toutefois, si le conseil remarquait quelque grave irrégularité, il pourrait en avertir l'autorité compétente par une délibération spéciale.

« § 3. — *Des fonds de non-valeur.* » Ce sont ceux qui proviennent des centimes additionnels imposés aux rôles des contributions directes pour faire face aux remises, modérations et non-valeurs qui existent sur la prévision des rôles, ou pour accorder des secours aux victimes des sinistres. Une faible partie est mise chaque année à la disposition des préfets, pour faire face aux non-valeurs ; l'autre portion est laissée à la disposition du ministre des finances, du ministre des travaux publics, de l'agriculture et du commerce ; à l'un pour couvrir les remises, modérations et non-valeurs sur les contributions directes, à l'autre pour secours effectifs en raison de grêle, incendies, etc.

L'ordonnance royale du 31 janvier 1838 répartit de la manière suivante le centime de non-valeur : un tiers de ce centime, résultant des sommes imposées aux rôles dans chaque département, est mis à la disposition des préfets ; les deux autres tiers composant le fonds commun, restent à la disposition du ministre des finances, pour être par lui ultérieurement distribués entre les divers départements, en raison de leurs pertes et de leurs besoins. (Art. 1ᵉʳ.)

Un autre centime est mis en entier à la disposition

du ministre du commerce, pour les secours dont nous avons parlé ci-dessus.

La loi du 25 juillet 1820 la première, art. 26, a prescrit la communication aux conseils généraux et d'arrondissement, de l'état de distribution de la partie du fonds de non-valeurs remise aux préfets ; puis, la loi du 17 août 1822, art. 21, leur fit une obligation de rendre compte aux mêmes conseils de l'emploi de ce fonds.

Les revenus et les charges des départements sont compris dans le budget de l'État et dans les comptes généraux rendus annuellement par le ministre. (O. 31 mai 1838, art. 428.)

Art. 25. Les budgets et les comptes du département, définitivement réglés, sont rendus publics par la voie de l'impression. (V. O. 31 mai 1838, art. 426.)

Cet article n'est que la reproduction de l'art. 6 de la loi du 17 août 1828, lequel porte que les budgets qui règlent l'emploi des fonds départementaux, et les comptes des recettes et dépenses sont rendus publics annuellement par la voie de l'impression. Afin qu'il n'y ait aucun retard dans cette publication, une circulaire du 19 novembre 1833, avertit les préfets d'y procéder en deux fois ; la première partie devait contenir les budgets départementaux et les états des fonds mis en réserve, et la seconde les comptes et les budgets de report.

Aussitôt après, la distribution doit en être faite aux membres du conseil général, à ceux des conseils d'arrondissement, aux conseillers de préfectures et aux sous-préfets.

En outre, trois exemplaires sont adressés au ministre de l'intérieur ; deux autres sont remis au payeur du département, lequel en joint un à son compte final pour être produit à la cour des comptes. (Consult. circ. min. int. 4 novembre 1837, n° 55.)

Quant aux frais de ces publications, le § 15 de l'art. 12 les met au nombre des dépenses ordinaires.

Art. 26. Le conseil général peut ordonner la publication de tout ou partie de ses délibérations ou procès-verbaux.

Les procès-verbaux rédigés, par le secrétaire (1) et arrêtés au commencement de chaque séance, contiendront l'analyse de la discussion ; les noms des membres qui ont pris part à cette discussion n'y seront pas insérés. (O. 31 mai 1838, art. 427.)

Le gouvernement avait proposé de ne permettre

que la publication des comptes et budgets dont il est parlé dans l'art. 25 ci-dessus ; mais, depuis longtemps, la plupart des conseils généraux avaient publié leurs procès-verbaux aux frais particuliers de chacun des membres, sans qu'il en fût résulté le moindre inconvénient. Les vœux étaient unanimes à cet égard. Toutefois, le gouvernement les avait écartés dans la crainte que ce qui est bon pour des assemblées politiques ne le fût pas pour des conseils administratifs, mais l'art. 26 ci-dessus a résolu le problème désiré, car le gouvernement, d'accord au fond sur l'utilité de la publication, en redoutait principalement la forme, le mode et les effets.

Quant à l'utilité, il est impossible, en effet, de la contester. « Les conseils généraux, disait le rapporteur, traitant les questions les plus vitales pour le pays, celles qui se rattachent le plus à ses intérêts matériels, à ses affaires proprement dites, il est bon que celui-ci soit mis au courant de leurs discussions. Depuis trop long-temps les citoyens sont tenus en dehors de la science pratique de l'administration, et rien n'est plus propre à les y initier que des publications de ce genre. Il est nécessaire de sortir enfin de la polémique irritante des partis, des débats purement théoriques et spéculatifs, et d'aborder les sujets d'application et d'expérience. Le principe de notre gouvernement c'est la publicité, c'est sa force et un de ses plus puissants moyens d'action ; la publicité convient surtout à une assemblée élective, qui doit rendre compte de ses travaux à ceux dont elle relève ; elle tend à établir entre le corps qui élit, et celui qui est élu, des rapports de confiance, des communications utiles à tous deux. Elle ne devait pas être interdite. Comment d'ailleurs aurait-on rendu efficace cette interdiction ? empêcherait-on les membres du conseil général de rendre compte de leurs actes, de communiquer à la presse périodique des renseignements sur leurs débats intérieurs ? Et ces publications tronquées, sans authenticité, sans contrôle, ne peuvent-elles pas produire de bien plus graves inconvénients qu'une publication officielle, faite sous les yeux et par l'ordre du conseil général ? » Tels sont les motifs qui ont fait admettre le principe ; cependant des abus étaient à craindre, mais le § 2 y a pourvu.

Ainsi, les procès-verbaux sont rédigés par le *secrétaire,* et arrêtés au commencement de chaque séance, d'où il résulte qu'aucun étranger ne pourra être introduit pour rédiger les procès-verbaux auxquels on voudrait donner un développement inusité et sans objet. La proposition d'admettre un *sténographe* a été positivement rejetée ; car, dès lors, on aurait eu à craindre, qu'en vue de cette publication, des membres du conseil général ne se livrassent à des discussions, ne fissent des propositions et ne prononçassent des discours adressés au public du dehors, plus qu'au conseil général lui-même.

« *Les noms des membres ne seront pas insérés,* »

(1) Le conseil formé sous la présidence du doyen d'âge, le plus jeune faisant les fonctions de *secrétaire,* nommera au scrutin, et à la majorité absolue des voix, son président et *son secrétaire.* (L. 22 juin 1833, art. 12, § 4.)

La loi n'exige pas de scrutins séparés pour la nomination du président et du secrétaire ; toutefois, il est d'usage de procéder à cette nomination par scrutins individuels.

1° parce que rien n'est si difficile que de satisfaire le membre de quelque assemblée que ce soit, sur la rédaction, quand le nom est en tête de son discours; 2° parce que si le nom était en tête, ce serait moins l'affaire que le nom qui serait discuté par le public, et que cette discussion, au lieu d'avertir le département de l'opinion du conseil général, se reporterait sur le nom. Ces motifs de pratique ont prédominé malgré la publicité demandée au nom du courage que tout homme doit avoir, de soutenir les faits et les conséquences de sa vie publique. (V. discours de M. Lamartine, *Moniteur* 8 mars 1838, p. 515.)

En résumé donc, l'art. 26 ci-dessus a réduit cette question de publicité à sa juste valeur. Ce qu'il faut, c'est que les rapports entre le conseil général et le département soient suffisamment établis, et que le conseil puisse recevoir de l'opinion publique tous les renseignements dont il a besoin. On y parvient par la faculté laissée de publier « *tout ou partie.* » Ainsi, on doit entendre par ces mots, qu'il y aura avantage à soumettre à la publicité des vues réellement profondes et utiles; mais quand les conseils généraux ne s'occuperont que des choses qui ont un certain caractère de vague, de reproches sans gravité à des employés de l'administration, la publicité ne pourrait avoir que des inconvéniens. C'est donc cette portion des délibérations dont la prudence des conseils généraux pourra empêcher la divulgation.

Le procès-verbal sera, comme auparavant, divisé en deux parties distinctes : la première comprendra les objets sur lesquels le conseil devra se prononcer ; la seconde comprendra les objets sur lesquels le conseil exprimera son vœu ou proposera ses vues, dans l'intérêt spécial du département. (Art. 7.)

Du reste, le procès-verbal de la première partie sera transmis au ministre de l'intérieur par le préfet; celui de la deuxième partie lui sera adressé par le président du conseil géréral (Idem). Cette seconde partie sera en double expédition, l'une en cahier lié, et l'autre en feuilles détachées. (Circ. min. int. 16 juillet 1838, n° 31.)

Enfin, la dépense de la publication, dans le cas où elle serait ordonnée, doit figurer aux prévisions de la seconde section des dépenses facultatives. (Id. 16 juillet, n° 41, f. 12.)

Art. 27. Si le conseil général ne se réunissait pas, ou s'il se séparait sans avoir arrêté la répartition des contributions directes, les mandements des contingents assignés à chaque arrondissement seraient délivrés par le préfet, d'après les bases de la répartition précédente, sauf les modifications à porter dans le contingent en exécution des lois.

Cette disposition est la conséquence naturelle des articles 14 et 18 ci-dessus, qui donnent à l'autorité supérieure, en certains cas, le droit de substituer ses actes à ceux du conseil général.

La réunion des conseils généraux s'opère de deux manières : *ordinairement* ou *accidentellement*, suivant les besoins; dans l'un et l'autre cas, la convocation royale est de rigueur. (L. 22 juin 1833, art. 30.) Ces sessions ont lieu dans un temps donné, le plus court possible, après la promulgation de la loi de finances, afin de ne pas retarder les opérations qui doivent précéder l'exécution de la loi.

Cependant la loi a prévu le cas où les membres du conseil ne se réuniraient pas, par mauvais vouloir, ou tout autre motif, soit enfin celui où ils se sépareraient sans avoir accompli leur mission ; c'est alors à l'administration à pourvoir d'office à cette répartition si nécessaire pour la marche du service public, mais en observant la distinction qui existe entre le pouvoir délibérant des conseils généraux et le pouvoir exécutif accordé aux préfets.

Or, l'art. 27 y pourvoit, puisque le préfet ne procède pas à la répartition, mais il délivre des mandements d'après les bases de la répartition précédemment établie. De cette manière le magistrat n'excède pas ses attributions de dépositaire du pouvoir exécutif, et c'est comme tel qu'il délègue le mandement. Déjà une instruction du 25 juillet 1836 avait posé ce principe.

« *Sauf les modifications*, etc. » Par ces expressions la loi a entendu se référer : 1° aux dispositions de la loi du 17 août 1835, qui suppose le cas où de nouvelles maisons ou usines auront été construites, et celui où d'anciennes propriétés bâties auront été détruites; dans le premier cas, elle indique le mode de l'imposition nouvelle à établir, et dans l'autre le mode de dégrèvement; 2° aux chances possibles d'augmentation ou de diminution dans le domaine de l'État.

Du reste, la législation actuelle ne rend passibles d'aucune peine les conseils qui auraient refusé de procéder à la sous-répartition des impôts.

Autrefois le décret du 28 août 1791, art. 2, les déclarait coupables de *forfaiture;* la loi du 2 messidor an VII, art. 12, prononçait la destitution des membres des administrations centrales, dispositions abrogées aujourd'hui, puisque ni la loi de l'an VII, ni le Code pénal de 1810, ni la loi du 22 juin 1833, ni celle-ci ne les ont reproduites.

Art. 28. Si le conseil ne se réunissait pas, ou s'il se séparait sans avoir arrêté le budget des dépenses ordinaires du département, le préfet, en conseil de préfecture, établirait d'office ce budget, qui serait réglé par une ordonnance royale.

Cet article, de même que le précédent, a pour objet le cas extrême où un conseil général ne se réunirait pas, et celui où il se séparerait sans avoir arrêté le budget des dépenses ordinaires du département. Ces cas ne se sont jamais présentés. Cependant il serait possible que, dans quelques circonstances malheureuses, dépendantes ou indépendantes de la volonté de ses membres, un conseil général ne pût arrêter le budget des dépenses ordinaires. La loi ne devait pas laisser subsister cette lacune, elle a dû la remplir : elle établit que le budget préparé par le préfet sera réglé par le roi.

Dans quel intérêt le budget est-il réglé de cette manière? Dans l'intérêt général, car il ne doit pas dépendre d'un conseil général d'interrompre la marche des affaires publiques. Or, toutes les dépenses d'intérêt général sont mises au rang des dépenses ordinaires; le préfet se bornera donc à pourvoir, dans son budget d'office, à cette nature de dépenses, ou aux seules dépenses facultatives devenues obligatoires par suite d'engagements pris.

Mais en aucun cas, l'administration n'aurait le pouvoir d'empiéter sur les droits spéciaux du conseil général, et d'ordonner sans son concours des dépenses facultatives. C'est en effet une chose très sérieuse qu'un budget de département établi par le gouvernement, car il peut entraîner pour les contribuables des impositions extraordinaires. Cela ne doit avoir lieu que quand il y a nécessité. Cette nécessité existe pour les dépenses ordinaires; elle n'existe pas pour les dépenses facultatives.

Art. 29. Les délibérations du conseil général, relatives à des acquisitions, aliénations et échanges de propriétés départementales, ainsi qu'aux changements de destination des édifices et bâtiments départementaux, doivent être approuvées par une ordonnance royale, le conseil d'état entendu.

Toutefois, l'autorisation du préfet en conseil de préfecture est suffisante pour les acquisitions, aliénations et échanges, lorsqu'il ne s'agit que d'une valeur n'excédant pas 20,000 fr.

Les articles précédents ont déterminé les attributions des conseils généraux, relativement à la répartition des contributions directes, au vote des dépenses départementales, et des moyens destinés à y pourvoir; les art. 29, 30 et 31 sont relatifs aux attributions des conseils généraux, quand ils représentent les intérêts locaux, et qu'ils surveillent et conservent les propriétés du département.

Pendant long-temps on a pensé que les départements ne devaient pas posséder. Tous les bâtiments publics étaient considérés comme propriétés de l'État. On ne reconnaissait que des propriétés domaniales et des propriétés communales. Cependant le système qui impose aux départements l'obligation de pourvoir, par la levée des centimes additionnels, à tous les besoins de certaines branches du service public, ne pouvait manquer de créer assez promptement une propriété de fait. D'ailleurs, ainsi que nous l'avons dit ci-dessus, art. 4, § 2, la question a été résolue par le décret du 9 avril 1811, lequel confère aux départements la propriété des bâtiments du domaine, qui étaient employés pour des services à la charge du département.

Depuis lors, les départements se sont toujours regardés et ont toujours été regardés comme légitimes propriétaires; ils ont agi comme tels sous la surveillance du gouvernement; dès lors les modifications que doivent subir ces propriétés sont soumises aux mêmes règles que celles des établissements publics.

Les délibérations des conseils généraux, relatives aux acquisitions, aliénations et échanges, devront être approuvées par ordonnance du roi, et par le préfet, si la valeur de l'objet n'excédait pas 20,000 francs.

Le motif qui a déterminé l'adoption de la décentralisation dans ce dernier cas est la grande multiplicité des demandes de ce genre-là, relatives à des lambeaux de terrains qui peuvent servir à construire des routes départementales. Cette attribution du préfet lui a été dévolue dans l'intérêt de l'accélération des affaires; ensuite l'examen préalable par le conseil général et sa composition sont une juste garantie que les mesures de ce genre ne seront proposées qu'autant qu'elles seraient conformes à l'intérêt public.

Le droit d'approbation donné au préfet est absolu. Toutefois, observe M. Mounier, dans son rapport du 10 avril 1838, « on ne saurait douter que s'il se présentait quelque incertitude, le préfet, qui n'agit dans ces cas que comme délégué de l'autorité souveraine, ne manquerait pas de consulter le ministre dont il recevrait une utile direction. »

Art. 30. Les délibérations du conseil général, relatives au mode de gestion des propriétés départementales, sont soumises à l'approbation du ministre compétent.

En cas d'urgence, le préfet pourvoit provisoirement à la gestion.

D'après le § 4 de l'art. 4 ci-dessus, le conseil général est appelé, en effet, à délibérer sur le mode de gestion des propriétés départementales; mais sa réunion n'ayant lieu qu'une fois l'an, on comprend que, sans le pouvoir donné par le § 2 de cet article au préfet, les intérêts du département auraient pu se trouver compromis.

Art. 31. L'acceptation ou le refus des legs et donations faits au département ne peuvent être autorisés que par une ordonnance royale, le conseil d'état entendu.

Le préfet peut toujours, à titre conservatoire, accepter les legs et dons faits au département : l'ordonnance d'autorisation qui intervient ensuite, a effet du jour de cette acceptation.

Cet article est inséré dans la loi, en exécution de l'art. 910 du Code civil, qui exige l'intervention du gouvernement et la formalité d'une ordonnance royale, pour que l'autorité suprême, de la hauteur où elle est placée, voie l'ensemble des dispositions qui peuvent être faites pour tous les établissements d'utilité publique. Cette vue générale appartient essentiellement au gouvernement lui-même. (V. Ord. royale, 2 avril 1817.)

Le projet de 1837 donnait au préfet, en conseil de préfecture, le droit d'accepter les dons et legs d'une valeur inférieure à 3,000 fr.; mais cette disposition, conforme à celle du même genre, qui a été adoptée dans la loi du 18 juillet 1837, art. 48, a été repoussée, par le motif que l'art. 910 du Code civil veut que le gouvernement se détermine par des considérations générales sur la totalité des dispositions qui peuvent se faire à telle ou telle époque, en faveur des communes ou des établissemeuts publics, et que cette vue d'ensemble était inconciliable avec les attributions réparties entre les préfets. Le § 2 ci-dessus ne lui donne que le droit d'accepter à titre conservatoire. (Ord. 2 avril 1817, art. 3, § 2.

On a vu, article 4, § 7, que le conseil devra toujours être consulté sur l'acceptation desdits dons et legs.

Le droit de recueillir des dons ou legs avait été déjà attribué aux départements par le décret de 1811, par différents décrets et ordonnances d'autorisation d'accepter, accordée à des cours et tribunaux, et enfin implicitement par la loi du 16 juin 1824, portant : « Les *départements*, *arrondissements*, etc...., paieront dix francs pour droit fixe d'enregistrement, etc., sur les actes d'acquisition qu'ils feront et sur les *donations* ou *legs* qu'ils recueilleront..., etc. »

Art. 32. Lorsque les dépenses de construction, reconstruction ou réparation des édifices départementaux sont évaluées à plus de 50,000 fr., les projets et devis doivent être préalablement soumis au ministre chargé de l'administration départementale.

Le § 1er de cet article est une nouvelle preuve des efforts que le législateur a faits pour affranchir le département dans une sage mesure, de la centralisation absolue. D'après la législation antérieure, les projets, plans et devis de réparations des édifices départementaux, devaient être préalablement soumis au ministre lorsque la dépense s'élevait à 20,000 fr., la latitude est donc de 30,000 fr. en plus.

La loi municipale dit que le préfet ne pourra autoriser les réparations et les dépenses de construction et de reconstruction, que lorsque ces dépenses seront de 30,000 fr. et au-dessous, tandis que, dans le cas présent, on augmente ses attributions de 20,000 fr. Mais cette différence vient de ce que : 1° les conseils généraux offrent dans leur sein plus de lumières que les conseils municipaux; 2° les conseils municipaux ont quatre réunions obligées par an; ils peuvent être facilement réunis, et, conséquemment leurs projets n'étant pas approuvés par le gouvernement, il est facile d'en soumettre de nouveaux et d'obtenir une nouvelle délibération. Il n'en est pas ainsi des

conseils généraux, qui ne sont assemblés ordinairement qu'une fois par an; et si on les avait obligés à obtenir l'autorisation du ministre pour un grand nombre de projets, la plupart auraient été reportés à plus d'une année, puisqu'il aurait fallu attendre la nouvelle session du conseil général pour délibérer sur les changements proposés par le ministre. L'article 32 est donc, nous le répétons, conçu dans un but de décentralisation.

Cependant rien ne s'oppose à ce que le préfet communique au ministre les projets qu'il est chargé d'approuver, toutes les fois qu'il le jugera utile ou convenable. L'art. 32 n'y met aucun obstacle. La responsabilité aujourd'hui plus grande qui lui est imposée lui conseille même de ne négliger, pour s'éclairer parfaitement, aucun des moyens à sa disposition, lorsqu'il lui restera des doutes sérieux sur le mérite d'un projet ou sur l'évaluation de la dépense. C'est ainsi d'ailleurs que cela s'est pratiqué depuis l'ord. de 1822, et souvent même l'initiative du renvoi à l'examen de l'administration centrale a été prise sur la demande des conseils généraux, pour des projets de travaux dont le prix ne devait pas excéder 20,000 francs. Il faut reconnaître en effet, qu'il n'existe pas encore, dans tous les départements, des hommes de l'art qui possèdent à un degré suffisant la connaissance de l'architecture propre à chaque genre d'édifice, et l'intelligence des besoins administratifs de chaque service public.

Si donc telle était la position d'un département, le préfet pourrait, dans l'intervalle des sessions annuelles du conseil général, transmettre au ministre de l'intérieur les projets sur lesquels il jugerait utile d'avoir l'avis du conseil des bâtiments civils et du ministre. (Circ. min. int., 26 décembre 1838, n° 77.)

Dans tous les cas, aucun projet de nouvelle *prison* ou de travaux de quelque importance dans les prisons existantes, ne doit être exécuté sans l'approbation préalable du ministre. Ce n'est pas en vue de chercher à rétablir indirectement la centralisation que l'art. 32 a détruite pour la plus prompte et là meilleure exécution des affaires, mais parce que d'après la circulaire du 2 octobre 1836, les nouveaux projets de construction de maisons d'arrêt et de justice, doivent être rédigés suivant les conditions du régime cellulaire de jour et de nuit ou de séparation continue.

L'exception relative aux prisons doit s'appliquer aux constructions relatives aux *asiles départementaux d'aliénés*, qu'il s'agisse d'un établissement entièrement nouveau, ou de l'approbation d'un quartier distinct d'un hospice déjà établi. (*id.*)

Art. 33. Les contributions extraordinaires que le conseil général voterait pour subvenir aux dépenses du département ne peuvent être autorisées que par une loi. (O. 31 mai 1838 art. 399.

Cette délibération explicative du vote est transmise, avec l'avis du préfet, au ministre de l'intérieur.

Le ministre, après examen et délibération du conseil d'état, soumet, s'il y a lieu, aux chambres, un projet de loi tendant à autoriser l'imposition.

Art. 34. Dans le cas où le conseil général voterait un emprunt pour subvenir aux dépenses du département, cet emprunt ne peut être contracté qu'en vertu d'une loi. (V. art. 4, § 1 ; O. 31 mai 1838, art. 400.)

Le département ne doit recourir à un emprunt que lorsque les avantages et la nécessité en sont bien justifiés ; ainsi le conseil doit avoir la certitude que la nouvelle charge qu'il s'impose n'est pas sans objet.

En outre, il convient de connaître, d'une manière précise, la limite des dépenses auxquelles l'emprunt doit être affecté. S'il était destiné, par exemple, à couvrir les frais d'établissement des bâtiments, dont les plans dussent être préalablement approuvés par le gouvernement, il faudrait donc attendre que les plans et devis eussent reçu son approbation définitive.

Le mode d'emprunt le plus usité est celui qui consiste à appeler la concurrence en mettant l'emprunt en adjudication sur un cahier des charges rédigé à l'avance, et qui fixe l'intérêt au maximum de 5 pour cent. Les soumissionnaires qui offrent de prêter à l'intérêt le moins élevé sont déclarés adjudicataires, à la condition de fournir caution bonne et solvable.

Le mode et l'époque de remboursement doivent être indiqués par le conseil général, et la délibération est transmise par le préfet au ministre de l'intérieur. Celui-ci, après examen et avis du conseil d'État, soumet, s'il y a lieu, aux chambres, un projet de loi tendant à autoriser l'imposition.

Le plus souvent, les lois qui autorisent les départements à contracter des emprunts, tout en prescrivant qu'ils soient faits avec publicité et concurrence, accordent cependant presque toujours au préfet la faculté de traiter de gré à gré avec la caisse des dépôts et consignations ; et c'est ordinairement ce dernier moyen qui est préféré par l'administration. D'après des dispositions arrêtées par le directeur général de cette caisse, le taux de l'intérêt est de 4 pour cent, lorsque la totalité de l'emprunt est remboursable dans un délai de cinq années ; il est de 4 et demi pour cent, lorsque la totalité de l'emprunt autorisé n'est remboursable que dans un délai de plus de cinq années. (V. Circ. min. int., 27 août 1840. Monit. 20 septembre, p. 1991.)

Art. 35. En cas de désaccord sur la répartition de la dépense de travaux intéressant à la fois le département et les communes, il est statué par ordonnance du roi, les conseils municipaux, les conseils d'arrondissement et le conseil général entendus.

Aujourd'hui, les communes ne peuvent être taxées que dans les cas spéciaux prévus par les lois et l'article 30 de la loi du 18 juillet 1837.

L'art. 35 ci-dessus ne permettra pas de faire plus que n'a fait jusqu'à ce moment l'administration.

Lorsqu'un travail intéresse évidemment plusieurs communes, qu'elles le reconnaissent toutes, mais qu'elles sont en désaccord sur la quote-part de chacune, il faut bien un moyen de prononcer. Or comme à la suite de la répartition il peut être inscrit au budget des communes une dépense obligatoire, et qu'en cas d'insuffisance des revenus il peut en résulter une contribution extraordinaire, il était naturel que cette question fût résolue par une ordonnance royale ; et, à plus forte raison quand il s'agit de répartir une dépense entre un département et des communes.

Il faut remarquer que cet article aura bien rarement son application, car, en général, on procède par voie de conciliation. Une ou plusieurs communes sentent la nécessité d'un travail ; elles demandent au conseil général d'y contribuer, en déclarant qu'elles se chargeront de cette partie de la dépense ; ou bien c'est le conseil général qui se déclare prêt à fournir des fonds pour un objet utile à certaines communes, si elles veulent fournir une somme déterminée. De cette manière, l'autorité supérieure est peu souvent appelée à prononcer.

Lorsqu'elle le fera, ce sera d'après les lois ; c'est-à-dire que si les communes ont des fonds disponibles, ils pourront y être appliqués.

Art. 36. Les actions du département sont exercées par le préfet, en vertu des délibérations du conseil général, et avec l'autorisation du roi en conseil d'état.

Le département ne peut se pourvoir devant un autre degré de juridiction qu'en vertu d'une nouvelle autorisation.

Le préfet peut, en vertu des délibérations du conseil général et sans autre autorisation, défendre à toute action.

En cas d'urgence, le préfet peut intenter toute action ou y défendre, sans délibération du conseil général ni autorisation préalable.

Il fait tous actes conservatoires ou interruptifs de la déchéance.

En cas de litige entre l'État et le département, l'action est intentée ou soutenue, au nom du département, par le membre du conseil de préfecture le plus ancien en fonctions.

§ 1er. La loi qui consacre et organise pour ainsi dire l'existence civile de l'association départementale, devait régler un point essentiel de cette existence, qui jusqu'ici n'était pas entré dans les prévisions du législateur, savoir, l'exercice devant l'autorité judiciaire ou administrative des actions qui intéressent le département. C'est au préfet que l'art. 36 ci-dessus confie cet exercice, mais après l'accomplissement de formalités propres à empêcher que le département ne soit engagé trop facilement dans des litiges téméraires.

. Du reste, c'est ce qui avait lieu jusqu'à présent, en vertu du principe de tutelle administrative qui surveille et dirige tous les actes des établissements publics. (Avis C. d'état, 21 juillet 1830. Question générale.) *Vuill.*, 387. (Ordonn. en conseil d'Etat, 26 août 1851, 27 juin-19 août 1855.) *Chev.*, 1, 345-346. 28 janvier 1856, 4 février id., 25 avril id., 2 mai id. *Beaucousin*, p. 47, 59, 214.)

La jurisprudence du conseil d'état semble avoir conféré au préfet le droit de représenter le département, à l'exclusion du ministre. Décidé en effet qu'une ordonnance rendue précédemment, en l'absence du préfet, entre le ministre de l'intérieur, au nom du département du Bas-Rhin, et les adversaires de ce département, ne pourrait être considérée comme contradictoirement rendue avec ce département. (C. d'état, 1834. *Deloche*, p. 417.)

Mais il en serait autrement s'il s'agissait du paiement d'une somme réclamée par l'entrepreneur d'une route départementale, parce que le décret du 16 septembre 1811, soumettant à l'approbation du gouvernement les projets et l'adjudication des travaux à faire, et appliquant à ces travaux les règles prescrites pour l'exécution des travaux publics, l'état a le droit d'intervenir dans les contestations y relatives. (Id., 9 août 1856. *Beaucousin*, 395.)

L'obligation imposée au département de requérir l'autorisation du roi, le place dans la position des établissements publics, que l'art. 49 du Code de procédure civile, § 1 et 6, dispense du préliminaire de conciliation.

§ II. Dans la loi municipale du 18 juillet 1857, art. 49, § 2, on exige de même une nouvelle autorisation de la part des communes qui veulent se pourvoir contre les jugements rendus contre elle. L'analogie devait faire admettre la même disposition pour les départements. En effet, ce qui la justifie, c'est que nonobstant l'autorisation donnée avant que le procès ne soit intenté, il peut arriver que sur le vu du jugement rendu après une instruction, on reconnaisse que le procès ne doive pas être poussé plus avant, et qu'il soit convenable de l'abandonner. Il est donc opportun que l'administration intervienne de nouveau pour décider si elle autorise le département à continuer le procès.

Cependant le conseil général ne se réunissant qu'une fois par an, il nous paraît difficile d'exécuter cette prescription, puisque si on attend sa réunion pour le faire délibérer, les délais d'appel pourront alors se périmer.

§ V. La rédaction première de ce paragraphe avait désigné un membre du conseil général comme devant être appelé dans ce cas à représenter le département contre l'État, puisque, d'après la législation existante (L. 28 pluviose an VIII, art. 5.), le préfet soutenant les actions du domaine ne pouvait à la fois représenter celles-ci et celles du département, alors

que leurs intérêts sont en présence. La minorité a trouvé peu rationnel qu'un membre du conseil de préfecture fût appelé en pareil cas à représenter le département. Un représentant du département, disait-on, doit être un homme choisi par lui, et il est exorbitant de le choisir en dehors du conseil général ; le conseil de préfecture d'ailleurs dérive d'une autre source que le conseil général ; l'un est nommé par le pouvoir, et l'autre a une origine populaire. Enfin, en l'absence du préfet, celui-ci est représenté par le doyen du conseil de préfecture, de sorte, ajoutait-on, que l'on retombera dans les inconvénients qu'on voulait éviter, et qu'ainsi le préfet plaidera contre lui-même.

Mais le § 5 n'a fait que consacrer ce qui s'est fait jusqu'à ce jour sans inconvénient, et pour cela on s'est référé à la législation. Or, comme précisément c'est un conseiller de préfecture qui remplace le préfet en cas d'empêchement dans ses fonctions, on a pensé que lorsque le préfet se trouve empêché de remplir son devoir de défenseur des intérêts du département parce qu'il lui en était imposé un contraire dans l'intérêt de l'Etat, il y avait véritable empêchement. Ainsi la loi a désigné pour ce cas le remplaçant du préfet, et elle a maintenu entre le conseil général et le préfet, l'un pouvoir délibérant, l'autre pouvoir exécutif, la séparation d'attributions qui doit exister.

Ensuite, si l'on considère qu'en principe, la propriété départementale est d'une autre nature, au moins quant à son origine, que la propriété communale ou privée, on comprendra qu'en préférant l'intervention d'un fonctionnaire nommé par le roi, la législation n'a pas voulu reconnaître au conseil général la qualité de propriétaire.

Art. 37. Aucune action judiciaire autre que les actions possessoires ne peut, à peine de nullité, être intentée contre un département, qu'autant que le demandeur a préalablement adressé au préfet un mémoire exposant l'objet et les motifs de sa réclamation.

Il lui en est donné récépissé.

L'action ne peut être portée devant les tribunaux que deux mois après la date du récépissé, sans préjudice des actes conservatoires ; durant cet intervalle, le cours de toute prescription demeurera suspendu.

Ces dispositions s'expliquent facilement, en ce que si les droits des demandeurs doivent être respectés, l'administration doit être mise en demeure de se défendre utilement, ou de faire droit à la demande, sans frais. En outre, comme elle a des formes obligées à observer, il faut lui donner le temps matériel nécessaire, et ne pas la sortir d'un droit commun.

Du reste, cette obligation de fournir un mémoire a été empruntée à ce qui se pratique dans les actions contre le domaine de l'État, en vertu de la loi du 28 octobre, 5 novembre 1790, art. 13.

Les dispositons du § 2, qui établissent une simple suspension de prescription, s'expliquent facilement. Il ne pouvait pas en effet s'agir ici d'une interruption légale des prescriptions, parce qu'il n'y a pas d'interpellation judiciaire. On a appliqué cette maxime : « *Contra non volentem agere non currit præscriptio*, » c'est une simple suspension ; il y a eu incapacité momentanée résultant de ce qu'on refusait l'action à celui qui présentait le mémoire ; il ne pourra intenter l'action que dans les deux mois de cette prévention ; pendant ces deux mois, nous le répétons, l'action est seulement *suspendue*, et elle ne sera *interrompue* que si l'action judiciaire est intentée après.

Art. 38. Les transactions délibérées par le conseil général ne peuvent être autorisées que par ordonnance du roi, le conseil d'état entendu.

Cette disposition est la conséquence nécessaire de l'article 2045 du Code civil, qui s'est prononcé trop catégoriquement à cet égard, pour qu'il ait été possible d'émanciper l'administration départementale en ces circonstances. Il y a lieu à transaction, lorsque 1° aux termes de l'art. 2044 du Code civil, le fait sur lequel on demande à transiger, peut donner matière à procès, et qu'il y a question litigieuse ;

2° Lorsque son effet ne peut déroger aux principes d'ordre public et de bonne administration ;

3° Lorsque la personne avec laquelle le département veut transiger en a la capacité.

Dans tous les cas, il serait bon que la délibération du conseil général fût précédée de l'avis de trois jurisconsultes désignés par le préfet.

Quant à l'ordonnance qui intervient ensuite, elle constitue un acte de tutelle administrative, et conséquemment elle n'est pas de nature à être attaquée par la voie contentieuse.

TITRE II. — *Des attributions des conseils d'arrondissement.*

« Le conseil d'arrondissement est une création de la loi. La loi qui lui donna la vie le crut utile sans doute : c'était donc un devoir pour la loi d'attacher des intérêts à cette existence ; autrement elle serait sans but. » (Rapp. de M. de la Pinsonnière, 3 avril 1833.)

Autant la partie administrative d'un arrondissement, la sous-préfecture, a produit d'heureux résultats, et qui, malgré les utopies, sont chaque jour de plus en plus appréciés, parce que ses attributions étaient tranchées et effectives ; autant le conseil d'arrondissement, a-t-on dit dans la discussion de cette loi, qui ne repose sur aucune ressource matérielle et qui jusqu'à ce jour a été étouffé dans un cercle étroit, a-t-il été impuissant dans ses vœux, sans résultats par lui-même, sans action sur les intérêts communaux : il n'a eu jusqu'à ce jour qu'une existence fictive.

Cependant la loi d'organisation du 22 juin 1833, article 20, en lui donnant un principe électif, l'a rendu propre à des fonctions. La présente loi devait les fixer.

En les résumant, on voit qu'elles sont en grande partie *facultatives* ; les conseils d'arrondissement préparent les délibérations du conseil général en donnant leur avis sur les divers objets dont il doit être saisi. Le seul pouvoir réel, en possesion duquel ils soient, c'est celui d'effectuer entre les communes la répartition du contingent assigné à l'arrondissement. Mais dans l'exercice de ce pouvoir, ils sont subordonnés au conseil général ; car, comme nous l'avons vu art. 2, les communes peuvent réclamer contre le contingent qui leur a été assigné : leur réclamation est portée devant le conseil général qui prononce définitivement ; le conseil d'arrondissement est tenu de se conformer à sa décision, et s'il refusait, il y est suppléé par le préfet dans les termes de l'article 46 ci-après.

Le conseil d'arrondissement en outre est appelé à donner des avis et à former des vœux sur les intérêts les plus chers à l'arrondissement ; il sert de lien entre la commune et le département, et mieux que tout autre il peut donner des renseignements et exposer le besoin des localités.

Aucune autre attribution ne pouvait lui être donnée, puisque l'arrondissement qu'il représente n'a aucune existence propre comme agglomération de citoyens ; il n'est qu'une division purement administrative ; malgré le décret du 9 avril 1811, il n'a pas de propriété ; les bâtiments destinés au service public et les routes situées sur son territoire sont au département, il n'a rien à lui. (Rapport de M. *Vivien*.)

Telle est donc la position réelle de l'arrondissement. Néanmoins le projet primitif du gouvernement avait été d'ajouter aux attributions du conseil d'arrondissement, et de l'admettre à établir des centimes, en vertu du vote du conseil général sanctionné par une loi, pour contribuer à la dépense des travaux qui lui seraient utiles.

Cette proposition avait pris sa source dans la loi du 16 septembre 1807 et dans le décret du 17 décembre 1811, qui admettent en effet que les arrondissements peuvent concourir par des contributions spéciales à certains travaux ; mais depuis longtemps ces deux lois avaient cessé d'être en vigueur et ne pouvaient plus d'ailleurs être exécutées sous le régime actuel, qui n'admet aucun impôt sans le concours des corps électifs préposés au soin de délibérer sur l'établissement des charges publiques. D'ailleurs la discussion a prouvé que les lois et décrets précités ont été vingt-quatre ans sans exécution, et que de 1833 à 1837, quatre départements seulement ont profité de ces dispositions; la nécessité de ces impositions spéciales n'a donc pas été impérieusement reconnue. D'ailleurs la loi de 1807 n'autorisait les contributions d'arrondissement que pour des travaux de routes, et il est facile de prouver que l'intérêt de l'arrondissement tout entier n'est pas exclusif. Les travaux à effectuer ne concernent et ne touchent toujours qu'un certain nombre de communes dont la réunion constitue cette circonscription administrative ; ce sont elles qui en profitent, ce sont elles qui doivent donc contribuer aux dépenses à faire. La loi le permet, elle autorise les communes à prendre part aux travaux qui les intéressent, elle les y contraint dans certains cas ; on voit donc que le concours de l'arrondissement est sans nécessité reconnue.

En autorisant les arrondissements à s'imposer, on serait arrivé à ce point d'être forcé de leur reconnaître une existence civile ; et ceux qui se fondent sur la loi de 1807 et le décret de 1811, peuvent se convaincre que tels n'étaient pas les motifs de ces lois. C'était une législation qui n'avait pas été faite pour leur donner un corps, et dont au contraire les précautions prouvent que le législateur n'avait pas voulu sortir de la pensée qui avait présidé à la formation de l'arrondissement.

Nous avons déjà vu d'ailleurs avec quelles restrictions on avait reconnu l'individualité départementale, quelles craintes on avait manifestées sur la création de nouveaux biens de main-morte. On devait donc effacer de la loi tout principe exceptionnel de ce genre pour les arrondissements, principe dont on aurait pu abuser plus tard en le considérant comme permanent.

Il a été prouvé en outre que des revenus étaient inutiles pour l'arrondissement ; tous ses intérêts matériels, ses routes, et les édifices destinés dans sa circonscription à assurer l'exécution des services publics, se confondent dans les besoins du département et ont été mis à sa charge par la loi.

Art. 39. La session ordinaire du conseil d'arrondissement se divise en deux parties ; la première précède et la seconde suit la session du conseil général.

La session ORDINAIRE, etc. Donc si l'autorité supérieure jugeait nécessaire une réunion autre que celles qui sont déterminées par la présente loi, une ordonnance du roi pourrait indiquer une réunion *extraordinaire*. Aux termes de l'art. 27 de la loi du 22 juin 1833, un conseil d'arrondissement ne peut se réunir que sur la convocation faite par le préfet, en vertu d'une ordonnance du roi, qui détermine l'époque et la durée de la session.

Quant à la disposition générale de l'art. 59, elle s'explique d'elle-même, le conseil général ayant à prononcer sur une partie du travail des conseils d'arrondissement, ceux-ci doivent nécessairement être réunis avant lui ; et comme ils sont appelés à leur tour à mettre à exécution certaines dispositions prises par le conseil général, ils doivent siéger encore après lui ; ce qui, de force majeure, nécessite une interruption.

Aux termes de la loi du 28 pluviose an VIII, la première session devait durer dix jours, et la seconde session cinq jours ; mais d'après l'article 27 de la loi du 22 juin 1833, il dépend entièrement du roi d'abréger ou d'augmenter le temps de la session.

Frais de la session. Les sous-préfets doivent mettre un employé à la disposition du conseil d'arrondissement, et se charger des menues fournitures de bureau. (Circ. min. 16 juillet 1838, n° 51, f. 3.)

Art. 40. Dans la première partie de sa session, le conseil d'arrondissement délibère sur les réclamations auxquelles donnerait lieu la fixation du contingent de l'arrondissement dans les contributions directes.

Il délibère également sur les demandes en réduction des contributions formées par les communes.

La partie essentielle de notre état financier, partie à laquelle la législation a consacré dans la charte un article spécial, est une juste répartition des charges de l'état. On ne peut donc trop s'attacher à rechercher les moyens d'y parvenir, et en cela les conseils d'arrondissement ont une utilité incontestable ; ils se placent naturellement dans cette échelle de garantie si nécessaire à l'administration d'un pays libre : les chambres dans toute la France, les conseils généraux dans les départements, et les conseils d'arondissement dans les arrondissements, sont merveilleusement disposés pour apprécier la part proportionnelle de chacun. Avant d'opérer la sous-répartition, ils sont donc chargés de juger en première instance les réclamations et les demandes en réduction. Aux termes des art. 1 et 2, c'est ensuite le conseil général qui prononce définitivement sur ces demandes.

Mais comment le conseil d'arrondissement sera-t-il mis à même d'apprécier le mérite des demandes en réduction ? Le directeur des contributions réside au chef-lieu du département, et l'on ne peut consulter que dans son bureau les actes de vente, les baux et tous les actes qui ont servi de base à la répartition de l'impôt. Les agents subalternes même sont rarement sur les lieux, et il est de fait malheureusement que, jusqu'à ce jour, beaucoup de conseils d'arrondissement n'ont pu donner d'avis, parce qu'il leur était impossible d'en avoir un ; aussi se bornent-ils alors à faire mention de la réclamation dans le procès-verbal ; le conseil général prononce seul ; et du reste il peut le faire puisque tous les matériaux de la répartition peuvent facilement être mis sous ses yeux; mais la disposition de la loi n'en est pas moins illusoire, si les documents nécessaires ne sont pas mis sous les yeux du conseil d'arrondissement.

Un pair (M. Brun de Villeret) proposa dans la séance du 25 avril 1838, Monit. 24, p. 1000, de déclarer dans la loi qu'un employé des contributions directes serait chargé par le directeur dans chaque arrondissement de fournir au conseil, pendant la session, tous les renseignements dont il aurait besoin pour prononcer sur les demandes en dégrèvement formées par les communes, mais une pareille disposition eût été peu conforme aux véritables règles de hiérarchie administrative, et le ministre de l'intérieur a déclaré que le sous-préfet seul devait donner aux conseils d'arrondissement, tous les renseignements dont ils pouvaient avoir besoin.

Art. 41. Le conseil d'arrondissement donne son avis :

1° Sur les changements proposés à la circonscription du territoire de l'arrondissement, des cantons et des communes, et à la désignation de leurs chefs-lieux. (V. art. 6, § 1 ci-dessus; L. 18 juillet 1837, art. 2, § 2.)

La division du territoire de l'état en arrondissements a été faite d'abord par la loi des 26 février, 4 mars 1790, et, en dernier lieu, par celle du 28 pluviose an VIII.

Ces lois ont procédé à cette division en désignant tous les cantons dont chaque arrondissement se composerait.

La circonscription de ces cantons, ou leurs limites entre eux, étaient les mêmes que celles des communes dont ils étaient formés. La circonscription des arrondissements ou leurs limites entre eux, sont donc généralement les mêmes que celles de leurs communes limitrophes.

Il y a changement de limites entre deux arrondissements, soit qu'il s'agisse de faire passer un canton ou une commune entière d'un arrondissement dans un autre, soit qu'il s'agisse simplement d'opérer un changement de limites entre deux communes appartenant à deux arrondissements différents ; car les arrondissements ayant généralement les mêmes limites que leurs communes limitrophes, les changements de limites entre deux communes appartenant à différents arrondissements, sont indirectement un changement de limites entre arrondissements.

Aux termes de l'art. 4 de la loi du 18 juillet 1837, § 1, les réunions et distractions de communes qui modifient la composition d'un département, d'un arrondissement ou d'un canton, ne peuvent être approuvées que par une loi.

La loi du 18 pluviose an VIII a considérablement réduit le nombre des arrondissements communaux ; cette réduction a eu pour objet de donner plus d'importance à ces circonscriptions administratives, et de fournir le moyen d'y réunir des fonctionnaires éclairés et dignes de la confiance des citoyens.

Le même principe qui a servi de base à cette loi, défend de créer, sans motifs impérieux, de nouveaux arrondissements, et de rétablir les divisions antérieurement faites par la loi du 26 février, 4 mars 1790.

Un avis du conseil d'état du 16 novembre 1831, (rapp. Vivien, *Vuill*, p. 361) porte que la création d'un nouvel arrondissement, sans nécessité réelle, aurait l'inconvénient de faire *revivre les réclamations d'une quantité de villes importantes* qui étaient, sous l'empire de la loi du 4 mars, chefs-lieux de leurs districts. Or, il y aurait, à repousser ces réclamations, injustice, si la ville nouvellement érigée en chef-lieu d'arrondissement, ne se trouvait pas dans une position tout à fait exceptionnelle ; et à les accueillir, perturbation dans le système administratif, et insuffisance de ressources pour le trésor.

2° Sur le classement et la direction des chemins vicinaux de grande communication ; (L. 21 mai 1836, art. 7.)

Le préfet pourrait également proposer et le conseil général prononcer s'il y a lieu, sur l'avis des conseils municipaux et du conseil d'arrondissement, le *déclassement* d'un chemin de grande communication. (Instruc. min. int. 24 juin 1856.)

3° Sur l'établissement ou la suppression, ou le changement des foires et des marchés ; (V. ci-dessus, art. 6, § 2.)

4° Sur les réclamations élevées au sujet de la part contributive des communes respectives dans les travaux intéressant à la fois plusieurs communes, ou les communes et le département.

Cette attribution serait immense, si la loi ne portait en elle-même art. 4, § 13, art. 33, un principe de garantie. Ici pourraient se reproduire naturellement tous les raisonnements faits sur les articles précités ; il suffit de remarquer cette nuance : lorsqu'il s'agit de fixer la part afférente aux communes, le conseil d'arrondissement donne simplement un avis, et le conseil général adopte ou refuse, quel que soit son avis; en cas de refus, tout s'arrête là, et le gouvernement ne peut faire à son égard ce que lui, conseil général, a fait à l'égard du conseil d'arrondissement.

5° Et généralement sur tous les objets sur lesquels il est appelé à donner son avis, en vertu des lois et réglements, ou sur lesquels il serait consulté par l'administration ; (V. ci-dessus, art. 6, § 4.)

Art. 42. Le conseil d'arrondissement peut donner son avis :

1° Sur les travaux de route, de navigation et autres objets d'utilité publique qui intéressent l'arrondissement ;

2° Sur le classement et la direction des routes départementales qui intéressent l'arrondissement ; (Art. 4, § 8.)

3° Sur les acquisitions, aliénations, échanges, constructions et reconstructions des édifices et bâtiments destinés à la sous-préfecture, au tribunal de première instance, à la maison d'arrêt ou à d'autres services publics spéciaux à l'arrondissement, ainsi que sur les changements de destination de ces édifices ; (V. art. 4, § 2 et 3.)

4° Et généralement sur tous les objets sur lesquels le conseil général est appelé à délibérer, en tant qu'ils intéressent l'arrondissement.

Art. 43. Le préfet communique au conseil d'arrondissement le compte de l'emploi des fonds de non-valeurs, en ce qui concerne l'arrondissement. (V. ci-dessus les commentaires sur le § 3 de l'art. 24.)

Art. 44. Le conseil d'arrondissement peut adresser directement au préfet, par l'intermédiaire de son président, son opinion sur l'état et les besoins des différents services publics, en ce qui touche l'arrondissement.

L'opinion des membres du conseil doit principalement s'arrêter, 1° sur l'*agriculture* et le *commerce*, c'est à dire la culture proprement dite, soit des terres labourables, soit des vignes, l'amélioration des bestiaux, l'aménagement des forêts, les sociétés d'agriculture et les comices agricoles ;

2° Sur les *hospices*, les *maisons d'arrêt*, et les meilleurs moyens d'accorder des *secours* aux indigents valides, et de réprimer la *mendicité*; 3° sur l'*instruction publique*; 4° sur les *ponts-et-chaussées* et la *navigation extérieure*, c'est à dire, sur l'utilité de certaines mesures à prendre soit pour la création, soit pour l'entretien des travaux qui peuvent servir à faciliter les comunications ; 5° sur les besoins matériels des *populations*, les établissements de police et de sûreté à établir, tels que des brigades de gendarmerie, etc.

Il convient que le travail dont parle l'art. 44 ci-dessus, et que le président du conseil transmet directement au préfet, soit rédigé dans un procès-verbal séparé, à l'imitation de ce qui a lieu pour les conseils généraux de département. (Circ. min. 16 juillet 1838, n° 31.)

Du reste, toutes les dispositions contenues dans l'art. 26 ci-dessus, et relatives à la rédaction des procès-verbaux, sont applicables aux procès-verbaux des conseils d'arrondissement. Quant à la publication des procès-verbaux de ces conseils, la loi ne l'a point autorisée. (Id.)

Art. 45. Dans la seconde partie de sa session, le conseil d'arrondissement répartit entre les communes, les contributions directes.

Ainsi que nous l'avons déjà dit, cette répartition est une des premières attributions des conseils d'arrondissement. Juges des richesses territoriales de chaque commune, c'est dans leurs consciences que les membres de ces conseils doivent puiser la règle de leurs opérations ; et il ne peut être indifférent à l'administration publique que la répartition de l'impôt soit plus ou moins égale; rien ne blesse comme l'injustice, et le zèle à acquitter les contributions

s'altère par les comparaisons qu'excite une répartition disproportionnée. (Instr. min. int. 1808.)

Il semblerait peut-être convenable de passer préalablement par le canton pour arriver en définitive à la commune ; mais le canton n'est pas une circonscription administrative proprement dite, et cette circonscription territoriale, créée dans le principe pour satisfaire à des besoins judiciaires d'un ordre local, est assez resserrée pour que les intérêts des communes qui les composent soient sous ce rapport à peu près identiques. D'ailleurs chaque canton étant représenté au conseil d'arrondissement, l'individualité communale y est protégée convenablement. C'est pour cela que, d'après l'art. 40, c'est au conseil d'arrondissement que les demandes en réduction doivent d'abord être adressées ; c'est là qu'elles sont jugées en première instance, en présence des intérêts locaux, sauf le *prononcé* définitif par le conseil général. (Art. 2 et 46 ci-après. Rapp. de M. *de la Pinsonnière*.)

Art. 46. Le conseil d'arrondissement est tenu de se conformer, dans la répartition de l'impôt, aux décisions rendues par le conseil général sur les réclamations des communes.

Faute par le conseil d'arrondissement de s'y être conformé, le préfet en conseil de préfecture établit la répartition d'après lesdites décisions.

En ce cas, la somme dont la contribution de la commune se trouve réduite, est répartie au centime le franc, sur toutes les communes de l'arrondissement.

§ I. La décision du conseil général est communiquée au conseil d'arrondissement par l'envoi que fait le préfet à chaque sous-préfet, des trois mandements assignés à son arrondissement dans les trois contributions. (V. les commentaires de l'art. 1.)

Le sous-préfet les communique au conseil d'arrondissement, et c'est sur cette base que s'opère la répartition. Cette répartition achevée, le conseil d'arrondissement rédige trois tableaux, faits par commune, dans la même forme que ceux qui ont été rédigés par le conseil général.

Ils sont remis au sous-préfet, qui en adresse une expédition au ministre des finances, et une copie au directeur des contributions, ainsi qu'au receveur des finances de l'arrondissement.

Enfin, sur les trois tableaux dressés par le conseil d'arrondissement, le sous-préfet expédie trois mandements, un pour chaque espèce de contributions, au maire de chaque commune de l'arrondissement, pour lui faire connaître le contingent de sa commune.

Puis ensuite, on sait que la répartition par cote individuelle se fait dans chaque commune par les commissaires répartiteurs, d'après les règles tracées par les lois. (LL. 2 messidor an VII, art. 14, 15. — 13 frimaire an VII, art. 13, 14, 15, 23. — 29 floréal an VIII, art. 4. V. Dictionn. de droit admin. V°. *Contributions*.)

Le pouvoir arbitraire donné par l'article 46 a pour but de vaincre les résistances et d'empêcher que le service public soit jamais entravé. Du reste, l'effet de cet arbitraire est singulièrement atténué par le mode de répartition qu'indique le § 3.

Art. 47. Si le conseil d'arrondissement ne se réunissait pas, ou s'il se séparait sans avoir arrêté la répartition des contributions directes, les mandements des contingents assignés à chaque commune seraient délivrés par le préfet, d'après les bases de la répartition précédente, sauf les modifications à apporter dans le contingent en exécution des lois.

Mêmes dispositions dans l'art. 28. — V. nos commentaires sur cet article.

TITRE III. § 1. — *Fonctions individuelles, inhérentes à la qualité de membre du conseil général et d'arrondissement.*

La loi ci-dessus, du 10 mai 1838, ne parle que des attributions d'ensemble des conseils de département et d'arrondissement légalement convoqués, en vertu de l'art. 12 de la loi du 22 juin 1833, par ordonnance du roi. L'époque et la durée de leur session sont déterminées de la même manière. En dehors de cette époque et de cette durée, les membres des conseils généraux et d'arrondissement n'ont donc pas le droit de se réunir ; et conséquemment les attributions qui leur sont dévolues *collectivement* par la loi ci-dessus, ne peuvent être exercées qu'à l'époque indiquée par leur réunion.

Or, de ce qu'aucun caractère de permanence n'est imprimé à ces conseils, s'ensuit-il que le mandat confié à chacun de leurs membres, ne puisse être exécuté par eux individuellement à des époques autres que celles de la session ?

Non, assurément, plusieurs lois ou réglements ont attaché différentes fonctions à la qualité de membre de ces conseils. Nous les examinerons donc rapidement.

On peut les ranger dans trois catégories, d'après M. Dumesnil, suivant qu'elles sont exercées : 1° *de droit* sur la seule justification du titre ; 2° en vertu d'une *désignation* ou *délégation* spéciale de l'autorité supérieure ; 3° en vertu d'une désignation *ad hoc* à défaut, et pour remplacement de fonctionnaires spéciaux.

Dans la *première* catégorie, nous rangerons les fonctions de membres des comités d'instruction primaire d'arrondissement, qui, conformément à la loi du 28 juin 1833, art. 19, § 9, peuvent être exercées de *droit* par les membres des conseils généraux, à la seule condition d'avoir leur domicile réel dans la circonscription du comité.

La *seconde* catégorie comprend :

1° Les fonctions des membres des mêmes comités qui peuvent être exercées par trois membres du conseil d'arrondissement désignés par ledit conseil. (L. 28 juin 1833, art. 19, § 8.) Dict. de Dr. adm. (V° *Instruction primaire*, section III.)

2° Celles de membre des conseils de révision pour le recrutement de l'armée, qui sont attribuées, sur la désignation du préfet, aux conseillers généraux et d'arrondissement. (L. 21 mars 1832, art. 15, idem, V° *Recrutement*, § 6.) Les mêmes fonctions leur sont dévolues d'après le choix du préfet pour l'exécution des art. 3 et 4 de la loi du 19 avril 1832, relative aux corps détachés de la garde nationale.

3° Celles de membre de la commission chargée de la sous-répartition de la contribution foncière, d'après le choix du roi sur la proposition du ministre des finances. (Ord. 3 oct. 1821, art. 4.)

4° Celles de membre du comité d'évaluation, de la redevance proportionnelle des mines, sur la désignation du préfet. (D. 16 mai 1811, art. 24, idem, V° *Mines*.)

5° Celles de membre des commissions d'enquêtes relatives aux grands travaux d'utilité publique ou départementale, et d'après la désignation du préfet. (V. loi du 7 juillet 1833, art. 4 à 11 ; Dict. V° *Expropriation pour cause d'utilité publique*, sect. 2, § 3.)

6° Celles de commissaires-voyers gratuits d'après la désignation du préfet.

7° Celles de membre de la commission chargée de la distribution des fonds d'entretien des routes royales, sur la désignation annuelle du ministre de l'intérieur. (Ord. 10 mai 1829, art. 5.)

8° Les fonctions de membre de la commission de surveillance des routes départementales, d'après le choix du préfet. (D. 16 décembre 1811, art. 25.)

Enfin la troisième catégorie comprend les fonctions que les membres des conseils généraux, autres que ceux qui appartiennent aux tribunaux, exercent dans le sein des conseils de préfecture, en cas de partage ou d'insuffisance du nombre légal (trois) des conseillers de préfecture.

Leur service, en cas de récusation, maladie ou partage, est gratuit ; en cas d'absence ils ont droit, proportionnellement au temps de service, à la moitié du traitement de ceux qu'ils remplacent. (Arr. 19 fructidor an IX, D. 16 juin 1808.)

En cas d'absence ou d'empêchement d'un sous-préfet, le préfet pourvoit à son remplacement, en désignant un fonctionnaire de l'ordre administratif pris dans l'arrondissement (ordinairement un *membre du conseil d'arrondissement*), ou à son défaut un conseiller de préfecture. (Ord. roy. 29 mars 1821, art. 5.)

§ 2. — *De la garantie accordée aux membres des conseils généraux et d'arrondissement.*

Les membres des conseils généraux et d'arrondissement, investis de leurs fonctions par élection, ne sont pas fonctionnaires publics ; ils n'ont donc aucun droit à se prévaloir de la garantie accordée à ces derniers par l'art. 75 de la loi du 22 frimaire an VIII, laquelle décide que les agents du gouvernement autres que les ministres, ne peuvent être poursuivis pour des faits relatifs à leurs fonctions qu'en vertu d'une décision du conseil d'état.

Cependant il en serait autrement, s'il s'agissait d'un membre du conseil général, poursuivi à raison d'actes relatifs à des fonctions exercées dans le sein du conseil de préfecture ; ou d'un conseiller d'arrondissement qui aurait agi en remplacement du sous-préfet.

§ 3. — *Prérogatives des membres des conseils généraux.*

La loi du 29 décembre 1831, qui a remplacé l'article 25 de la charte, a désigné entre autres notabilités parmi lesquelles le roi pourrait nommer des membres de la chambre des pairs :

« . . . . . Les membres des conseils généraux électifs, après trois élections à la présidence ;

« Les propriétaires, les chefs de manufactures et de maisons de commerce et de banque, payant 3,000 fr. en contributions directes, soit à raison de leur propriétés foncières depuis trois ans, soit à raison de leurs patentes depuis cinq ans, lorsqu'ils auront été *pendant six ans membres d'un conseil général,* ou d'une chambre de commerce. »

ALBIN LE RAT DE MAGNITOT,

Sous-Préfet de l'arrondt de Sens (Yonne), ancien
Avocat à la cour royale de Paris.

SENS, IMPRIMERIE DE THOMAS-MALVIN.